Wegmarken und Widerworte

GEORGIANA.
Neue theologische Perspektiven Bd. 5

Herausgegeben von Thomas A. Seidel und
Sebastian Kleinschmidt im Auftrag der Evangelischen
Bruderschaft St. Georgs-Orden (StGO)

Die Reihe verdankt sich einem Sommer-Gespräch zwischen dem
(2018 verstorbenen) Ordensgründer Ulrich Schacht, dem (damaligen Spiritual und jetzigen) Leiter der Bruderschaft Thomas
A. Seidel und der Programmchefin der Evangelischen Verlagsanstalt Annette Weidhas. Die 2015 erstmals publizierten *Neuen
theologischen Perspektiven* nehmen das lebendige Selbstgespräch
einer wesentlich von Martin Luther und Dietrich Bonhoeffer
inspirierten geistlichen Gemeinschaft auf, ergänzen es um verwandte Motive und entwickeln auf diese Weise eine buchför-
mige Einladung zum Nachdenken über »das, was die Welt im
Innersten zusammenhält« (Goethe).

Grundlage und Absicht dieser facettenreichen, populär-wis-
senschaftlichen Perspektivwechsel spiegeln sich leitmotivisch
in dem prophetischen Wort Bonhoeffers (Brief vom 14. Januar
1935): »Die Restauration der Kirche kommt gewiss aus einer Art
neuen Mönchtums, das mit dem alten nur die Kompromisslosigkeit eines Lebens nach der Bergpredigt in der Nachfolge Christi
gemeinsam hat. Ich glaube, es ist an der Zeit, hierfür die Menschen zu sammeln.« Auf der Grundlage einer leidenschaftlichen
Christusnachfolge, die Bezug nimmt auf monastische Traditionen der Christenheit, verfolgen Herausgeber, Autorinnen und
Autoren die Absicht, auch im 21. Jahrhundert reformatorische
Wege zur Erneuerung unserer Kirche zu suchen. GEORGIANA
möchte Menschen einladen, Teil jener von Bonhoeffer angereg-
ten Sammlungsbewegung zu sein.

Wegmarken und Widerworte

Ulrich Schacht zum 70. Geburtstag

Herausgegeben von Thomas A. Seidel
und Sebastian Kleinschmidt

EVANGELISCHE VERLAGSANSTALT
Leipzig

Bibliographische Information der Deutschen Nationalbibliothek
Die Deutsche Nationalbibliothek verzeichnet diese Publikation in der
Deutschen Nationalbibliographie; detaillierte bibliographische Daten
sind im Internet über http://dnb.dnb.de abrufbar.

© 2021 by Evangelische Verlagsanstalt GmbH · Leipzig
Printed in Germany

Das Buch wurde auf alterungsbeständigem Papier gedruckt.

Gestaltung: FRUEHBEETGRAFIK, Thomas Puschmann · Leipzig
Coverbilder: Dichterhaus © Ulrich Schacht, Ulrich Schacht auf Herm
© Stefanie Schacht
Druck und Binden: CPI books GmbH

ISBN 978-3-374-06733-6 // eISBN (PDF) 978-3-374-06734-3
www.eva-leipzig.de

Der Glaube ist ein allmächtiges Ding, dessen Kraft unmäßig ist.
Woraus folgt, dass, wer das ohnmächtige Ding, die Welt,
durch das allmächtige Ding, den Glauben, nicht überwindet,
den Glauben nicht habe.
Das ist Kunst über alle Künste
und allein des Heiligen Geistes Werk,
den gottesfürchtigen und rechten Christen bekannt.

Martin Luther

* * *

Nicht das Beliebige, sondern das Rechte tun und wagen,
nicht im Möglichen schweben, das Wirkliche tapfer ergreifen,
nicht in der Flucht der Gedanken,
allein in der Tat ist die Freiheit.

Dietrich Bonhoeffer

* * *

Quelle der Freiheit. Gott entlässt mich,
ausgestattet mit dem Spiel-Raum *meines* Lebens,
in die Freiheit *seines* Seins.
Der Freiheits-*Sinn* meines Lebens liegt also nicht vor,
er steht hinter mir.
Ich kann ihn nicht erreichen wie ein selbstgestecktes Ziel;
aber ich kann von ihm ausgehen
wie von einem immerwährenden Grund.

Ulrich Schacht

Vorwort

Am 9. März 2021 wäre Ulrich Schacht, dieser weltfreudige Dichter, temperamentvolle Theologe und furchtlose public intellectuel, siebzig Jahre alt geworden. Viel zu früh, am 16. September 2018, ist er für immer von uns gegangen. Am 10. Oktober 2018 fand in der Hamburger St.-Gertrud-Kirche die Trauerfeier statt. Beigesetzt wurde er in seiner schwedischen Wahlheimat unweit von Förslöv auf dem Friedhof der Marienkirche von Båstad.

Mit Blick auf das Jubiläum haben die Herausgeber im Sommer des vergangenen Jahres Freunde, Schriftstellerkollegen, journalistische Weggefährten, kritische Zeitgenossen und den engsten Familienkreis sowie die Brüder des St. Georgs-Ordens um Beiträge für ein Gedenkbuch gebeten. Entstanden ist auf diese Weise ein wunderbares Album der Erinnerung: Gedichte, Reminiszenzen an persönliche Begegnungen, Reflexionen über den Autor und seine Texte, Fotografien, Grafiken, Tuscheminiaturen.

Ulrich Schacht war ein Mensch von herausforderndem Wesen. Fundiertes Widersprechen-Können und Freude an scharfzüngiger Auseinandersetzung haben ihn ausgezeichnet. Politisch ging es ihm immer wieder um den antitotalitären Konsens, um das geschichtsphilosophische Erbe der Friedlichen Revolution in der DDR, um den inneren Wert der deutschen Wiedervereinigung. In alldem liegt auch sein geistiges Vermächtnis.

Ulrich Schacht galt weithin als umstritten. Ihn hat das nicht gestört. Er war im Gegenteil der Auffassung, nur umstrittene Geister könnten gute Schriftsteller sein. Poesie und Polemik, Gedicht und Gebet, Abstraktion und Anschauung waren für ihn keine Gegensätze, sondern Facetten einer authentischen dichterischen Existenz, gleichsam geistige Landschaften, in denen er sich frei und souverän bewegte. Das Charisma, das er besaß, sei eine »Gnadengabe«, er verdanke es, so der Autor, seiner Grunddisposition: nämlich »ein demütiger Streiter für das Evangelium« zu sein.

Die Texte des Bandes stehen in unterschiedlicher Nähe bzw. Distanz zum Jubilar. Sie laden den Leser ein, sich an den angezeigten *Wegmarken* zu fragen, ob er mitgehen wolle oder nicht, ob in ihm das Dafür oder das Dagegen, die Fürworte oder die *Widerworte* überwiegen.

Hingewiesen sei auf die Umrahmung der Beiträge. Eine Kurzbiografie Ulrich Schachts unter der Überschrift *Zeit und Zeuge* macht den Anfang. Sie ermöglicht Einblick in diese an Höhen und Tiefen reiche Vita. Beschlossen wird der Band mit einem längeren Aufsatz zum gattungsreichen Œuvre des Autors. Eine kleine Geschichte der Evangelischen Bruderschaft St. Georgs-Orden, der Schacht seit ihrer Gründung als Großkomtur vorstand, bildet den Schlusspunkt.

Wir danken allen, die mit ihrem Text und / oder ihrer Spende zum Gelingen des Buches beigetragen haben. Ein besonderer Dank gebührt Stefanie Schacht, die engagiert an der Gestaltung und am Lektorat des Bandes mitgewirkt hat.

Wir möchten an dieser Stelle darauf hinweisen, dass in diesem Jahr zwei neue Bücher von Ulrich Schacht erscheinen: zum einen eine Sammlung mit nachgelassenen bzw. an entlegener Stelle gedruckten Gedichten unter dem Titel *Schnee fiel in meinen Schlaf* (mit einem Nachwort von Sebastian Kleinschmidt), zum andern die Broschur *Im Schnee treiben. Essays zum poetischen Weltverständnis* (mit einem Vorwort von Heimo Schwilk).

Thomas A. Seidel / Sebastian Kleinschmidt
Weimar und Berlin, im März 2021

Inhalt

ANHANG

Ulrich Schacht – Zeit und Zeuge
Die Biografie[1]

Ulrich Schacht wurde am 9. März 1951 im Frauengefängnis Hoheneck in Stollberg, zwanzig Kilometer südlich von Chemnitz (ab 1953 Karl-Marx-Stadt) geboren. Die ersten drei Monate verbrachte er bei seiner Mutter Wendelgard Schacht, die im November 1950 wegen angeblicher Verleitung zu Landesverrat vom Sowjetischen Militärtribunal in Schwerin zu zehn Jahren Arbeitslager verurteilt worden war. Mit zwölf Wochen kam Ulrich Schacht ins Säuglingsheim Leipzig, bevor ihn seine Großmutter nach Wismar holte. Dort verbrachte er die ersten drei Jahre bei einem befreundeten kinderlosen Ehepaar. Anfang Februar 1954 kehrte die Mutter nach Hause zurück.

Wismar war Schachts Heimatstadt und blieb es durch Schulzeit und Bäckerlehre hindurch. 1968/1969 arbeitete er im Wismarer Überseehafen, danach war er Bühnenarbeiter am Mecklenburgischen Staatstheater in Schwerin und absolvierte nebenher ein Pflegepraktikum in der Psychiatrie des Michaelshofes in Rostock-Gehlsdorf, einer Einrichtung für geistig behinderte Menschen. Mit diesen Eindrücken aus ganz unterschiedlichen Lebenswelten der DDR ging er ins Theologiestudium an die Universität Rostock.

Seit 1951 war das zweijährige Grundstudium des Marxismus-Leninismus obligatorischer Bestandteil aller Studiengänge. Ulrich Schacht verfasste 1972 in diesem Zusammenhang ein Manuskript über den dialektischen und historischen Materialismus, das als »provokatorische Seminararbeit« gewertet wurde und zu

---

1 Durch die Herausgeber bearbeiteter Artikel aus: *Biografien politisch Verfolgter und Diskriminierter in Mecklenburg 1945 bis 1990*, Autorin Rahel Frank, Hg. v. Evangelisch-Lutherischen Kirchenkreis Mecklenburg, der Gesellschaft für Regional- und Zeitgeschichte e. V. und der Evangelisch-Lutherischen Kirche in Norddeutschland, Schwerin 2019, 406 ff.

seiner sofortigen Exmatrikulation führte. Die einzigen Hochschulen, die außerhalb des staatlichen Universitätswesens existierten, betrieben die Kirchen. Schacht zog nach Erfurt und studierte dort an der Predigerschule weiter.

Das Vorbeiziehen sowjetischer Streitkräfte im Sommer 1968 hatte die Bevölkerung im Thüringer Wald und im Erzgebirge unmittelbar miterlebt, in Erfurt war Schacht den jüngsten Ereignissen in der ČSSR nun plötzlich sehr nahe. Vor allem die Gestalt Alexander Dubčeks faszinierte ihn. Die Kontakte nach Rostock blieben vor allem über seine literarische Arbeit erhalten.

Schon als Schüler hatte Schacht Gedichte und Prosa verfasst, aber erst Ende der 1960er Jahre begann er in größerem Umfang literarisch aktiv zu werden. Die deutsche Teilung, zentrale politische, philosophische und theologische Fragen sowie eine besondere Nähe zur Natur beschäftigten und inspirierten ihn. Sie waren und blieben wichtige Themen für sein schriftstellerisches und journalistisches Arbeiten.

Das Theologiestudium an der Universität Rostock bot Raum und Publikum für die intellektuelle Auseinandersetzung mit Literatur und Gesellschaft. Ulrich Schacht trug seine Texte unter anderem in der evangelischen Studentengemeinde vor und gründete zusammen mit anderen Interessierten einen literarisch-politischen Zirkel mit dem Ziel, eine eigene Samisdat-Zeitschrift herauszugeben. Geplanter Titel war »Neue Weiße Blätter« – in Anlehnung an die Widerstandsbewegung der »Weißen Rose« gegen die NS-Diktatur. Ein Inoffizieller Mitarbeiter aus dem literarischen Umfeld Schachts, der Autor und FDJ-Funktionär Peter Tille, verriet die Gruppe. Schacht galt als deren intellektueller Kopf und wurde am 29. März 1973 verhaftet. Es folgten neun Monate in der Untersuchungshaftanstalt des Ministeriums für Staatssicherheit am Demmlerplatz in Schwerin. Die weitgehende Isolierung von allem, was ihn interessierte, und von allen, die ihn liebten, prägte jene Leidenszeit.

Das Bezirksgericht Schwerin verurteilte Schacht im November 1973 wegen staatsfeindlicher Hetze nach § 106 des Strafgesetzbuches der DDR zu sieben Jahren Freiheitsentzug – für die bloße Absicht, eine literarisch-gesellschaftskritische Zeitschrift herauszubringen. Das Urteil sollte Nachahmer abschrecken. Seine Verteidigung hatte Hilde Lewerenz, langjährige Präses der mecklenburgischen Landessynode, übernommen.

Im Februar 1974 wurde Schacht nach Brandenburg-Görden verlegt, wo sich die größte Strafvollzugseinrichtung der DDR mit durchschnittlich 3000 Häftlingen befand. Der mecklenburgische Landesbischof Heinrich Rathke hielt damals engen Kontakt zu Wendelgard Schacht und sprach ihr Mut zu: Sie solle durchhalten, die Landeskirche werde sich nach der Entlassung um ihren Sohn Ulrich kümmern.

Ulrich Schacht hielt es nicht in der DDR. Noch in der Haft stellte er einen Antrag auf Ausreise in die Bundesrepublik Deutschland. Am 17. November 1976 wurde er freigekauft und siedelte nach Hamburg über. Er studierte Politikwissenschaften und Philosophie, arbeitete von 1984 bis 1998 als Redakteur sowie Leitender Redakteur für Kulturpolitik bei der Tageszeitung »Die Welt« und der »Welt am Sonntag«, außerdem als freier Autor für verschiedene Zeitungen und Zeitschriften.

Er war 1987 Gründungsmitglied und bis 2018 Großkomtur (Leiter) des St. Georgs-Ordens, einer von der Evangelischen Kirche Mitteldeutschlands approbierten und bei der EKD registrierten evangelischen Bruderschaft. Im Herbst 1989 kehrte er nach seiner Ausreise erstmals wieder nach Mecklenburg zurück und sprach auf einer Demonstration des Neuen Forums in Parchim. Mit den Akteuren und Aktionen der Friedlichen Revolution und der deutschen Wiedervereinigung 1989/90 sowie der bald nach 1990, offen und verborgen, beginnenden Delegitimierung dieser unblutigen Befreiungsbewegungen in Ostdeutschland und im gesamten vormaligen »Ostblock« durch eine überschaubare, doch einflussreiche Gruppe westdeutscher Linksintellektueller setzte Schacht sich auf unterschiedliche Weise publizistisch auseinander.

Nachdem jene »westdeutschen Verhältnisse« ihm mehr und

mehr die eigene Kreativität zu rauben drohten, übersiedelte er mit seiner zweiten Frau Stefanie nach Schweden. Ab 1998 lebte er als freier Autor und Schriftsteller in Skåne. Dort schuf er ein bemerkenswertes schriftstellerisches Werk an Lyrik und Prosa, verfasste zahllose Artikel, Reden und Essays und pflegte eine ausgedehnte Korrespondenz per Brief oder E-Mail mit Schriftstellerkollegen, Freundinnen und Freunden sowie Schwestern und Brüdern seiner Bruderschaft. Ulrich Schacht verstarb am 16. September 2018 in Förslöv / Schweden an den Folgen eines Herzinfarkts.

Herbert Ammon

Historische Schuld und politische Gegenwart

Für den Historiker besteht wenig Zweifel am Schuldanteil des deutschen Protestantismus am Aufkommen des »Dritten Reiches« und am weitgehenden Versagen der Kirchenführer, auch der Bekennenden Kirche, an den Wegstationen der im Holocaust gipfelnden Verbrechen des NS-Regimes. Das ist nicht identisch mit Haupt- oder Alleinschuld. Es gehört indes zur Ironie der Geschichte, dass in einem längeren Prozess der Nachkriegszeit innerhalb der Evangelischen Kirche in Deutschland (EKD) die deutsche Schuldthematik – mit dem Stuttgarter Schuldbekenntnis vom 19. Oktober 1945 als Ausgangsdatum – wenn nicht zum Kern des christlichen Credo, so zu einem zentralen Dogma erhoben wurde. Den tonangebenden Protestanten geht es nicht mehr um das Seelenheil der Gläubigen, sondern um den aus der Schulderkenntnis – de facto ein Bekenntnis zur deutschen Kollektivschuld an den Nazi-Verbrechen – abgeleiteten Anspruch auf Anleitung zu »richtigem« politischen Handeln zum Heil der Menschheit.

Nicht zufällig bezeichnete der gegenwärtige EKD-Ratsvorsitzende Heinrich Bedford-Strohm die im November 2020 Corona-bedingt per Internet tagende Synode als »Avantgarde des Reiches Gottes«. Insofern der an Gedenktagen und in öffentlichen Reden beschworene Bezug auf die NS-Geschichte die bundesrepublikanische Zivilreligion fundiert, ist das protestantisch-religiöse Bekenntnis von der säkularen Ausdeutung der deutschen Geschichte, komprimiert unter dem Begriff des »deutschen Sonderwegs«, kaum zu unterscheiden. Die christliche Heilsbotschaft wird zum Vehikel der Zivilreligion einer post-christlichen Gesellschaft. Deren ideelle Widersprüchlichkeit, der Bezug auf die deutsche Nationalgeschichte als Amalgam der postnationalen Einwanderungsgesellschaft, wird durch die Beschwörung der Werte (samt Wertepluralismus) der liberalen Demokratie überdeckt.

Das Stuttgarter Schuldbekenntnis von 1945 wurde seinerzeit von Hans Asmussen, Theophil Wurm und Martin Niemöller verfasst und von einer ökumenischen Delegation unter Willem Visser t'Hoff – in Abwesenheit des anglikanischen Bischofs George F. Bell, des Freundes von Dietrich Bonhoeffer – gebilligt. Den zeittypischen Umgang mit dem Dokument illustriert der Gedenkartikel des württembergischen Landesbischofs Frank Otfried July über »Das Erbe des Stuttgarter Schuldbekenntnisses« (in: FAZ v. 19.10.2020, 10). Das Bekenntnis stehe »wie kein zweites Dokument« für ein Umdenken, eine Vision von Ökumene und ein friedliches Europa«. Es fehle darin jedoch ein Wort zum millionenfachen Mord an Juden und zu vielen anderen Opfern des Regimes.

Der Landesbischof versteht den unter dem Eindruck der »deutschen Katastrophe« (Friedrich Meinecke) entstandenen Text nicht primär politisch, intendiert als eine Art »Eintrittskarte‹ in die demokratische Welt« und als materieller Hilferuf, sondern als Schuldbekenntnis vor Gott. Derart »öffentlich bekannte Schuld ist etwas anderes als ein politisches Statement«. Doch dann heißt es im Nachsatz: »Schuldbekenntnisse sind aber auch zutiefst politisch. Sie erheben den Anspruch (*sic!*), stellvertretend für andere Menschen individuelles Fehlverhalten auszusprechen.« Die Sätze zielen – sofern der Begriff der Kollektivschuld abzuweisen ist – auf eine Bevormundung der nicht schuldig Gewordenen und implizieren einen Widerspruch. Dessen Aufhebung lautet wie folgt: Die Legitimation kirchlicher Stellungnahmen resultiere »zum einen aus der großen Zahl der Menschen, für die die Kirche spricht. Zum anderen gewinnt die Kraft der Argumente, wenn Glaubensüberzeugungen so in eine säkulare Öffentlichkeit hineinübersetzt werden, dass der Eigensinn der ›religiösen Grammatik‹ produktiv für die Debatte werden kann.«

Von der *petitio principii* abgesehen, erschließt sich der Sinn des Satzes nur dem, der mit der spezifischen Grammatik vertraut ist. Des Weiteren heißt es, »in den großen Debatten« stünden die politisch-ethischen Wortführer der Kirche in der Nachfolge der alttestamentarischen Propheten.

Dass der Verfasser das Schuldthema mit dem »richtigen« Verhalten der Kirche in der wie dereinst Pest und Cholera hereingebrochenen Corona-Pandemie assoziiert, sei dahingestellt. Die Fragwürdigkeit einer politischen Aktualisierung des historischen Schuldbekenntnisses tritt in der Verknüpfung mit dem Thema »Seenotrettung«, *realiter* Migration, zutage. In dem auch aus kirchlichen Mitteln finanzierten Rettungsschiff Sea-Watch 4 werde »die glaubwürdige Rede von der Barmherzigkeit [...] manifest.« »Das zeichenhafte Handeln der Kirche wird hier tatsächlich Politik, weil es staatliche Versäumnisse anschaulich macht.« Überflüssig zu erwähnen, dass die Art und Weise der »Seenotrettung« auch in Kirchenkreisen (s. Richard Schröder, Die Welt v. 1.7.2019) Kritik erfährt. An der Erkenntnis, dass die Rettungsschiffe de facto verbrecherisches Treiben begünstigen und die illegale Einwanderung befördern, führt kein Weg vorbei. Rechtfertigen ließen sich derlei Aktionen, wenn die aus Seenot Geretteten an politisch-militärisch geschützte Orte in der Nähe ihrer Herkunftsländer gebracht würden, wo über Asylgesuche zu befinden wäre. Selbst dann stellte sich die Frage nach den Grenzen des Machbaren.

Wie angesichts der Bevölkerungsentwicklung und der politischen Zustände in Afrika und anderswo ein politisch sinnvolles Konzept zur Steuerung der Migration auszusehen hätte, weiß keiner der Protagonisten der »Seenotrettung« noch die mit globalen Friedensfragen befassten Kreise der Ökumene. Wer staatliche »Versäumnisse einer inhumanen Flüchtlingspolitik« beklagt und nur staatlicherseits zu erfüllende Forderungen erhebt, versperrt die Augen vor der Realität der Politik. Deren Wesen ist die Kunst des Möglichen, nach Max Weber das »langsame Bohren harter Bretter«. Inmitten von Unwägbarkeiten und Risiken geht es um den Gebrauch von Macht im Kontext von vorgefundenen, historisch gewachsenen Bedingungen, von Interessen, von guten und weniger guten Absichten, um Unterscheidungen und Entscheidungen. Diesen liegt die – nur subjektiv aufzulösende – Antithese von verantwortungsethischem und gesinnungsethischem Handeln zugrunde, die auf die lutherische Lehre von den »Zwei Regimenten« zurückweist.

Die eingangs vorgetragene These bedarf noch einer Erläuterung: Die Ursachen der politischen Verfehlungen des deutschen Protestantismus, seiner Unfähigkeit zu rechtzeitig wirksamem, unzweideutigem Widerstand, sind komplexer als das herkömmliche Deutungsmuster: Zusammenbruch des obrigkeitsstaatlichen Regiments in der Novemberrevolution 1918, weitgehende Ablehnung der Weimarer Republik, Anfälligkeit für Nationalismus und autoritäre Staatsformen. Verwiesen sei auf das Werk von Christopher Clark »The Sleepwalkers« (2013), welches die in der deutschen Zeitgeschichte dominante »Fischer-These« (1959/1961) von der deutschen Hauptschuld an der europäischen »Urkatastrophe« (George F. Kennan) 1914 in Frage stellte. Die Unzulänglichkeit der politisch-protestantisch fundierten Argumentationslinie erhellt daraus, dass selbst Dietrich Bonhoeffer als Protagonist der Völkerversöhnung die in Artikel 231 des Versailler Vertrags fixierte Alleinschuld Deutschlands am Weltkrieg ablehnte. Vielmehr sind die tieferen Wurzeln des christlich-protestantischen Versagens in unlösbarer Verknüpfung mit der europäischen Realgeschichte seit der Französischen Revolution – von Bonhoeffer als Ursprung der »abendländischen Gottlosigkeit« gekennzeichnet – in der deutschen Geistesgeschichte zu suchen. In ihr tritt seit dem Scheitern des idealistisch imprägnierten liberalen Protestantismus im Ersten Weltkrieg die Rechtfertigungskrise des christlichen Glaubens gegenüber der Vernunft und den säkularen Mächten der Geschichte hervor.

Das Stuttgarter Schuldbekenntnis von 1945 gehört zur Geschichte des Protestantismus, aber es unterliegt der Historisierung. Wenn ihm transzendente Gültigkeit zugemessen sein soll, so schützt dies nicht vor politischem Missbrauch. In den 1980er Jahren, als im Kontext der damaligen Friedensbewegung die »deutsche Frage« aus der Raketendebatte auftauchte, erklärten DDR-affine, linksprotestantische Aktivisten eine auf Dauer gestellte deutsche Teilung zur Voraussetzung des Friedens in Europa. Als Argument diente die deutsche Schuld.

Mit aller Leidenschaft widersetzte sich seinerzeit der aus dem DDR-Gefängnis freigekaufte Schriftsteller Ulrich Schacht der Teilung seines Landes. Seine analytische Klarheit, seine Verachtung der Lüge und seine vitale Polemik entsprangen seinem christlichem Glauben, seinen biographischen Brüchen, seinem Widerstand gegen jegliche Art der »abendländischen Gottlosigkeit« und seiner in der praktischen Vernunft verwurzelten politischen Überzeugung. Wenige Jahre vor seinem Tod erklärte er auf die Frage nach seinem politisch-philosophischen Selbstverständnis kurz und bündig: »Ich bin Lutheraner.«

Jörg Bernig

Drei Gedichte für Ulrich Schacht

an einem abend im mai

abgenommen wird die last des tages die ein jeder für sich
    trägt
von einem späten und doch nur acht minuten alten sonnen-
    licht
das wie ein suchtrupp durch das laubwerk in die gärten
    bricht
wenn sich draußen in den straßen rausch und rauschen legt

ist da noch wer dessen taubheit sie durchschlügen?
die abendglocken fallen in ein resigniertes schweigen
kreisend steigen mauersegler auf sie ziehn in einem reigen
himmelwärts wo sie des blauen mantels reich durchpflügen

die dunkelheit zieht her erschöpfte hoffen auf erbarmen
doch gut und böse sind ihr unbekannt sie ist nur was sie ist
kennt nur sich selbst und kennt nicht liebe güte tücke list
ein bleicher mond wirft reflektiertes licht hinunter auf die
    armen

schemen

grün steigt und aufgehend das land aus dem bleiernen
    winter
noch stehen schwermütig am fluß wir bewegen wie
    schüchterne beter die lippen
es strahlt festlich der strom und heiter und in ruhiger
    erwartung des meeres

ungläubig aber wenden wir unsere blicke und hinaus
    auf die welt
die sich vor zeiten entzogen kaum daß wir sie noch
    erkennen
und wir verbinden die wunden und zählen des winter-
    feldzugs verluste

die feier des tages beginnt etwas dämmert tief in uns
    drinnen
ein leises weinen wir zahlten den preis und sind der
    kälte entronnen
und auf die ränge verwiesen um wie lehrlinge mit den
    augen zu stehlen

sieh auf der bühne spielen unseresgleichen wesen wie
    wir blättern im buch
sie erschaffen und zaubern während feige Caliban lauert
    doch Ariel dient
oh! das ist der stoff aus dem die träume? und wer nur
    wer ist der träumer?

am abend werden feuer entzündet sie stehen spalier
beim abschied der sonne
danach treiben wir tierrufgetragen durch sternen-
gesegnete nächte
und sehen vor unseren aufgegebenen tempeln die
schemen weinender götter

* * *

tiefe zeit

die eule fliegt und es dämmert | es ist zeit einkehr zu
halten
nein es ist nicht zu früh | *sursum corda* | denkt an die
stunden des lichts
da pulsare wir waren ein jeder ein leuchtender körper
am himmel

einst war es mai um uns und endlos und grün in tausend
tönen das meer
es war einmal | schwer schleppt und seepockenbe-
schwert unser schiff sich
drunten des ozeans grund ist von wracks und von
verklapptem abfall bedeckt

aber die stunden des lichts! da kommen wir her da
klangen sie auf unsre gesänge
und unsere worte durchdrangen das jetzt sie stiegen
hinab bis zum erdkern und
die tiefe zeit gab uns das gültige maß | *sursum corda* |
es ist zeit einkehr zu halten

Wolf Biermann

Grauer Vogel

Da Ulrich Schacht nach seinen Irrfahrten in Förslöv bei Helsingborg landete, fällt mir ein Lebens-Liedchen des schwedischen
Dichters Nils Ferlin ein, das ich mir schon in meinen Ostberliner
Zeiten in ein singbares Deutsch brachte. Nicht mal auf diesen
kleinsten gemeinsamen Nenner hätte ich mich womöglich mit
diesem Menschen einigen können. Aber ich vermute, es könnte
ihm gefallen, wenn er das ihm gewidmete Buch irgendwo irgendwie irgendwann in die Finger kriegt:

Grauer Vogel

Nicht mal einen kleinen grauen Vogel,
Der fröhlich am Singen ist,
Gibt es drüben in der andern Welt, mein Freund,
Und das find ich dumm und trist.

Nicht mal einen kleinen grauen Vogel
Und nie keine Birke am Feld
Und doch, am allerschönsten Mittsommer-Tag
Hatt' ich Sehnsucht nach jener Welt

Frank Böckelmann

Dritter Totalitarismus?

Nur drei Jahre lang haben wir uns gekannt – er, der bewegte Titan, und ich, Herausgeber eines vogelfreien Magazins. Wir fremdelten ein wenig miteinander, aber es war Wahlverwandtschaft auf den ersten Blick. Er suchte ein risikofreudiges, nirgends eingemeindetes Publikationsorgan, und ich, stets auf der Suche nach Selbstdenkern, erkannte den unerschrockenen Geist auf Anhieb.

In dreifacher Gestalt war Schacht dazu berufen, das Herrliche und Abgründige des Daseins zu bezeugen: als Dichter, als Gottesmann und als politischer Intellektueller. Zwei dieser Gestalten, die erste und die dritte, fanden in *TUMULT* ein ausbaufähiges Wirkungsfeld. Schacht gehörte zu den wenigen namhaften Publizisten Deutschlands, die sich dem gefälligen Phantasma pluralistischer Gleich-Gültigkeit nicht andienten. Während die Wortführer der öffentlichen Meinung einem gleisnerischen kosmopolitischen Edelmut huldigten, witterte er in ihm das Totalitäre und zögerte nicht, es *das Böse* zu nennen, so wie er es in den Despotien der National-Sozialisten und der International-Sozialisten manifestiert sah. Beide hatten die zentralisierte Menschenvernutzung für Säuberung und Fortschritt im Programm.

Der Hydra des Totalitarismus waren im 20. Jahrhundert diese beiden Köpfe abgeschlagen worden; Ulrich Schacht aber sah weitere Köpfe nachwachsen – und es war diese seine leiderfahrene Hellsichtigkeit, die ihn zum kompromisslosen Gegner der mit Parolen wie »Zivilgesellschaft«, »Toleranz«, »Vielfalt« und »Gesellschaft der offenen Arme« faselnden »monströsen Verwaltungs-Maschinerie zu Brüssel« machte, zum Feind all jener »totalen bürokratischen Apparate«, die uns dem »paradiesischen Endziel« der Unterschiedslosigkeit aller Völker und Religionen näherbringen wollen. »Deutsche Profile eines Dritten Totalitarismus« nannte Schacht eine Artikelserie in *TUMULT*, von der er nur die erste Folge fertigstellen konnte, eine Analyse des Wirkens von Martin Selmayr, des Starjuristen der Europäischen Kommission.

Wie aus einer E-Mail vom Vorabend seines Todes hervorgeht, konzipierte er bereits »die zweite Figur aus unserem Ensemble – mit dem Nachfolger desjenigen, der einmal erkannte, dass der Führer das Recht schützt, indem er es bricht! In diesem Falle die Führerin! Es gibt da erstaunlich schöne Parallelen und phantastische Erweiterungen, was das Übersehen der Gewaltenteilung betrifft, um ins fast offene Totalitäre zu wandern!« Den Namen hielt er noch zurück. Ins Visier genommen hatte Schacht auch Propheten des »unfassbar ideologischen Eine (heile) Welt-Drecks« und pompöse Charity-Gouvernanten wie Liz Mohn und Friede Springer sowie Juliane Weber, der Kanzlerin Faktota, und die »grünen Jakobiner«, allen voran Jürgen Trittin (»den brutalen Erfinder der Energiewende mit allen Windmühlenkonsequenzen«). Ihn wollte Schacht, wie er mir schrieb, »mit Mao in Verbindung bringen und mit dessen großem Sprung nach vorn – Hochöfen in jedem Hinterhof. Ein wirklicher Mann der zweiten Reihe, aber verhängnisvoll wirksam für alle.«

Angela Merkel, die »große Traditionsvergessene«, gewichtete Schacht als Unheilsgestalt allererster Ranges, als selbstlose Strippenzieherin, die Deutschland geschäftsmäßig abzuwickeln trachtet. Zugleich identifizierte er sie als »die heimliche Ehrenvorsitzende« der Partei Bündnis 90/Die Grünen. Die hegemoniale Symbiose von CDU/CSU und Grünen ahnte er schon im Herbst 2015 voraus.

Unermesslich, zugleich ganz konkret ist der Verlust, den wir durch Ulrich Schachts frühen Tod erlitten haben. Für die *Werkreihe von TUMULT* plante er eine Studie über die Visionen der Digitalkonzernherren im Silicon Valley zur Erziehung eines gottgleichen, gentechnisch und gesinnungsethisch aufgerüsteten Neuen Menschen. »Vorfragmente« zum kalifornischen Masterplan entdeckte Schacht just in der Theorie des kommunikativen Handelns von Jürgen Habermas, etwa in dessen Begriff der »sozialen Plastizität« … Dieses Buch wird also nicht geschrieben. Ich verspüre eine Art von Phantomschmerz. Was ist uns da entgangen!

Elke Brydda-Lehmann

Hohenecker Erinnerungen

*Von zwei Begegnungen mit Ulrich Schacht möchte ich hier
erzählen, ansonsten kannten wir uns nicht.*

Erste Begegnung

Ulrich Schacht lernte ich kennen, als er 1984 an seinem Buch
»Hohenecker Protokolle« schrieb. Elf Frauen sollten endlich eine
Stimme bekommen, mit der sie ihre traumatischen Erinnerungen an Hoheneck zu Protokoll bringen könnten. (Hinter Hoheneck verbarg sich »das größte Frauengefängnis der DDR und
zugleich die wohl unmodernste, humanen und hygienischen
Minimalanforderungen im Strafvollzug am wenigsten entsprechende Anstalt der DDR.«)

Durch die Berichte dieser Frauen »[...] nehmen – fragmenta-
risch, doch eindringlich genug – über drei Jahrzehnte (1950–
1983) politischer Verfolgung von Frauen in der DDR konkrete
Gestalt an.«[1] Seine damalige Frau Carola hatte ihm wegen meines außergewöhnlichen Hoheneckdramas vorgeschlagen, auch
mich zu interviewen. Wir waren uns in besagtem Frauenzuchthaus begegnet, ich in Hoffnungslosigkeit erstarrt. Man hatte
mich in jenen Tagen nach fast drei Jahren Haft in das Ausliefe-
rungslager Karl-Marx-Stadt gebracht und mir, nur wenige Tage
vor der ersehnten Freilassung in die BRD, eröffnet, dass man der
Genehmigung meines Ausreiseantrages doch nicht stattgeben
würde. Man brächte mich nun also zurück nach Hoheneck, wo
ich die Reststrafe von 2 ½ Jahren zu verbüßen hätte. Niederge-

---

[1]   Ulrich Schacht (Hg.), *Hohenecker Protokolle. Aussagen zur Geschichte der politischen Verfolgung von Frauen in der DDR*, Zürich 1984, 21.

schmettert, nach dem Grund fragend, spuckte mir eine grinsende Fratze die Antwort ins Gesicht: »Nur so!« Als lebloses Etwas landete ich wieder in Hoheneck. Das erste Mal in diesen Jahren erlebte ich plötzlich so etwas wie Erbarmen. Die wachhabende »Genossin Leutnant« schloss mich mit den Worten: »Gilek, kümmern Sie sich um die da!« just in die Zelle, aus der ich abtransportiert worden war. Wenn sie und zwei weitere Frauen mich nicht liebevoll umsorgt hätten, hätte ich mein Leben aufgegeben.

1984 empfing ich also Ulrich Schacht in unserer hannoverschen Wohnung, voller Anspannung, wie wohl unser Gespräch verlaufen würde. Er führte das Interview ruhig, souverän und gab mir genügend Raum. An Einzelheiten erinnere ich mich nicht. Nur an Carolas Augen mit ihrem, uns noch einmal verbindenden Blick. An ihm hielt ich mich fest, um die heraufgefragten Erinnerungen aussprechen zu können.

Zweite Begegnung

Nur einmal noch traf ich Ulrich Schacht. Es war 2004 oder 2005. Er hatte mich zur Leipziger Buchmesse eingeladen. Ich sollte ihn zu einer seiner Lesungen aus den »Hohenecker Protokollen« begleiten. In dieser Zeit war das Publikum noch rar, das sich für DDR-Geschichte und deren dunkle Kapitel interessierte. Ich hoffte, ich könnte also endlich über meine DDR-Vergangenheit, aber vor allem über den Zuchthausaufenthalt sprechen, könnte Rede und Antwort stehen. Sorgfältig herausgeputzt und reichlich aufgeregt, flankierte ich den Autor und wartete auf meinen »Auftritt«. Doch der kam nicht, denn alles, was beantwortet werden wollte und sollte, beantwortete ER! Wir sprachen anschließend nicht mehr viel, und ich fuhr enttäuscht nach Hause. Enttäuscht von ihm und von einer verpassten Gelegenheit. Immer wieder fragte ich mich, warum er mich überhaupt eingeladen hatte und welche Aufgabe mir zugedacht war. Ich musste für mich eine Antwort finden, eine, die mich von dem peinlichen

Bild erlöste, das ich wohl abgegeben haben musste. Plötzlich schoss sie mir durch den Kopf, und ich war versöhnt. Ich habe geschmückt!

Pontus Carle

»Die falschen Farben« und der richtige Weg nach Schweden[1]

Während der 90er Jahre war ich sehr intensiv in Deutschland tätig und verbrachte viel Zeit in Berlin. 1991 begegnete ich dort Max Barck, einem Verleger aus dem Osten Berlins, für den ich einige Bücher in kleiner, nummerierter Auflage illustrierte. Kurz darauf begann meine Zusammenarbeit mit Thomas Günther, auch er ein Verleger aus dem alten Ostberlin. Eines Tages bat er mich, zu ihm nach Friedrichshain zu kommen. Er wollte mir einen Schriftsteller und Journalisten aus Hamburg vorstellen: Ulrich Schacht. Auch er kam ursprünglich aus der DDR, wurde aber 1976, nach einem längeren Gefängnisaufenthalt, in die Bundesrepublik entlassen. Gerade hatte er ein Buch mit politischen Essays herausgegeben, das große Aufmerksamkeit erfahren hatte.

Thomas Günther hatte die Idee eines gemeinsamen Buchprojektes, das sich mit dem Thema der Berliner Mauer vor und nach ihrem Fall beschäftigen sollte. Sechs Siebdrucke von mir und fünfzehn Gedichte von Ulrich Schacht erschienen 1996 unter dem Titel »Die falschen Farben«. Den Umschlag ziert eine Fotocollage von Thomas Günther.

Einige Zeit später fuhr ich mit Ulrich nach Wismar zu einer Veranstaltung, die Thomas organisiert hatte. Es war eine Ausstellung, in der ich meine Bilder aus dem Buch zeigte, kombiniert mit einer Lesung von Ulrich. Er führte uns durch seine Heimatstadt, zeigte uns das Haus, in dem er aufgewachsen war und die Bäckerei, in der er in die Lehre gegangen war, bevor er Theologie in Rostock und Erfurt studierte.

---

1 Siehe die beiden Graphiken von Pontus Carle auf S. 245 & 246

Dass Ulrich Schacht sich zu Schweden hingezogen fühlte, konnte ich verstehen. Es ist nicht nur die landschaftliche Ähnlichkeit die ihn inspirierte, sondern auch die historische Dimension: Wismar gehörte einmal zu Schweden und zu DDR-Zeiten gab es viele, die sich am südlichen Ostseestrand auf die anderen Seite, nach Norden, träumten.

Einmal besuchte ich Ulrich und Stefanie in Hamburg. Die beiden waren seit einigen Jahren ein Paar. 1997, während einer Schwedenreise, waren sie eine Woche bei mir zu Gast. Ich stellte ihnen Giselheid Granberger, eine gute Freundin, vor, die in einem ausgebauten Stall in Förslöv eine Kunstgalerie hatte. Giselheid stammte aus Deutschland. Sie hatte zuvor viele Jahre in Stockholm gelebt, wo sie eine renommierte Galerie führte. Als Ulrich und Stefanie 1998 darüber nachdachten, nach Schweden zu ziehen, half Giselheid ihnen, ein Haus im Talgrund nahe Förslöv zu finden, das sie mieten konnten.

Im Sommer 2001 hielten die beiden Hochzeit in der schönen Galerie auf Giselheids Hof, unweit von meinem Heimatort Vejbystrand in Skåne. Es war ein sehr schönes Fest. Viele Freunde aus Deutschland waren dabei, auch Thomas Günther. Mit ihm hatte diese lange, spannende Freundschaft mit Ulrich und unsere intensive Zusammenarbeit begonnen.

Für die Arbeit an seinem großen Roman »Notre Dame« verbrachte Ulrich einige Zeit bei mir in Paris. Vieles musste noch einmal gesehen und erinnert werden. Auf seinen langen Spaziergängen durch die Stadt begleitete ich ihn. Es waren wunderbare, unvergessliche Tage.

Sigrid Damm

Mein Herz ergeht sich in Ovationen

Es war in der Akademie der Künste am Pariser Platz in Berlin, eine Feier der Zeitschrift »Sinn und Form«, als mich Sebastian Kleinschmidt mit Ulrich Schacht bekannt machte. Das Wort vom hohen Norden fiel von seiner Seite. Und dieser war dann auch Gegenstand meines ersten Gesprächs mit Ulrich Schacht. Ich wusste nichts über sein Leben, hatte keines seiner Bücher gelesen. Aber er war mir sofort sympathisch und unser Gesprächsgegenstand erschuf eine schöne Nähe zwischen uns. Heute denke ich, es war, wie Schacht einmal über die »Magie der Literatur« schrieb: Menschen wiedererkennen, denen man nie zuvor begegnet ist.

Dann las ich sein 2011 im Aufbau Verlag erschienenes Buch »Vereister Sommer. Auf der Suche nach meinem russischen Vater«. Wir begannen Briefe zu tauschen. Und Bücher. 2013 schickte er mir seinen Gedichtband »Bell Island im Eismeer« mit der Widmung … *vom Dichter, der sich am Eise wärmt* …

Einzig über dieses Buch möchte ich hier sprechen. Ich fand darin Gedichte über Kulusuk in Ostgrönland, über Rejkjavik, einen Zyklus in sechs Tafeln über Svalbard (Spitzbergen), alles Orte, die ich von meinen Schiffsreisen kannte. Von 1991 bis 1995 hatte Schacht Künstlerexpeditionen in die Arktisregionen Norwegens und Russlands organisiert. Er wusste, wovon er sprach. Beeindruckende Gedichte von prosaischer Sprödigkeit, kurze rhythmische Zeilen von eindringlicher Genauigkeit und poetischer Schönheit.

Am meisten aber liebe ich die Verse, die den Dichter, den »Auswanderer«, in seinem Haus in Schweden zeigen, in dem ihn *Brot Wein und das / noch ungeschriebene Wort* erwarten. Diese Gedichte sind »die Lust an nichts als der Gegenwart« (Peter Handke). Da ist von Morgen und Abend, von den Lustkoloraturen der Vögel, vom Mond unter den Sternen hoch über dem Meer, von Regentropfen und Schiffen am Horizont, von der Ankunft der Farben, dem Flug der Dohlen, den Geräuschen der Pappeln, dem Tanz der Insekten, dem windlosen Blätterfall die Rede.

Alles was der Dichter sieht, hört, erlebt, führt ihn zu sich:

Ein Tag an dem ich wußte wer / ich bin ein Tag an dem ich wußte wer / ich werde ... / ... Ich war allein. Ich war / bei mir. Ich war der, den ich traf.

Verse von berückender Übereinstimmung von Ich und Universum:

... Haben wir // Augen, haben wir das / Geheimnis der Welt / gesehn ... Welt ist nicht, wo die Welt / ist Welt ist grünes Element ist blaues / Atmen Rauschen Licht die Stille / hinterm Wind. Haus ohne Haus

Ich lese diese Verse beglückt wieder und wieder. Und wie es dem Dichter geschieht, überträgt es sich auf mich, die Leserin:

Mein Herz ergeht / sich in Ovationen.

Carl-Christian Elze

auferstehung
Für Ulrich Schacht

1

wir werden auferstehen
ohne bewusstsein
auferstanden zu sein.

wir werden aufblühen
ohne zu spüren
dass wir blühen.

wir werden auf sein
ohne zu fühlen
ohne jedwedes gefühl.

2

der tod ist eine tulpenmagnolie
in die du hineinklettern musst
zur blüte.

sobald du den fuß hineingesetzt hast
bezahlst du mit schweigen
deine unbändige freude.

über deine geschlossenen augen
beugen sich deine menschen
mit verzerrten gesichtern.

3

auch jesus klettert im baum
wenn du an jesus denkst
im selben moment.

wenn du an deinen vater denkst
sitzt dein vater im baum
im selben moment.

im selben moment
wo der baum mit dir spricht
vergisst sich dein denken von selbst.

Horace Engdahl

Höchstes Glück
Für Ulrich Schacht, den Glücklichen

Selbst wenn du sagst »Die Menschheit ist verrückt«, sprichst du zur Menschheit und willst von ihr verstanden werden. Das ist ein seltsames Paradoxon. Es weckt den Eindruck, als gäbe es eine andere Menschheit neben der, die dir unheilbar verrückt erscheint. An wen wendest du dich? *The happy few?* Die Gleichgesinnten? Kaum. Es wäre einfacher, einen Brief an die kleine Menge zu schreiben, um die es dann gehen würde. Aber jetzt geht es um ein allgemeines Schreiben, eine öffentliche Angelegenheit also.

Ist deine Äußerung auf die Nachwelt ausgerichtet? Es mag so sein, aber für uns Ungeduldige hat das wenig zu bedeuten, und die Verrücktheit kann natürlich auf Dauer gestellt werden.

Also?

Ich denke, du sprichst zur Vernunft.

Was ist das?

Ich stelle mir die Vernunft in Form eines anonymen Kreises von Menschen vor, Menschen wie ich, obwohl ruhiger, milder, frei von Empörung, Staunen und Bewunderung (die von Horaz verspottete *admiratio*). Wenn man solchen Zuhörern gegenübersteht, ist es undenkbar zu lügen oder sogar zu übertreiben, man spricht nicht, um zu beeindrucken. Man spricht vor allem ohne Angst, missverstanden oder beschuldigt zu werden.

Während ich dies schreibe, beschwöre ich instinktiv einen solchen Kreis ungestörter Empfänger. Der Gedanke an diese – die möglicherweise nicht existieren – macht es sinnvoll, einen Satz wie »Die Menschheit ist verrückt« auszusprechen. Sich mit ihnen zu vereinen, ist die größte Seligkeit. Es bringt einen dazu, den Stift zu ergreifen. Ohne sie müsste man beschwichtigend und vorsichtig mit der Menschheit sprechen, wie gegenüber Verrückten, für die man sie eigentlich hält.

Nur mit der Einbildung, diese Unbekannten existieren, ist mein Papier wirklich leer und für das Schreiben bereit.

In Zeiten der Verfolgung oder Verleumdung ist es fast unmöglich, sich nicht von der Stimmung eintrüben zu lassen, die um einen herrscht. Man wird sich unwillkürlich als »unrein« wahrnehmen. Nicht, dass man glaubt, eine Ungerechtigkeit begangen zu haben. Doch wenn man zum Stift greift, um zu kommunizieren, trifft man im Spiegel, den die Schrift darstellt, eine unangenehme Figur, die man sofort erkennt. (Das erste, was passiert, wenn man mit dem Schreiben beginnt, ist nämlich das man für einen kurzen Moment sich selbst wahrnimmt.) Das Zerrbild wird nicht vollständig gelöscht, wenn man sein Thema ins Auge fasst. Es bleibt wie ein Wasserzeichen auf dem Blatt, auf dem man schreibt, unabhängig davon, was besprochen wird.

Das ist die Macht der öffentlichen Meinung, selbst von dem willensstarken Dissidenten empfunden. Daher muss das Papier zuerst geleert werden. Es macht keinen Sinn, um Sympathie für den zu bitten, der im Schriftspiegel erscheint.

Man sollte nicht sprechen oder schreiben, wenn man bereits verurteilt ist. Dann bleiben nur unwürdige Genres und Gesten, wobei der wütende Protest fast schlimmer ist als die Entschuldigung. Das heißt, man sollte sich nur an die Vernunft wenden. Es spielt keine Rolle, wie man sie sich vorstellt. Es ist gleichgültig, ob man sie in Form so genannter »Leser von morgen« (Stendhals Formel mit seiner ständig hervorstehenden Jahresangabe) oder als kleine Gruppe sorgloser Menschen sieht, die ihren Geist freigehalten haben und klug genug sind, sich nicht zu erklären. Oder als die Schar der großen Toten. Vielleicht ist es am besten, überhaupt nicht darüber nachzudenken, wer sie sind. Sie sind nicht meine Unterstützer, denn sie jubeln niemandem zu. Sie sind nicht meine Anwälte, nur weil sie die Wahrheit verteidigen. Sie sind nicht meine Tröster, denn sie interessieren sich nicht für Selbstmitleid. Wenn man mit der Vernunft spricht, darf man sich nicht beschweren. Die Möglichkeit, von der Vernunft gehört zu werden, ist nämlich ein Glück, das alle Ungerechtigkeit überwiegt.

Hierin liegt die Erklärung für den fröhlichen Ton, an dem man einen Schriftsteller erkennt, der sich endlich befreit hat von der Sucht zu gefallen. Was nützt es mir, einer Öffentlichkeit zu gefallen, die die Karikatur meines Gesichts zeichnete und applaudierte, das Bild, das ich sah, als ich den Stift ansetzte, um das Papier zu füllen?

Die Vernunft hört zu, ich schreibe in die Luft.

Und die Luft ist klar.

Siegmar Faust

Unmögliche Gegend
Für Ulrich Schacht

Ist es Flucht?
Wer setzt sich frei und willig solcher Kälte aus?
Im Angesicht ewigen Eises lässt selbst ein Dandy
kleinster Nebenstraßen jede Hoffnung fahren.
Hier heulen sich keine Rettungswagen durch die Landschaft;
hier erinnert alles an nichts:

Müll und Bosheit und Geilheit der Städte und Staaten
– mein Gott! –
all deine Weisheit von Schnee und Eis und Kargheit
lehrt mich, dass ich schwarz bin im Dreck und rot im Blute
oder weiß wie ein Teufel der Unschuld.

Die Natur öffnet sich, als habe sie mir ganz
persönlich etwas mitzuteilen.
Eisberge tun sich auf, um mich ins Wesen zu führen.
Soll ich schon wieder irgendwo eintreten? Bin ich nicht
meiner verrotteten Art auf seltsame Weise entkommen?

Wovor noch Angst haben? Wozu noch aufregen?
Nie mehr rechtfertigen muss ich mich hier.
Nichts bleibt und alles wie es ist,
was uns zu nahe kommt wie die Sonne,
muss eines Tages ohnehin erkalten.

Nicolaus Fest

Politik ohne Heimat ist nicht denkbar

Ulrich Schacht lernte ich erst 2015 kennen. Es war eine kurze, aber beglückende Freundschaft. Wann immer wir uns sahen, ob in Berlin oder seinem wunderbaren Haus in Schweden, füllte sich mein Notizbuch – wenn auch nur mit dem Bruchteil seiner Äußerungen, den ich abends erinnerte. Schacht, der seine melancholische Seite hatte, war gleichzeitig ein großer Unterhalter. Das Schlichte wurde tiefsinnig, das Schwere leicht. Beim Aufstieg zu seiner Arbeitsbibliothek, leicht erhöht über dem Haus gelegen, ulkte er:»Die Erhabenheit des Geistigen über den Alltag ist hier schon verwirklicht«. Im Herzen war er genau davon überzeugt.

Wie immer sprachen wir viel über Literatur. Und ebenso regelmäßig über die politischen Zustände in Deutschland. Die ließen Ulrich Schacht auch aus der Entfernung keine Ruhe. Klarer als andere sah er den Weg in Weimarer Verhältnisse – nicht im Parlament, aber in der Gesellschaft.»Die totalitäre Versuchung«, so meinte er,»kommt in den westlichen Ländern weniger vom Staat als von Großkonzernen.« Sie seien es, die die Auflösung all jener Traditionen wünschten, welche dem Fortschritt im Sinne der globalen Einsatzfähigkeit im Wege stünden – Familie, Religion, Geschlecht, Heimat. Ideal in diesem Sinne und daher positiv als ›modern‹ besetzt sei der kinderlose, bisexuelle, atheistische Globalist mit wechselnden Lebensabschnittsgefährten. Als Entwurzelter finde der sich überall zurecht, zudem sei er politisch ungefährlich.»Politik ohne Heimat ist nicht denkbar.« Selbst der Verräter sei politisch, wenn auch nur im Negativen; der Globalist sei es nicht. Die Ideen von One World oder Open Borders seien daher utopisch, aber nicht politisch.

Beide hatten wir viele Jahre im Springer-Verlag verbracht, bei jedem endete die dortige Zeit im Zerwürfnis über Kniefälle vor dem Zeitgeist. Schacht hatte die selbstbewusste Nation gegenüber der Vergangenheit gefordert, ich die gegenüber der islamischen Bedrohung. In beiden Fällen knickte der Verlag ein. »Vom Springer zum Kriecher«, spottete Schacht, wenngleich ohne Freude. Auch er wusste: Mit Springer fiel eine der letzten Bastionen gegen die Revisionisten von links. Die Verharmlosung der DDR und des ›Sozialismus‹ sei, so meinte er, überall zu bemerken. »Während die Einzigartigkeit der nationalsozialistischen Verbrechen betont wird, wird die Vielfalt der kommunistischen geleugnet.«

Die Affäre um das Buch »Die selbstbewusste Nation«, das er 1994 mit Heimo Schwilk herausgegeben hat, war, wie der Historikerstreit 1986, ein Menetekel. Doch wie immer wurden auch hier die Feuerzeichen nicht erkannt. Es waren die Anfänge der heute allgegenwärtigen cancel culture, der Tabuisierung und wirtschaftlichen wie sozialen Vernichtung von Personen, die sich ihr Recht auf Dissens nicht nehmen lassen wollen. All dies kannte Schacht aus der DDR. Und so stellte er einmal melancholisch fest, als wir in seiner Bibliothek saßen: »Die Verfassung sagt wenig über den Charakter eines Staates. Ob ein Land demokratisch ist oder totalitär, zeigt sich nicht an Formalien, sondern an seiner Debattenkultur. Die ist entscheidend.« Hongkong unter britischer Verwaltung sei, trotz der Abwesenheit von Wahlen, das eine Beispiel; die Deutsche Demokratische Republik das andere. Wo er die Bundesrepublik unter Kanzlerin Merkel einordnete, musste er nicht ausführen.

Politik ohne Heimat ist nicht denkbar, Journalismus aber auch nicht. Nicht das Globale interessiere die Leser, sondern das Nahe, Vertraute. Zwischen Belustigung und Ratlosigkeit kommentierte Schacht daher die unausgesetzte Berichterstattung deutscher Medien zu Trump, Ukraine oder Brexit. »Die Globalisten in den Zeitungshäusern werden erst aufwachen, wenn sie lokal ruiniert sind.« Tatsächlich hielt er den medialen Fokus auf internationale Themen für ein Zeichen des Niedergangs. In selbstbewussten Nationen, so seine These, kümmerten sich die Medien um die Verhältnisse im eigenen Land; über das Ausland werde nur im Reiseteil berichtet – oder wenn es die eigene Außenpolitik betreffe. Wenn hingegen nur noch Fußball und Fernsehprogramm das Heimische spiegelten, es sonst aber vor allem um die Verzweiflung der Schotten über den Brexit oder der New Yorker Schickeria über Trump gehe, werde es mit den Auflagen schnell bergab gehen.

Das zu beobachten, so meinte er bei unserem letzten Treffen, verschaffe ihm immerhin eine gewisse, wenn auch bittere Genugtuung. Die aber dauerte allerdings viel zu kurz.

Hanna-Barbara Gerl-Falkovitz

Wege der Freude.
Versuch über das Magnificat

Wie alle großen Texte liegt das Magnificat im Ohr, in den wundervollen Vertonungen von Palestrina, Buxtehude, Bach bis zu Messiaen. Auch Ulrich Schacht ist gemeinsam mit Thomas A. Seidel diesem Text und seiner Sängerin nachgegangen – nachdenklich forschend, poetisch und bildreich.[1] Aber das Bekannte bleibt scheinbar immer das Unbekannte, um Hegel rechtzugeben. Es ist heute das Schicksal der unerschöpflichen biblischen Welt: unbekannt zu sein. Was ist unbekannt? Maria selbst.

Wir können über sie gleichermaßen wenig und viel zum Ausdruck bringen. Wenig, weil die Aussagen der Heiligen Schrift über sie zwar großartig, aber zugleich sparsam sind; viel, weil ihre Verehrung und Rühmung seit der frühen Kirche immer neue Züge enthüllt. »Du versöhnst das Unversöhnliche«, sagt der *Hymnos Akathistos*. Denn Maria bindet zusammen, was »eigentlich« gar nicht geht: das Jungfräuliche und das Mütterliche, ja, das Gebären eines Gottes, nicht nur eines Menschen, was an sich undenkbar ist, auch das Mit-Sterben beim Sterben dieses Gottes, der kein Gott mehr zu sein scheint – alles unter der Zumutung des Unerhörten. Und doch vollzieht es sich so, und sie steht in einer überbordenden Exegese, die das nicht erklären, sondern nur dem Glauben überantworten kann.

Das Magnificat, Marias Gesang im Lukasevangelium[2], ist Antwort auf das Undenkbare. Von Elisabeth wird sie umstandslos – in der augenblicklichen Inspiration des Heiligen Geistes – »Mutter des Herrn«, des Kyrios, genannt. Das meint nichts Gerin-

---

1 Thomas A. Seidel, Ulrich Schacht (Hg.), *Maria. Evangelisch*, Leipzig 2013.

2 Lk 1, 46–55.

geres als die Übersetzung des jüdischen Gottesnamens: Adonai. »Du hast geglaubt, was Kyrios-Adonai dir sagen ließ.« In diesem Gottesnamen binden sich noch unentfaltete Geheimnisse zusammen – bis die Dreifalt des göttlichen Lebens sich nach und nach auftut. Knospenhaft freilich ist sie schon vorgedeutet: im Höchsten, im Sohn, im Geist, der sich auf die Jungfrau gesenkt hat.

So ist die Antwort Marias an Elisabeths Gruß Jubel, Ausbruch überwältigender Freude – nicht im Rausch wie im »schäumenden Mund« einer Kassandra der griechischen Tragödie. Aus allen Zeilen des Magnificat spricht die generationenlang erworbene jüdische Klarheit. »Mega«, groß und hoch ist der Gesang. Maria besingt die unvorstellbare Tatsache, dass das Geschehen göttlicher Menschwerdung »von Anfang an« durch die Geschlechterkette vorbereitet war – und sie selbst bis in alle Zukunft hinein als Pforte der Menschwerdung gepriesen wird. Alle Geschichte läuft auf sie zu. Advent ist zuerst der Advent Marias.

Und zugleich wird sie, die Einzelne und Einzige, in ein Gesamt der Geschichte eingebunden, das für menschliche Augen undurchschaubar vielgefächert ist. Doch Gott zeigt ihr das »von fernher Gedachte« ihres Daseins und die weithin fruchtende Wirkung ihres Tuns, besprochen und gerühmt bis in die fernsten Geschlechter.

Der Kontrapunkt zu dieser Erhöhung durch Gott erfolgt in dem Wort »Niedrigkeit« und wird noch verstärkt durch das betonte Magdsein. Niedrigkeit, *tapeinosis*, kommt im Neuen Testament sonst nur noch dreimal vor, als die auch im Deutschen hörbare Erniedrigung.[3] Und Magd, *doulos*, könnte durchaus auch Sklavin heißen. Warum diese Demut, die gerade für die feministische Theologie anstößig ist? Aber wie immer im Evangelium: Im Widerständigen liegt ein Schlüssel. Denn: Das Niedrige wird einfach und genau der Ort des Göttlichen, Ort der Herrlichkeit. Gott kommt nach unten. Alle Gotteslehren, so formuliert Au-

---

3 Apg 8,33; Phil 3,21; Jak 1,10.

gustinus, waren auch den antiken Religionen bekannt; nur die Eine nicht: das Herabsteigen des Sohnes, das gänzliche Verzichten auf die göttliche Hoheit.[4]

Ab jetzt zieht die Magd eine unfassliche Glorie an. Das wird sich am gesamten Leben der Mutter und des Sohnes erweisen, weit tiefer, als die Stunde ahnen lässt. Die Niedrigkeit hemmt nicht, sie hält nicht vom Jubel ab: Sie ist für alle Zukunft der Ort Gottes. Denn »der Mächtige hat Großes an mir getan«. Seit der Stunde in Nazareth gilt die Schönheit, das Leuchtende des Unscheinbaren und »Unmündigen«.[5] Selig ist sie, an der zuerst diese Umwertung sichtbar wird. Wunderbar ist es, Magd zu sein, in der alle Herrlichkeit aufbricht. Die Seligkeit aller kommenden Generationen besteht darin zu verstehen, dass die Armut die Fülle beherbergt. »Kind und Kindeskind« (Luther) gehören in dieselbe Armut: Nur darin nimmt Gott Fleisch an. Adam und Eva überhoben sich, weil sie sich im Eigenen schon herrlich genug glaubten. Geschenkte Herrlichkeit ist ungeheuer viel schöner. Das Kleine wird das Große. Das Kind ist Gott. Der Verworfene ist der Eckstein. Die Magd ist Königin. Wunden werden leuchten. Daher der nie verstummende Preisgesang.

Daher auch die Umwertung des Heiligen. »Sein Name ist heilig.« Im hebräischen *qadosch* hört man noch ein warnendes Zischen mit. In einigen mesopotamischen Kulten war das Götterbild umgeben von Schlangen, die sich bei Näherung aufrichteten und zischten. Das beleuchtet die bekannte Formel Rudolf Ottos: Das Heilige sei *tremendum et fascinans*, Zittern erregend und anziehend zugleich. Auch Israel kennt diese doppelte Eigenschaft Gottes und fürchtet sie in Ehrfurcht. Zum Zitternmachenden gehört das Unbegreifliche, Übergroße Seiner Entscheide; zum Anziehenden gehört, was im deutschen Wort heilig anklingt: das Heil- und Ganzmachende. Beides ist im Magnificat Freude:

---

4 So auch bei Martin Luther, *Magnificat, verdeutscht und ausgelegt* (1521), abgedruckt u. a. in *Maria. Evangelisch*, a. a. O., 185–245.

5 Mt 11,25; Lk 10,21.

vor der Übergröße erschauern und in das Heilbringende selbst hineingezogen werden.

Mit dem Heiligen kommt der Umsturz. »Er zerstreut, die im Herzen voll Hochmut sind; er stürzt die Mächtigen vom Thron und erhöht die Niedrigen. Die Hungernden beschenkt er mit seinen Gaben und lässt die Reichen leer ausgehen.«[6] Nicht selten ist daraus ein Sozialprogramm abgeleitet worden, gemäß dem hellsichtigen Wort Simone Weils, der Sozialismus sei die subtile Versuchung des Christentums. Deutlich spricht aber Marias Rede von einem Tun aus anderer Machtfülle. Denn wer sind die Hochmütigen, wer die Mächtigen, wer die Reichen? Das oberflächliche Auge sieht nur die sichtbar Hochmütigen. Dieselbe Unschärfe gilt auch bei der Frage: Wer sind die Niedrigen, wer die Hungrigen? Lässt sich diese Unterscheidung von uns wirklich gerecht vollziehen? Wie viele Umstürze haben nur Reichtum und Armut ausgetauscht? Wie viele Opfer zählen die Revolutionen? Gibt es nicht auch gierige Armut? Lässt Niedrigkeit nicht auch alle Laster wachsen?

So sind nicht Menschen die Richter der anderen, sondern Er. Nur dieses Gericht ist gerecht und reicht in die Wahrheit. »Er vollbringt machtvolle Taten« – ein Zuruf voller Trost, gegen die vordergründigen Urteile der Menschen.

Und der Schlußstein im Gewölbe: »Er nimmt sich seines Knechtes Israel an und denkt an sein Erbarmen, das er unsern Vätern verheißen hat, Abraham und seinen Nachkommen auf ewig.«[7] Noch einmal erscheint der Knecht, aber im Griechischen heißt er diesmal nicht *doulos*, sondern *paidos*, das Kind: Israel als der kindlich ergebene Sohn. Er ist zur Offenbarung Gottes bestimmt, an ihm wird der Große sichtbar. Hier aber, nochmals kontrapunktisch, im Erbarmenden *eis ton aiona* – über die Äonen hinweg in die Zukunft, und ebenso aus Äonen hervorgehend: aus den Vorzeiten Abrahams und der Väter.

---

6 Lk, 1, 51–53.
7 Lk 1, 55.

Denn viel Erbarmen war nötig, um die Geschlechterfolge von Abraham bis zum einzigen Sohn des Vaters weiterwachsen zu lassen. Das »Stammgut der Ahnen« bedeutete ja auch Rebellenblut »[…] aus Männern und Frauen, die oft mehr zur Macht und zur Lust, zu Rausch und Trieb und Rache gebetet haben als zu Jahwe: Mörder und Lügner, Verräter, Abtrünnige, Götzendiener, Dirnen, Ehebrecher und Blutschänder stehen in der Reihe, die über Thamar und David, Bethsabe, Salomon und Roboam und die unseligen Könige nach ihm geht […]. Es war keine Kleinigkeit, den Fluch dieses Blutes zu tragen, voll dunkler Mächte und siedender Gier und ruchlosem Aufstand gegen den Herrn, Gott.«[8] Die »Annahme seines Knechtes« trotz aller Untaten – das ist Erbarmen (*rachamim*), Treue (*emuna*), Bund (*berit*). Die Davidstochter wird »Filter«, um dieses unreine Erbe zu reinigen, sie, die Sündelose. So verschränkt sich Maria mit dem gesamten Schicksal Israels, auch dem dunklen, gottvergessenen – sie ist das Ziel von Israels Geschichte, sie ist das Siegel auf seinem Bund.

Das alles ist Freude. Denn die Einzigkeit Marias ist nicht ausschließend, vielmehr einbeziehend. Ihre Erwählung ist ein Versprechen – für alle, die ihren Spuren nachgehen. Solche Vorgänge der Umkehrung heißen Erlösung: Aus Knechten werden Freunde, aus Sündern werden Heilige; das sind die eigentlich erregenden Lösungen. Die Erlösten werden sich wohl auch gegenseitig rühmen, staunen, die ungeahnte Frucht ihres Daseins erkennen – gelöst aus der scheinbaren Verlorenheit und Vergeblichkeit des Tuns. Dasein wird symphonisch. Wirrwarr der Geschichte wird zu Wegen des Lichts. Das ist die Größe des Schöpfers, die Seele und Geist, *psyche* und *pneuma*, jubeln lässt. Maria hat die Erwählung bestanden und damit allen anderen in die Nähe gerückt. »Der erste ist noch nicht am Ende damit, sie zu entdecken, wenn der letzte beginnt, sie kennenzulernen.«[9]

---

8 Ida Coudenhove, *Maria*, in: *Die Schildgenossen 7*, Augsburg 1927, 211–221, hier: 216 f.

9 Sir 24,28.

Peter Grimm

Der Film ohne Ende

Im Jahr 2011 beginnt die Geschichte eines Films, der niemals fertig werden wird, unser Dokumentarfilm über Ulrich Schacht. Das Leben dieses Mannes schrie ja förmlich nach einem Film, denn dieser Stoff war besser als jedes fiktionale Drehbuch. Außerdem ist ein kluger Mensch, der sich kultiviert und mit sprachlichem Feinsinn an den herrschenden Verhältnissen reibt, ein reizvoller Protagonist, nicht unbedingt für potentielle Auftraggeber in öffentlich-rechtlichen Sendeanstalten.

Ulrich Schacht war mir als Dichter, als Schriftsteller, als Journalist, als mutiger Mann, der der SED-Diktatur widerstand, natürlich vertraut. Auch sein in jenem Jahr aktuelles Buch »Vereister Sommer« hatte ich begeistert gelesen. Diese Begeisterung hatten offensichtlich auch etliche Literaturkritiker und Feuilletonredakteure geteilt. Schacht wurde plötzlich in Blättern und Sendern mit lobender Anerkennung bedacht, die ihn in den Jahren zuvor, eher mokant als politisch anrüchig oder »umstritten« beschrieben hatten. Was im Jahre 2020 mit dem neudeutschen Unwort »Cancel Culture« etikettiert wurde, hatte dieser begnadete, mit Preisen geadelte Autor schon Ende des letzten Jahrhunderts hinreichend erlebt. Wenn er jetzt unverstellt wahrgenommen und nicht mehr nur niedergeschrieben wurde, dann ließ sich vielleicht eine Redaktion finden, die Interesse an einem Dokumentarfilm über jenen klaren Mann aus dem Norden hat.

Zunächst ging ich es mit der üblichen Routine an, was heißt, den potentiellen Protagonisten zu kontaktieren, um seine Bereitschaft zur Mitwirkung zu erfragen. Ich rief Schacht in seinem schwedischen Domizil an und schon war es mit der Routine vorbei. Wir kannten uns nicht. Sicher konnte er, Dank seiner genauen Kenntnis der früheren Opposition im SED-Staat meine

Kurzvorstellung gut einordnen. Doch ich hatte nicht erwartet, dass wir uns sofort in ein mehr als zweistündiges intensives Telefongespräch vertiefen würden. Um den Film ging es nur noch am Rande, sondern, im strengen Wortsinne, um Gott und die Welt. Schachts wortgewaltiger Klartext war nach der Lektüre seiner Bücher und Artikel zwar nicht überraschend, doch damit im ersten Telefongespräch bedacht zu werden, hatte ich nicht erwartet. Vielleicht wollte er auf diese Weise von Anfang an klären, ob dieser Anrufer was taugt und ob man sich auf ein Projekt mit ihm einlassen könne.

Das Gespräch brach plötzlich ab. Der Akku meines Telefons hatte den Geist aufgegeben. Als der Apparat wieder mit Strom versorgt war, rief ich wieder an. Jetzt war nur noch Zeit für einen kurzen Abschied und eine baldige Verabredung in Berlin.

Ich hatte Glück: Das Themenangebot fand in einer Redaktion Gefallen. Zusagen mochte die Redaktionsleiterin noch nicht. Zunächst sollte ich ein fünfminütiges Kurzporträt für einen anderen Sendeplatz drehen, was bei der Entscheidungsfindung helfen könne. Beim nächsten Treffen in Berlin – Ulrich tourte mit Lesungen durchs Land – planten wir den Dreh. Für das kurze Stück Film hatten wir nur einen Drehtag, der sich in den Ablauf der Lesereise zwängen lassen musste. Der Drehplan dieses Tages stieß bei Eckart, meinem Kameramann und engem Freund, auf berechtigten Unmut: Erst die Fahrt nach Suhl, um Ulrich dort morgens im Hotel abzuholen, dann die Fahrt nach Stollberg, an Ulrichs Geburtsort im Zuchthaus Hoheneck, um gleich weiter nach Leipzig zu fahren, wo er am Abend die nächste Lesung hatte – also viel Fahrzeit und wenig Drehzeit, obwohl man nur einen einzigen Drehtag hat. Da ist normalerweise die schlechte Laune eines Kameramanns garantiert.

Die änderte sich schlagartig einige Minuten nachdem Ulrich ins Auto eingestiegen war. Draußen lag graues Nieselwetter über eintönigem Autobahngrau. Drinnen zog uns Ulrich in tiefe Gespräche, erzählte, debattierte. Wir hörten zu, wir machten Einwürfe, redeten uns auch manchmal in Rage, und lachten. Wir lachten über den Irrsinn und die Schönheit der Welt und hätten in bester Laune noch stundenlang durchs nieselgraue Land fahren können. Der Dreh in Hoheneck fühlte sich an, wie eine harte, aber passende Unterbrechung.

Ulrich Schacht beschenkte einen im Interview mit einem Füllhorn brillanter Aussagen. Und obwohl dieser Mann ja normalerweise nicht zum klaglosen Akzeptieren von Anweisungen neigte, folgte er hier jeder Regieanweisung ohne Murren. War es ein Zeichen von unausgesprochenem Einverständnis? Es entstand ein Gefühl von Nähe in unserer kleinen Drei-Mann-Gemeinschaft, das bei solchen Dreharbeiten äußerst selten ist.

Weil der Freistaat Sachsen das einstige Zuchthaus Hoheneck an Privatleute verkauft hatte, kostete es Geld, dort filmen zu dürfen. Ein Ärgernis, das Ulrich mit der lakonischen Bemerkung quittierte, dass es immer noch billiger sei, ins Gefängnis zu kommen, als aus ihm heraus freigekauft zu werden. Außerdem mussten wir ihn noch in jenem Gebäudetrakt filmen, in dem er vor 70 Jahren geboren wurde. Der Abriss dieses Hauses war schließlich schon geplant. Jetzt hatten wir entscheidende Bilder für unseren eigentlichen Film, denn wenig später würde dieser authentische Ort verloren sein.

Am Ende dieses Tages war für Eckart und mich klar: mit diesem Protagonisten produzieren wir einen Film – egal ob ein Sender uns dafür den Auftrag und das nötige Geld geben würde oder ob wir alles allein vorfinanzieren müssten. An diesem Tag war eine Bindung zu Ulrich entstanden, für deren Beschreibung ich kein passendes Wort finde. Freundschaft trifft es nach zwei Begegnungen und einem Drehtag noch nicht – das kann man vorwegnehmen. Bekanntschaft ist viel zu wenig. Wahrscheinlich hätte Ulrich jetzt das passende Wort gefunden.

Jetzt hätte unser Film sofort gedreht werden können. Doch obwohl der Fünfminüter gut ankam – bei diesem Protagonisten musste man sich als Autor wahrscheinlich Mühe geben, wenn man ein schlechtes Stück abliefern wollte – gab es keinen Auftrag des Senders. Es war des klugen Eigensinns womöglich zu viel.

Auch ohne Auftrag zur Film-Produktion vertiefte sich die Beziehung zu Ulrich. Es blieb auch nicht dabei, dass wir uns bei seinen Berlin-Besuchen trafen. Ulrich lud mich zu einem Konvent der Evangelischen Bruderschaft St. Georgs-Orden ein. Das Kennenlernen dieser Bruderschaft war für mich ein Eintauchen in eine neue, unbekannte Welt. Bruderschaft oder Orden – Worte, die heutzutage dazu geeignet scheinen, leichtes Befremden zu erregen. Und nun lernte ich gestandene, sympathische Männer kennen, die christliche Bruderschaft tatsächlich lebten. Nicht in klösterlicher Abgeschiedenheit, sondern aus ihrem Alltagsleben mit Beruf, Familie und vielen anderen Engagements heraus und dennoch in verbindlicher Nähe. Nun lernte ich den Bruder Ulrich kennen.

Mag der Film nach der Absage potentieller Auftraggeber und Förderer auch etwas in den Hintergrund getreten sein: Geblieben ist unser Film-Plan dennoch. Eckart und ich wollten die Produktion auf eigene Kosten beginnen, also drehen, wenn es sich günstig einrichten lässt. Das braucht zwar Zeit, aber wir dachten, genug davon zu haben. Wir drehten Puzzlestücke für den Film und genossen jeden Drehtag. Zuletzt begleiteten wir Ulrich im Mai 2017 nach Moskau, wo er am »Tag des Sieges« inmitten von Moskauern seines russischen Vaters, des sowjetischen Offiziers, gedachte.

Das war nicht unser letzter Drehtag. Der letzte galt einem Interview für den YouTube-Kanal der »Achse des Guten«. Auch dabei ließ sich Material für unseren Film sammeln, denn bei Ulrich blieb ja nichts nur an der aktuellen Oberfläche. Ein Abzweig ins Grundsätzliche war bei fast jedem Thema schnell erreicht. Es war ein schöner Drehtag im sommerlichen Berlin – einer, der dazu einlud, für die folgenden Monate weitere Drehtermine zu planen. Wir wollten Bruder Ulrich beim Offenen Konvent der Georgsbruderschaft filmen, der für Mitte Oktober 2018 unter der Überschrift »Coram Deo versus Homo Deus. Christliche Humanität statt Selbstvergottung« im Erfurter Augustinerkloster geplant war. Wir wollten mit unserem Film ein Stück weiter kommen. Wer ahnte schon etwas von der Todesnachricht, die uns wenige Wochen vor dem Konvent in Schockstarre versetzte?

Nun wird dieser Film nie fertig produziert werden. Was nicht fertig wird, währt ewig, sagt der Volksmund. Aus dem Interview des letzten Drehtags hatten wir nach seinem Tod ein kurzes Stück geschnitten und ihm den Titel »Ulrich Schacht: Kein Nachruf« gegeben. Schachts kraftvolle Worte hallen nach. Sie fehlen schmerzhaft, gerade in diesen verrückten Zeiten. Lasst uns ihm kraftvoll an jenem 70. Geburtstag am 9. März 2021 gratulieren, an dem wir sonst vielleicht gefeiert und gedreht hätten. Wir werden aus seinen wunderbaren Texten lesen. Und ich stoße an mit einem Glas jenes japanischen Whiskys, den ich einst durch Ulrich Schacht kennenlernte.

Axel Große

Scherbenspuren

Indem das Gedicht dem Menschen hilft, er selbst zu sein, indem es ihm hilft, die eigene Erfahrung zu benennen und mitzuteilen, hilft es ihm, der Wirklichkeit Herr zu werden, die ihn auszulöschen droht. (Hilde Domin)[1]

Ulrich Schacht der Lyriker, über ihn möchte ich berichten, denn so lernte ich ihn kennen. Vor knapp 23 Jahren fiel mir sein zweiter Gedichtband »Scherbenspur« (1983) eher zufällig in die Hände. Ein Freund, der beim Ammann Verlag in Zürich arbeitete, warf ihn mir mit den Worten: »Hier, der ist auch aus dem Osten!« in den Schoß. Der Gedichtband hielt Gedichte über das Meer, die Ost- und Nordsee, Danzig und Prag und unter der Überschrift »Kassandrische Formen« eher Philosophisch-Existenzielles bereit. Mir schien, dass Ulrich Schacht in dem Gedichtband versucht, etwas Zerschlagenes wieder zusammen zu fügen, die Scherben werden dabei einzeln aufgehoben und betrachtet – mitunter nachdenklich in der Hand gewogen. Das große Ganze wird zerlegt in seine Bruchstücke. Mir fiel sofort Jan Skácel ein, der große mährische Dichter, welcher sinngemäß schrieb: »... *und so sammeln wir unsere Scherben ein, wie ein zerschlagener Topf aus Ton«.*

Wer ist dieser Ulrich Schacht, fragte ich mich damals und wie mag er aussehen? Ich stellte mir einen zarten, zerbrechlich wirkenden, etwas weltfremden Mann vor. Als wir uns 1999 dann trafen, war ich beeindruckt von seiner physischen und mehr

---

1 Zitiert nach Daniel Zöllner: »Nur mein Schritt bricht die Stille«: Zur Lyrik von Ulrich Schacht. https://www.anbruch-magazin.de/nur-mein-schritt-bricht-die-stille-zur-lyrik-von-ulrich-schacht/.

noch seiner geistigen Präsenz, von wegen zart und weltfremd. Zerbrechlich aber schon, nicht zuletzt aufgrund biographischer Details, die er mir erzählte. Einmal besuchten wir zusammen Hoheneck in Sachsen und standen vor dem ehemaligen Zuchthaus, in dem er 1951 das vergitterte Licht der Welt erblickt hatte. Zerbrechlichkeit aufgrund biographischer Beschädigungen, durch Überwachung und Haft – quasi von Geburt an. Ein Leben, welches mitunter angeschlagen wurde, sich aber nie zerschlagen ließ! Seine ganz persönliche »Scherbenspur«, die ihn natürlich auch verletzlich machte und sicher genau darum Gedichte schreiben ließ von größter Behutsamkeit. Auch im Gespräch fand sich diese Behutsamkeit. Vor allem, wenn wir allein waren und über Lyrik sprachen, seine eigene und die anderer. Wenn wir wechselseitig Lieblingsgedichte zitierten und überhaupt die Welt in »große und kleine« Literatur und Literaten einteilten. Nachtgespräche über Mecklenburg und Uwe Johnson – »den Größten« – da waren wir uns einig, in seiner Bibliothek, inmitten der Bücherregale und der meterhohen Stapel von Büchern und Zeitungen auf dem Boden.

Als protestantischer Christ verarbeitete er mitunter biblische Motive in seinen Texten, die dadurch aber nie »religiöse Lyrik« im engeren Sinne wurden. Seine Gedichte versuchen, die abstrakte und konkrete Realität in maximaler Verkürzung zu beschreiben. Ein immer wiederkehrender, zentraler Moment seiner lyrischen Betrachtungen war die Natur seiner schwedischen Wahlheimat. Der Wald hinter seinem Gehöft, die vom Wohnzimmerfenster aus zu sehende Ostsee, seine Katzen.

WIND JAGT VOM KATTEGATT in das
Geäst der Bäume, die mir Haus und
Hof bewehren, ein Brandungslärm dröhnt
unter Wolken über meinem Kopf dazwischen
Sonne die das nahe Meer poliert Milan
Figur in schöner Thermik Absturz und Wieder
Aufstieg überm Fels auf dem, vor weißem

Haus, mein Tisch steht Wein und Brot
darauf und eine Stille, die das Licht
berührt: Welt ist nicht, wo die Welt
ist Welt ist grünes Element ist blaues
Atmen Rauschen Licht die Stille
hinterm Wind. Haus ohne Haus [2]

Den Jahreswechsel 2016 verbrachten Ulrich Schacht und ich gemeinsam mit unseren Frauen in Venedig. Wir genossen das gute Essen samt wunderbaren Weinen in verschiedensten Lokalitäten, schlenderten durch die schmalen Gassen und besuchten den Fischmarkt. Natürlich bestaunten wir auch die so extravaganten wie wahnsinnig teuren Kleider und Schuhe in den Schaufensterauslagen der Geschäfte. Ulrich konnte mit einer Hingabe erklären, wie schön seiner Frau dieses oder jenes Kleid stehen würde und dass er ihr das sowieso gleich kauft. Meine Frau und ich hielten angesichts der ausgeschriebenen Preise die Luft an und dachten, er macht ernst und ruiniert sich finanziell. Aber im Grunde waren die enthusiastisch vorgetragenen Lobpreisungen alles wunderbare und poetische Liebeserklärungen an seine Frau. Es ging gar nicht um die Kleider und die Frage, ob er es sich überhaupt leisten konnte. Vor den Schaufensterauslagen formulierte er kleine Liebesgedichte mit großer Geste an seine Frau Stefanie.

Am Nachmittag des Silvestertages fuhren wir mit dem Vaporetto vom Fondamente Nuove zur Toteninsel San Michele in der Lagune und gingen auf dem Friedhof spazieren. Es war ein wundervoller Nachmittag, die untergehende Sonne tauchte alles in rotgolden glühende Farben, sogar einige Rosen blühten noch. Da sich die Stadt auf den bevorstehenden Silvesterabend und die damit verbundene lange Nacht vorbereitete, waren wir die einzigen Besucher des Friedhofs. Am Grab von Jossif Brodskij blieben wir lange stehen, zitierten Zeilen seiner Gedichte aus dem

2   Ulrich Schacht, *Bell Island im Eismeer*, Berlin/Hörby (Schweden) 2011, 56.

Gedächtnis und lasen uns gegenseitig Auszüge aus seinem Buch »Ufer der Verlorenen« vor. Und da war sie wieder, die »Scherbenspur«: Der wegen »Parasitentums« (Hooliganismus) zu fünf Jahren Zwangsarbeit verurteilte Brodskij, von denen er 18 Monate absaß und der wegen »staatsfeindlicher Hetze« zu sieben Jahren Haft verurteilte Schacht, von denen er dreieinhalb Jahre absaß. Zwei Lyriker und Schriftsteller, die ihre Scherben immer wieder einsammelten und zu großartigen lyrischen Formen verarbeiteten. Wie so etwas gehen kann, darauf gibt Brodskij seine Antwort: *»Lyrik gibt uns im Grunde die einzige Möglichkeit, dem Druck der Existenz standzuhalten.«*[3] Und ganz auf dieser existenziellen Lebenslinie läuft Ulrich Schacht:

MANCHMAL GIBT DER WIND den
Bäumen eine Stimme: Sie flüstern sie

ächzen sie schreien vor
Schmerz. Gefährten, sagen

wir dann, und wissen: Selbst
wenn wir die letzten Stimmen

wären wir wären, noch
immer, nicht einsam.[4]

»Moetst mi naemn as ik bünn«, meint der große Mecklenburger Uwe Johnson. Er mischt gute, trostreiche Worte in die Scherbenspur seines Landsmann, die uns ins Herz treffen:

Wenn es einen Trost gibt, wir können ihn beziehen von dem Menschen, dessen wir gedenken. Denn er war vertraut mit dem Sachverhalt, wonach

---

3 Jossif Brodskij, *Ausgewählte Gedichte*, Esslingen/München 1987, Umschlagtext Rückseite.

4 Schacht, *Bell Island im Eismeer*, a. a. O., 78.

zwischen seinem ersten Bewusstsein vom Leben und dem notwendigen Übel des Sterbens nur eine unbestimmte Zeit ist und das, was er in sie hineinbringen kann nach Willen, nach Kräften. Da er sich Mühe gegeben hat, ist seine Hinterlassenschaft von einer Art, die uns zur Dankbarkeit beredet, zu einer Freude geradezu an dem Glück, das er hatte und bereitete, für sich wie für uns.[5]

---

5 Trauerrede Johnsons zum Tode Werner Düttmanns; Universität Rostock / Uwe Johnson-Archiv; Nachlass Uwe Johnson. o.O., 04. 02. 1983. – 11 Bl., masch.

Ralph Grüneberger

Leben heißt vergleichen[1]

»*Das ist mein Land.* / *Hier bin ich* / *Eingebuchtet*« R.G. (1978)

»*Das ist nicht dein Land!* *schreit da* / *eine Stimme und zeigt auf*
  die Zentren: /
die großen Paraden: im Stechschritt, / *im Gierschritt zieht es,*
  das Volk – « U. S. (1981)

Nach dem Fall der Mauer lag für den ersten Blick die Lektüre auf
Angebotshöhe und war noch nicht zu einer neuerlichen Mauer
aus unbekannten Bücherrücken auferstanden. Ich entdeckte in
den westdeutschen Buchhandlungen die Nischen mit den un-
verkauften und unverkäuflichen Lyrikausgaben und blätterte in
den Büchern mir kaum bekannter Lyriker. Ich verglich die zumeist knapp gefassten biographischen Angaben auf den Einbän-
den mit meinen Daten. Speziell die Notizen zur Biographie eines
Lyrikers beschleunigten für Momente den Rhythmus meines
Herzschlags. Ich las mit wachsender Beklommenheit: dieser Lyriker ist mein Jahrgang. Geboren im selben Jahr und im selben
Land wie ich, unterm selben Stern, und doch unter einem so
ganz anderen Dach, dem des Frauengefängnisses Hoheneck.

Der Name des Lyrikers ist Ulrich Schacht. Er dürfte nicht nur
den gezählten Gedichtelesern ein Bekannter sein, sind ihm doch
neben einem Prosaband auch die Herausgeberschaft zweier
wichtiger politischer Bücher zu verdanken. Ich habe von Schacht,
seinen Gedichten und Schriften erst nach der durch die Reise-

---

1 Dieser Essay erschien 1991 im Börsenblatt des deutschen Buchhandels und
wurde für diese Veröffentlichung aus der ursprünglichen Manuskriptfassung
erstellt.

freiheit in Gang gekommene Aufhebung der deutschen Teilung erfahren. Die räumliche Erweiterung meines Horizontes ließ auch die Erweiterung des geistigen Gesichtsfeldes zu, zumal nach der Währungsunion auch das nötige Hartgeld für die Lektüre zur Verfügung stand. Dennoch habe ich mir in gewohnter Buchmesse-Manier einige von Schachts Gedichten abgeschrieben, als ich ihrer während einer Buchausstellung im September 1990 ansichtig wurde. Es war die Ausstellung »Sie kommen aus Deutschland« der Wormser Stadtbibliothek, die in Leipzig Station machte. Ulrich Schacht war bei dieser Präsentation von verdammter, verhinderter und schließlich über die Demarkationslinie gedrängter DDR-Literatur mit der Ausgabe seiner bibliophilen Dänemark-Gedichte aus der Edition Toni Pongratz vertreten. Inzwischen bin ich in Besitz eines Exemplars dieser nur dem Namen nach DDR-fernen Dichtung und habe meinen alten »Atlas der Erdkunde« (dessen schwachgrüner Einband auch dem einstigen POS-Schüler Schacht, Ulrich sofort gegenwärtig sein dürfte) nach den von ihm besungenen und befahrenen Inseln MOEN und FALSTER abgesucht. Auf der Karte »Nordeuropa mit Island« entdecke ich im Maßstab 1:5000000 die Inseln Mön und Falster und stelle fest, dass eine kurze gestrichelte Linie zwischen den Punkten Gedser und Rostock eine Fähr-Verbindung der Insel Falster mit dem Festland markiert. Im Gedicht »GEDSER« sinnt Schacht dieser Verbindung zwischen beiden Küsten nach. Dabei spitzt er sein Fühlen so zu, das dieses dem Leser einen Stich versetzen muss:

> »Was war / ist // ist / wahr sagt / das Auge grundlos und / schlägt einen Bogen von / Küste zu Küste an der / zurückbleibt / wer geht.«

Aus heutiger Sicht ließe sich ein solcher Vers mit Genugtuung aufnehmen, nach dem Motto: Kommt, Freunde, lehnt euch zurück, wir sind geblieben, also nicht zurückgeblieben. Doch wer den Worten auf den Grund zu gehen weiß, wird rasch auf eine ganz andere Lesart stoßen. Diese freilich klingt nicht barmherzig. Ich lese: Nur wer gegangen ist, bleibt zurück. Wer, wie Schacht, nur die Augen und die Schuhspitzen von Gedser aus auf die Heimat richten kann, muss sich verloren fühlen. Von den Herrschenden erst eingesperrt und dann ausgesperrt, gibt es für ihn kein Zurück. Doch wird die Fremde nicht heimatlicher, wenn sie endgültig ist. Und obgleich sich Schacht in Hamburg wiederum Heimat in Küstennähe gesucht hat, kriegt er den Ort seiner Kindheit nicht aus dem Kopf. Die Überfahrten nach Dänemark geraten zu Fahrten in die Erinnerung. Heimatsüchtig sucht er den Horizont ab. Immer »Im Fernglas W.«.

Im Gedicht über dieses W. wie Wismar teilt Schacht dem Leser sein Herz-Weh mit:

[…] In / ihren Mauerbrüchen kenn / ich mich aus noch / nachts leuchtet / wenn nichts / mehr // leuchtet der / Stein auf den / Straßen mir: Heim.« Dabei bewegt ihn der begründete Verdacht; »Weg / wo du liegst bin / ich vielleicht / schon ein // Fremder«. Denn die Stadt ist seinen Augen »entfernt« und seinen »Händen entrissen« worden und den »Füßen kein Grund mehr«. Und auch im idyllischen Moen hört die Erinnerung an das Geburtsland nicht auf. In der Ortschaft Magleby wird er mit dem Tod des Eilenburgers Lothar Dieter Günther konfrontiert, der am 17. August 1963 bei einem Fluchtversuch in der Ostsee ertrank und von einem dänischen Fischer geborgen und auf Moen beigesetzt worden ist.

Ich habe als Jugendlicher eigentlich kaum mit dem Gedanken gespielt »abzuhauen«, wie wir das damals nannten. Ich war in ein sesshaftes Leben geboren worden, um wiederum ein sesshaftes Leben zu führen. Mit 14 Lehrling, mit 16 Arbeiter, mit 18 Vater. Dabei hat es mir nicht an Anstößen gefehlt, gegen die diktierte Ordnung aufzubegehren. Ich pflegte meinen, schon in den Zeugnisbeurteilungen eingegangenen, Widerspruchsgeist und lernte die Folgen zu tragen. Ich war ein Langhaariger und wurde beim in die Ferien Trampen einmal von einem FDJ-Kommando, ein anderes Mal von einem Polizisten überfallen. Einer begonnenen Unterschriftensammlung wegen, musste ich vorzeitig und ohne Abschluss die Lehre beenden. Für die physische Beteiligung an der Demonstration gegen die Sprengung der Leipziger Universitätskirche wurde mir als Zugeführtem eine lange Nacht lang eine fünfzehnmonatige Haftstrafe in Aussicht gestellt.

Ich will es mir nicht leicht machen und behaupten, dass das Raster, das im November 1973 zu Ulrich Schachts Verurteilung wegen »staatsfeindlicher Hetze« geführt hat, auch mein Leben hätte schraffieren können. Sicher, auch ich stand unter »äußerst intensiver Beeinflussung durch ständigen Empfang von Sendungen westlicher Massenmedien«. Die Frage der Lehrer, ob die Minuteneinstellung auf unserem Fernseher aus Punkten oder Strichen besteht, hat sich mir als Kind tief eingeprägt. Auch ich habe die »eigene subjektive Betrachtung politischer Ereignisse« benötigt, um den offiziellen Verlautbarungen und Denkschemata zu entfliehen und meine eigene Sprache zu finden. Und doch habe ich in Leipzig, wenn auch hinter demselben Zaun, so doch in einem anderen Käfig gelebt. Der meine war weniger engmaschig. Auch war ich weniger rigoros. Ich habe mich zu der Zeit, in der Schacht den Staatsorganen wegen seiner »feindlichen Positionen zu den Gesellschaftsverhältnissen in der DDR« auffällig wurde, in der Hauptsache mit der verlogenen Solidaritätspropaganda befasst. Meine ersten politischen Gedichte zeigten: Die damaligen Sieger im Kampf um den Titel »Kollektiv der sozialistischen Arbeit« pokerten um die Wettbewerbsprämie mit dem Solidaritätsbeitrag. Solcherart Texte habe ich bei öffentlichen Lesungen vorgetragen. Heute weiß ich, dass meine Kritik eine Pseudokritik war und ein Teil der staatlich eingetriebenen Seelenheilsgelder durch die Kehlen und Fanfaren des Politbüros geschmettert wurde.

Zur selben Zeit etwa wurde Ulrich Schacht in Schwerin der Prozess gemacht. Die Texte, die der Richter des 1. Strafsenats zur Beweisführung aufgelistet und kommentiert hat, gehören nicht zur Anlage des Urteils. Ich habe versucht, einige der sogenannten »Hetzschriften« in Ulrich Schachts erstem Gedichtband

»Traumgefahr« (1981) wiederzufinden. Dort aber finde ich Analogien, aber keine tatrelevante »Hetze«. Also muss ich mit den Kommentaren vorlieb nehmen. Die kalte Sprache der Urteilsschrift gibt zu erkennen, mit welcher Willkür die Staatsmacht »objektive Tatbestände« geschaffen hat. »Ich sehne mich nach einem Haus« heißt ein Text, der Ulrich Schacht schon allein deshalb zum Verhängnis wird, weil er, laut Urteilsbegründung, von diesem »zum Zeitpunkt des 20. Jahrestages der DDR hergestellt« worden ist. Im Urteil über diesen und 25 weitere Texte heißt es: »In feindlicher Absicht wird in diesen Schriften die marxistisch-leninistische Weltanschauung, die führende Rolle der Partei der Arbeiterklasse, die sozialistische Staatsmacht, ihre Repräsentanten und Funktionäre, der DDR treu ergebene Bürger, die Praxis des sozialistischen Aufbaus, der proletarische Internationalismus, die Politik von Partei und Regierung, die Friedenspolitik der DDR, die sozialistische Staatengemeinschaft in brüderlicher Verbundenheit mit der Sowjetunion gezielt herabgewürdigt, verleumdet und verächtlich gemacht sowie staatsfeindliche anti-sozialistische Theorien wie die des sogenannten ›demokratischen Sozialismus‹ propagiert.« Die Perversion des IM NAMEN DES VOLKES ausgesprochenen Urteils geht sogar soweit, den Autor schließlich dafür zu bestrafen, dass er in einzelnen Schriften bereits die fehlende »Meinungsfreiheit in der DDR« thematisiert hat.

Ich muss sagen, dass ich mich schäme, ein solches Urteil allein durch meine Einwohnerschaft in der DDR mitermöglicht zu haben. Während Ulrich Schacht bis zu seinem Freikauf 1976 in Brandenburg einsaß, habe ich versucht, kritisch den realexistierenden Sozialismus zu verbessern. Ich habe, wie Schacht, keinen gradlinigen Bildungsweg einschlagen können. Er war Bäcker, ich war Fräser. Der Ausbildung am Leipziger Literaturinstitut verdanke ich einen Teil meines Selbstbewusstseins. Darum will und kann ich mich heute nicht bei der Opfern einreihen, obgleich ich 1981 wegen »antisowjetischer und gegen die DDR gerichteter Gedichte« exmatrikuliert (aber nicht verhaftet!) werden sollte, was der Institutsdirektor Max Walter Schulz, als Mitglied des Zentralkomitees der SED, gerade noch zu verhindern vermochte. Dennoch bezweifle ich, dass ich mich an anderem Ort und zu anderer Zeit hätte ebenso verwirklichen können. Mein Glück ist, kein ausgesprochener Täter zu sein.

Ulrich Schacht aber ist ein Opfer, Wer, wie ich, daran Anteil hat und büßen will, lese dessen Gedichte vom Ein- und Ausgesperrtsein. Die Ambivalenz von Opfer und Täter findet sich überdies in einem früheren Gedicht Ulrich Schachts verblüffend dargestellt. In der vierten »Falster Elegie« nennt er »die Wellen Gebirge ... Opfer und Täter« zugleich. Ein Bild, das nicht beruhigen will.

Wolfgang Hegewald

Der unbegreifliche Freund oder
Ulrich & Ulrike

Falls es eine Freundschaft war, was zwischen uns über fünfund-
dreißig Jahre währte, so war es eine sehr merkwürdige. Uns
trennte womöglich mehr, als uns verband. Aber sobald wir uns
trafen, geplant oder zufällig, loderte ein Gespräch hell auf, und
seine Intensität nahm im Laufe der Zeit eher zu.

Da war die doppeldeutsche Biografie. Als ich in den frühen
Achtzigern in die Bundesrepublik kam, herrschte ein Zeitgeist
vor, der einen immerzu darüber belehren wollte, was man in der
DDR falsch erlebt hatte. Wie unerträglich mochte das für jemanden gewesen sein, der seines Freiheitsbegehrens wegen den
Stasi-Knast passieren musste; man rückte zusammen. Da war
der Enthusiasmus für die Welt der Poesie. Und wir waren beide
bekennende Protestanten lutherischer Provenienz; in unserer
Generation alles andere als selbstverständlich.

Was Ulrich alles auch war, beobachtete ich, teils amüsiert,
teils befremdet, aus den Augenwinkeln. Ein charismatischer
Spieler. Ein barocker Macht- und Genussmensch mit einer Nei-
gung zu pontifikalem Pomp. Ein mit allen Wassern der Rhetorik
gewaschener Agitator. Ein für paternalistische Grandiositäts-
phantasien Anfälliger, und von kindlicher Neugier zugleich.
Wenn wir uns trafen, dauerte es meist nicht lange, dass sich unsere Begeisterung entzündete: an einem eben gelesenen Vers
von Tomas Tranströmer, einem Gedicht von Les Murray, immer
wieder Albert Camus, Joseph Brodskys Nobelpreisrede und Erinnerungen an eine Reise ins winterliche Venedig.

Was unser eigenes Schreiben anging, so sprachen wir selten
direkt darüber; das tun Schriftsteller ohnehin kaum. Wir erzähl-
ten uns von Buchplänen und Projekten, gratulierten oder kon-

dolierten einander gelegentlich anlässlich einer Rezension, tauschten Branchenklatsch aus, lästerten und schwärmten. Wie herrlich maliziös konnte Ulrich berichten, Durs Grünbein sei gerade wieder auf Lobbytour durch Schweden unterwegs, in Sachen Nobelpreis; und Ulrich sprach dabei natürlich auch von sich selbst.

Bei und mit Heidegger begann die Kontroverse. Ulrich war hingerissen von der vermeintlichen Tiefe des Schwarzwälder Pfahlwurzlers. Ich kam bei meinen Lektüreversuchen nie über einige wenige Seiten hinaus, abgestoßen von einer Sprache, die in ihrer triumphalistischen Verquastheit just die Dürftigkeit eines bodenlosen Seinsdenkens verkörperte und kaschierte, beides. Ulrich, der unbegreifliche Freund: Hier müssen Andeutungen genügen.

Wie konnte er, hinlänglich mit Stasiperfidie vertraut, Putin, die schon zu Lebzeiten leninistisch mumifizierte Tschekistenvisage, einen skrupellosen Autokraten, der die Struktur des KGB zur Staatsmatrix erweiterte, als taktisch genialen Staatsmann apostrophieren? Oder Viktor Orban, den völkischen Rüpel-Demokraten mit Handkusszwang, rühmen? Fassungslos machte mich auch die ideologisch versiegelte Einfalt, die behauptete, es schneie im Winter in Schweden wie seit jeher, und das sei Beweis genug dafür, dass ein durch den Menschen beschleunigter Klimawandel eine linke Verschwörungstheorie sei.

In den letzten Lebensjahren von Ulrich hat es mich zunehmend irritiert und bestürzt, dass ich ihn immer häufiger in der Gesellschaft von Leuten vorfand, die sich als Lautsprecher eines christlichen Abendlandes gerierten. Leute, die affektgeladen und bildungsfern, jedenfalls der biblischen Überlieferung gegenüber, nie Notiz davon genommen haben, dass die Topoi Flucht und Flüchtling essentiell zur jüdisch-christlichen Freiheitserzählung gehören.

Unbedingt erwähnen will ich aber auch, was für ein umsichtiger, zart um das Wohl seiner Besucher besorgter Gastgeber Ulrich in Förslöv war. Meine Frau Ulrike stammt aus einer Dynastie altlutherischer Pastoren, ist im Münsterland geboren und bei Lübeck aufgewachsen und hat selbst Theologie studiert, um sich, geistlich und intellektuell, Rechenschaft über ihre Herkunft zu geben. Sie ist, ganz und gar in der Bundesrepublik sozialisiert, Pastorin geworden. Ulrich hat bei jeder Gelegenheit den theologischen Disput mit ihr gesucht und geführt und sich gern in paulinische Paradoxien oder lutherische Marienansichten verstricken lassen. Und Ulrich merkte einmal an, wie es ihn berühre, dass bei uns in Barmbek-Süd ein Tischgebet gesprochen werde.

Nach dem Trauergottesdienst für Ulrich am 10. Oktober 2018 in St. Gertrud, beim Leichenschmaus im Hamburger Literaturhaus, meldete sich ein Redner zu Wort, der wie Ulrich über den Leidensweg durch den DDR-Knast in den Westen gelangt ist. Ihm gefiel es zu behaupten, dass er damals als Christ heimatlos geworden sei, weil alle Pfarrerinnen und Pfarrer, in Westberlin und überhaupt, linksversifft und wie von Egon Krenz instruiert gewesen seien. Erst die Georgsbruderschaft habe ihm die Rückkehr zu einer geistlichen Existenz ermöglicht. Nach diesem Zeugnis eines pauschalierenden Primitivismus brach ich auf. Ich dachte an Ulrike und Ulrich.

Und plötzlich glaubte ich, Ulrich leise seufzen und kichern zu hören, droben im Saal.

Jürgen K. Hultenreich

Wir sind zwei Glückskinder
Ein Gespräch über die Bockwurst
und andere wichtige Dinge

Am 11. Juli 2018, einem Mittwoch, klingelte er bei mir im dritten
Stock. Meine Berliner Wohnung befindet sich am Nordufer, im
Wedding, mit Blick auf den Berlin-Spandauer Schifffahrtskanal.
Das sogenannte Dreibrüder-Haus beherbergt außer meiner
Person noch zwei andere Mitglieder der Evangelischen Bruder-
schaft St. Georgs-Orden – Marschall Heiner Sylvester und Truch-
sess Thomas Dahnert.

Es ging auf nachmittags zu. Ich wusste, dass unser Großkomtur irgendwann aus der vierten Etage, wo er zu übernachten
pflegte, kommen würde, um die am Vortag geborgten 50 Euro
zurückzugeben. Aus Zeitgründen war er gestern nicht mehr zu
seiner Bank gelangt. Ich hätte dem Freund natürlich die Summe
auch erlassen, aber er bestand darauf, und zwar mit den Worten:
»Ich habe zur Zeit etwas mehr als du.« Der schwere, große Mann
stand in seinem hellen Leinenanzug vor mir, das kragenlose
Hemd geöffnet, eine schwarze Reisetasche in der Hand. Wir
klopften unsere Rücken weich.

Ich platzierte ihn wie üblich im Erker auf dem Polsterstuhl
am runden Tisch am Fenster. Dort saß er gern, hatte eine geball-
te Ladung Lyrik im Rücken – meine Buchreihen für trostlose
Stunden – und mich halbschräg gegenüber auf der gotischen
Kirchensitzbank.

»Was für ein Sommer«, sagte er und ließ sich fallen.

»Bockwurst?«, fragte ich. »Ich mache sofort eine warm.«

»Die Pommerschen?«, fragte er. Ich wusste, dass er diese geräucherten leidenschaftlich gern aß.

»Nein«, sagte ich, »es wartet eine Dörffler auf dich. Übrigens die einzigen Würste, wo man noch in einen Ziegendarm reinbeißt, wie früher, und wo es dabei knackt.«

»Oh«, sagte er – und man sah ihm die Kennerschaft an –, »schade, bin leider so was von satt. Habe bei Bruder Thomas eben ausgiebig gefrühstückt. Trotzdem danke!«

Da ich wusste, dass er am selben Abend wieder in Schweden sein wollte, fragte ich, ob er die Büchse mit den drei schlanken Knackfrischen mitnehmen wolle. Er lachte: »Du kannst sie mir beim nächsten Besuch kredenzen.« Er hatte tatsächlich kredenzen gesagt. Mit einem Glas Wasser wäre er zufrieden. Ich holte es ihm und machte mir eine Flasche Bier auf.

»Wir haben doch aber bei dir neulich Böcklunder gegessen«, sagte er, »oder?«

Ich sagte, dass ich mich an den ausgezeichneten Böcklundern im Sinne des Wortes neulich überfressen hätte. Ob er vielleicht eine von diesen wolle?

»Nein, nein«, wehrte er mit erhobenen Händen ab. »Um Gotteswillen.« Ich erzählte ihm von meinen diesbezüglichen Vorräten. »Habe mir ebenfalls ein kleines Depot zugelegt«, sagte er. »Die Schweden verstehen nichts von Würsten, Bratheringen und Brot.«

Halberstädter seien bei meinen Vorräten nicht mehr dabei, sagte ich.

»Wieso? Die schmecken doch!«

»Bedingt«, sagte ich. »Seit dem Zusammenbruch hat die Qualität mächtig nachgelassen.«

»Woran liegt denn das?«, fragte er und bat um ein neues Glas Wasser.

Als ich zurückkam, sagte ich: »Die haben den Export verdoppelt und zehren nur noch von ihrem Ruf.«

»Aber die Qualität der Eberswalder ist nach wie vor gut«, sagte er.

»Stimmt«, sagte ich, »wenn's keine aus Rindfleisch sind.«

Er verzog angewidert die Mundwinkel. »Schon probiert?«

»Nee«, sagte ich, »nichts für mich.«

Er: »Sagtest du nicht neulich, dass die Lausitzer gut schmeckten?«

»Ja, frag mich aber nicht warum. Bin jedes Mal erstaunt, wenn ich am Zittauer Bahnhof eine esse. Die Löbauer sind besonders gut. Kenne mich dort unten aus, fahre ja oft in Sylvias Landhaus nach Großhennersdorf.«

»Das Letzte«, sagte er, »was der Lausitz geblieben ist, sind also Würste.«

»Und die Gurken«, ergänzte er.

»Und das Leinöl«, sagte ich.

Er nickte. »Du meinst in Verbindung mit Quark und Zwiebeln?«

»Genau.«

»Die Lausitzer Braunkohle ist, wie man hört, auf jeden Fall erledigt«, sagte er. »Der Abbau wird gestoppt, Tausende stehen demnächst auf der Straße. Eine ganze Region wird in die Tonne getreten. Das interessiert diese Grünroten nicht. Erst mal alles flachlegen, Windräder drauf und fertig. Eine funktionierende Regierung würde sich vorher drum kümmern, wie die Leute nach der Stilllegung beschäftigt werden. – Ganz zu schweigen davon, dass wir als Menschen von Geist schon immer zu mehr bestimmt waren, als nur zu überleben. Aber das in ihre Überlegungen einzubeziehen, kann man von dieser Regierung erst recht nicht erwarten.«

»Traurig«, sagte ich.

Wir schwiegen eine Weile. Er sah aus dem Fenster: »Der Kanal erinnert mich an Hamburg.«

»Ich spiele hier den Hans Albers«, sagte ich.

»Wäre eine Rolle für dich«, sagte er grinsend. »Früher aß ich gern die Brühpolnischen.«

»Zu fettig«, sagte ich.

»Zu fettig«, bestätigte er und lachte plötzlich: »Hast du eigentlich schon mal eine Bockwurst gemalt, tuschiert? Käme bestimmt Originelles dabei heraus, wie ich dich kenne.«

»Gute Idee«, sagte ich, »man muss sich an Absurdes heranwagen.«

»Ist gar nicht so absurd«, sagte er, »nur für normale Künstler kein

Thema. Du bist ja nicht normal. Es wäre eine Lücke zu füllen. Man sollte auch gegen das Traditionelle revoltieren. Wäre das nie passiert, säßen wir noch heute in Höhlen. Aber würde die Revolte gegen die Tradition universell, befänden wir uns ebenfalls sehr schnell wieder in den Höhlen ...«

»Oder in der Hölle«, sagte ich.

»So ist es. Eine Gesellschaft, in der nur die Tradition gepflegt wird, verurteilt sich zur Stagnation. Eine Gesellschaft wie die unsrige, die den Umsturz der Tradition herbei politisiert, führt zur Vernichtung. Wobei Gerüchte, Angst, Heuchelei und allmählich einsetzender Sprachterror die Herrschaftsinstrumente sind.«

»Deshalb befinden wir uns auch in solch einer ausgelassenen Untergangsstimmung«, sagte ich.

»Mit dem Energieaufwand«, sagte er und knöpfte sich den zweiten Knopf seines Hemdes auf, »mit dem ich täglich meine Wut abarbeite, könnte ich im Winter für den Kanal da draußen eisfreie Verhältnisse garantieren.«

Wir lachten gemeinsam etwa eine halbe Minute. Als wir uns die Augen rieben, ging es von vorn los. Gelächter ausgewachsener Männer ist immer irgendwie der Anfang vom Untergang der Welt. Nur wer Geist hat, kann ihn im Lachen aufgeben.

»Du als Bockwurst-Maler!«, beruhigte er sich allmählich, »wäre das nicht ein hervorragender Titel?«

»Dankeschön«, sagte ich, »vielen Dank, mal sehen, ob mir was einfällt.«

»Du bist ja auch in der Lage, den inneren Gehalt einer Landschaft zu erkennen«, sagte er. »Außerdem bestimmt bei dir nicht – wie bei den meisten Kunstjongleuren – der Preis den Rang und Wert deines Tuns. Der Rang ist eine Verstandeskonstruktion, deren Sinn zu begreifen jeder normal Denkende fähig ist. Während der nüchterne Verstand keinen Werten gerecht werden kann. Was man allein schon daran erkennt, dass bei Gerichtsverhandlungen das Ergaunern von Gewinn zwar als strafverschärfend gilt, aber auf der anderen Seite das gesamte ökonomisch ausgerichtete Leben, auch des Staates, auf Eigennutz basiert. Ja, was denn nun? Man könnte eine Menge darüber zu Papier bringen.

Zum Beispiel, dass das primäre Interesse des erwachsenen Menschen, genau wie das der Kinder, nicht dem Nützlichen gilt, sondern dem, was einen erfreut. Der ursprüngliche Privatbesitz bestand wahrscheinlich aus schmückenden Details und nicht aus dem, was etwas einbringt.

Ich jedenfalls war als Kind zu Weihnachten jedes Mal komplett enttäuscht, wenn ich Nützliches, Praktisches geschenkt bekam – Socken, Handschuhe, einen Schal. Den Geist gehen praktische Probleme überhaupt nichts an. Er ist im Sinne des Wortes zwecklos – was nicht mit sinnlos verwechselt werden darf. So wird auch jeder Aufruf an Opferwillige viel mehr überzeugen, als die Verheißung höherer Entlohnung. Gerade das nicht belohnte Opfer erfährt Bejahung. Aus diesem Grunde hat auch das Versprechen ewiger Seligkeit nach dem Tode – was ja keiner, jedenfalls bis jetzt, überprüfen konnte – von allem, was uns je verheißen und versprochen wurde, die größtmögliche Wirkung gezeitigt.«

Ich sagte: »Von der gleichen Versprechung lebt auch der Kommunismus. Weil es vielen schlecht geht, wird die ökonomische Idealvorstellung wie ein Jenseits-Versprechen begriffen und man erträgt die trostlose Gegenwart – die man vielleicht noch selbst verschuldete.«

»Ja«, sagte er. »Gleiches gilt von allen Weltanschauungen, die die

Gemeinschaft über das Individuum stellen und es letztlich zu vernichten gedenken. Kein wirklich geistvoller Mensch kann eine Zwangsgemeinschaft über seinem eigenen Sein akzeptieren. Wer das verstanden hat, begreift, warum Gehorsamsgesellschaften noch nie zu einer großartigen Kultur geführt haben. Preußen ist dafür kein Beispiel. Kaum war es groß, verflüchtigte es sich schon wieder.«

»Lediglich auf religiösem Gebiet«, sagte ich, »hat Gehorsam Großes bewirkt, weil durch die Religion der Einzelne als letzte Instanz anerkannt ist.«

Er überlegte, nickte dann und lachte schon wieder. »Könnte mir ein Bild vorstellen, wo sich jemand an einer Wurst verschluckt und daran erstickt.«

»Diese Person«, sagte ich, »die du dir dabei vorstellst, kenne ich aus'm Fernsehen.«

Er prustete schon wieder los. »Nicht die!«, sagte er.

»Doch!«, sagte ich, »Genau die!«

»Wir verstehen uns eben zu gut«, sagte er und bat erneut um Wasser.

Als ich dann aus der Küche mit dem Glas, einem neuen Bier und einem Teller mit drei frischen Brötchen, einem Töpfchen Senf und den drei dampfenden, duftenden Dörfflern zurückkam, schnappte er sich ohne zu überlegen eine, verschmähte den Bautz'ner Senf, biss rein, schluckte, biss noch mal kräftig nach und sagte: »Tatsächlich! Es knackt! Das Leben kann so schön sein.«

»Siehste«, sagte ich, »wusste ich doch.«

Er hatte während meines Küchengangs das gerahmte Original-plakat *Vergesst Ungarn nicht!* von 1956 an der Wand entdeckt. »Es könnte auch von heute sein«, sagte er kopfschüttelnd und tauch-te die Wurst mit Schwung in den Senf. »Mal was anderes – wie kommst du mit deinem Hölderlin-Buch voran?«

»So gut wie beendet«, sagte ich, »sogar vom Lektorat her. Es erscheint Mitte September, genauer gesagt am 16. – mit Lesebändchen.«

»Der Verlag soll mir schon mal das Manuskript senden«, sagte er, »später das Buch. Ich will versuchen, es für Cato oder Cicero zu besprechen.«

»Wäre schön«, sagte ich. »Und wie läuft dein *Notre Dame*?«

»Seltsamerweise nicht so gut wie *Grimsey*. Der Markt macht was er will, und die linke Journaille bekommt immer noch Schnapp-atmung, wenn sie meinen Namen hört. Eventuell schreibt Grei-ner von der Zeit noch eine Besprechung. Sein Text über *Grimsey* war ja der Durchbruch. Der Mann ist, was meine Person betrifft, völlig umgeschwenkt. Der erschrickt nicht mehr am Telefon, wenn ich ›Schacht‹ blechern reinrufe.«

»Manche sind durchaus lernfähig«, sagte ich.

»Manche«, sagte er, »wenige, genauer gesagt nur einer – der Grei-ner.« Er lachte und nahm das kleine Bücherbord hinter mir ge-nauer in Augenschein. »Ich stehe ja zwischen Heimo Schwilks *Luther* und Bernd Wagners *Sintflut in Sachsen* – Absicht?«

»Hat sich so ergeben«, sagte ich. »Auf diesem Bord stehen nur Bücher von Freunden.«

»Wie findest du das fein gesponnene Erotische in meinem Buch?«, fragte er. »Es ist dir doch sicher nicht entgangen.«

»Mir entgeht nichts. Ich empfinde es gekonnt eingesetzt, notwendig. Ansonsten wäre es ja keine Liebesgeschichte.«

»Einige sehen das anders«, sagte er. »Aber man muss in der Literatur alles sagen können – in entsprechender Form natürlich. Schlüpfrigkeit ist mir zuwider.«

»Mir auch«, sagte ich. »Trotzdem sollte man solche Themen nicht scheuen, das ist richtig.«

»Darf ich?«, fragte er, blickte mich wohlwollend an und schnappte sich, ohne meine Antwort abzuwarten, die zweite Wurst. Es machte »knack«.

»Wir verstehen uns eben zu gut«, sagte ich zufrieden und prostete ihm zu.

»Du«, sagte er, »das glaubst du jetzt nicht. Wenn ich zu Hause spazieren gehe, folgen mir einige meiner zehn Kater und Katzen – bis zu einem gewissen Punkt. Manchmal holen sie mich auch von dort ab. Als ob sie wüssten, wann ich wiederkomme.«

»Sie wissen es nicht«, sagte ich. »Sie warten einfach auf dich.«

»Nein, nein. So einfach ist es nicht. Diese Katzen, obwohl jede anders ist, kennen inzwischen meine Gewohnheiten. Vor kurzem war ich sehr gerührt. Da tauchte Olaf wieder auf, den wir seit einem Jahr nicht mehr gesehen hatten. An der Heimfinde- und Erinnerungsfähigkeit von Katzen ist kaum zu zweifeln. Meine sind ja Freiläufer. Olaf legte sich jedenfalls in die Sonne zu meinen Füßen, als sei nichts gewesen. Ich machte ihm natürlich keine Vorhaltungen, sondern belohnte ihn sogar mit ein paar feinen Häppchen, bis er vor Vergnügen schnurrte und seinen Kopf gegen mein Knie stieß – ein Zeichen äußerster Zuneigung. Alle haben entsprechend ihrem Temperament, ihrer Begabung und ihrem Charakter einen Namen. Wenn ich sie rufe, sind sie sofort da.«

»Alle?«, fragte ich.

»Na, ja. Alle nicht. Aber das wird sich ändern.«

»Kenne das nur umgekehrt«, sagte ich.

»Man kann diese Einzelgänger und Außenseiter bis zu einem gewissen Punkt tatsächlich erziehen. Es muss nur der richtige Ton gefunden werden – leise, fast schnurrend. Vor allen Dingen sollte man mit ihnen spielerisch ins Gespräch kommen, in einer Art Wechselrede, die wie eine Antwort klingt. Wobei aber dem Tier immer das letzte Wort gestattet werden muss. Das ist wichtig.«

»Wie bei dir«, sagte ich.

Er grinste. »Auch Lockrufe müssen der jeweiligen Katze angepasst werden. Sie dürfen nicht dominant sein. Im Spiel mit Nüssen, Bällen, Wollknäueln und allem, was rollt, üben sie unbewusst, was sie als ernste Aufgabe im Leben verrichten müssten. Es ist Scheinbeute. Nur in der Ranzzeit schlägt ihr Ursprüngliches wieder durch. Miauen zu begreifen, ist ebenfalls nicht schwer, wenn man die Klangfärbung beachtet. Es ist etwas anderes, ob die Katze zur Tür raus will oder Hunger hat oder ein verloren gegangenes Junges sucht. Erik zum Beispiel miaut anders als Koko oder Olaf. Obwohl alle drei das gleiche wollen. Und Lotte erst, meine Schillerdame, die miaut abends so schön schläfrig, dass sie mir sogar beim Einschlafen im Bett behilflich sein darf, als Einzige – abgesehen von Stefanie natürlich.

Manche können sogar Türen öffnen, ohne jegliche Dressur. Ein Klimmzug – und der Weg ins Freie steht offen. Eine durch Beobachtung erworbene Handlung. Du lachst. Es ist aber so!«

»Kann schon sein«, sagte ich. »Erst neulich las ich Viktor von Scheffels *Katzenjammer*«. Ich holte das Buch, schlug die Seite mit dem Gedicht auf und las:

»*O die Menschen tun uns unrecht,*
Und den Dank such' ich vergebens,
Sie verkennen ganz die feinern
Saiten unsres Katzenlebens.«

»Auch Scheffel war ein großer Katzenfreund«, sagte Ulrich, ließ sich das Buch geben und las laut:

»*Ja, sie tun uns bitter unrecht*
Und was weiß ihr rohes Herze
Von dem wahren, tiefen, schweren,
Ungeheuren Katzenschmerze?

Du hattest doch auch mal Katzen, oder?«, fragte er.

»Ja, zu DDR-Zeiten in Erfurt Kater Adam. In Ostberlin dann Katze Clara. Ich hätte sie gern als menschlich Freundin gehabt. Leider konnte ich damals nicht zaubern.«

Er lachte. »Dann kannst du's also jetzt? Zauber doch mal was.«

Ich stand auf, begab mich ins Arbeitszimmer nebenan und kramte meinen letzten Kontoauszug vor. »Hier, oben siehst du eine höhere Summe als unten.«

Er lachte noch immer und sagte, dass er diese Art von Zauberei ebenfalls beherrsche. Er könne sogar Dinge vor den Augen anderer verschwinden lassen. Ich begriff zu spät, dass er die von mir verschmähte letzte Knackfrische meinte. Nach vier oder fünf herzhaften Bissen war sie erlöst.

Wir kamen auf unser gemeinsames Projekt zu sprechen, dass wir im vergangenen Jahr, als der Orden vom 9. bis 12. Juni im dänischen Lögumkloster weilte, besprochen und im Dom zu Schleswig während eines ausverkauften Oratoriums – von den Dänen eingeladen – ein wenig zu Papier gebracht hatten. Von diesem aberwitzigen Projekt wussten nur er und ich. Wir wollten spätestens 2020 alle damit in Buchform überraschen.

Es hieß **Konstantinische Sprüche – Ans Licht gezogen aus einem verkniffenen Mumien-Hinterteil aus der Höhle Kommran von Ulrik van Schlachten und Gürkchen von dem Teiche. Eine fleißige Auswahl Apokryphen aus dreieinhalb Jahrtausenden.**

Zum Beispiel: »David hub an: ›Sucht endlich, was ihr gefunden habt!‹« Ulrichs mir zugeflüsterter Satz »Im Arsch eines Marienkäfers ist gut punkten« brachte uns auf der Kirchenbank dermaßen zum Kichern, dass sich einige nach uns umdrehten, während neben uns Sitzende ungläubig darüber staunten, dass wir Schwarzgewandeten offensichtlich außerstande seien, der ergreifenden Uraufführung von *Luther und der rote König* geistig folgen zu können.

Am nächsten Tag, zurück im Lögumkloster, leisteten wir, Ulrich und ich, uns ein Gespräch auf einer Holzbank mit Blick auf die Friedhofsmauern, während die anderen Ordensbrüder dem Vortrag eines seit vierzig Jahren in Dänemark lebenden, pensionierten deutschen Pfarrers über die Geschichte der Kirche lauschten Es war still, bis auf das Umherspringen einer Amsel auf dem Kiesweg. Ulrich sagte: »Diese Amsel ist völlig unbeeinflusst von unserem Tun. Selbst im Krieg würde sie nichts anderes veranstalten. Das ist schön und gleichzeitig richtig. Wir sind nämlich auf der Welt nicht der alleinige Maßstab. Auch sie ist Gottes Geschöpf.«

Zurück zu unserem Beisammensein am 11. Juli. Wir tauschten unsere derzeitigen Leselektüren aus. Er hatte sich besonders noch einmal in Reinhart Kosellecks *Kritik und Krise* vertieft, einer fundamentalen Leistung für die Zeit bis 1789, in der alle großen Gestalten der Aufklärung, von Hobbes und Locke bis hin zu Voltaire und Kant, in einem scharfen Licht erscheinen. Ich las – bei ihm gingen die Augenbrauen hoch – Ludwig Anzengrubers *Der Sternsteinhof* von 1884. Was denn daraus zu entnehmen sei?, fragte er ungläubig. »Es ist ein vergessener, bedeutender Roman«, sagte ich. Allerdings käme ich nicht über einen darin gefundenen Satz, der es in sich habe, hinaus.

Das interessierte ihn. »Und wie lautet er?«

> »Es ist der Satz, den bei Anzengruber der arme Steinklopferhans ausspricht.« Ich schlug die Seite auf und las: **Es kann dir nix g'schehn, du ghörst zu dem allen, und das alles ghört zu dir.**

Ich sollte ihn nochmals vorlesen. Er dachte nach und sagte: »Eine Philosophie, deren höchste Erkenntnis nicht das Wort dieses Steinklopfers ist, kann zwar ein mehr oder weniger tiefsinniges Spiel mit Wörtern oder Allgemeinheiten sein, aber Philosophie wäre sie ebenso wenig, wie ein Glaube den Namen Religion verdiente ohne das immerzu gegenwärtige Bewusstsein des Geborgenseins in Gott! – Das ist ja Bonhoeffer in nuce!«

Er stand auf, wischte mit dem Zeigefinger den Rest Senf vom Teller, leckte den Finger ab und sagte: »Muss jetzt leider gehen. Schick mir doch bei Gelegenheit dieses Anzengruber-Wort mal nach Schweden.«

Ich brachte ihn durch den langen Flur zur Wohnungstür. Schon im Treppenhaus stehend und uns umarmend, sagte er leise: »Wir sind zwei Glückskinder.«
    »Wieso?«, fragte ich.

»Na hör mal, auf uns warten zwei Frauen, die uns verstehen. Wenn ich vor lauter Wut über die politischen Hofschranzen in Deutschland regelrecht am Überschnappen bin, rettet mich Stefanie, indem sie mich in den Arm nimmt und mich als ihr ›Bärchen‹ bezeichnet. – Eigentlich könnte ich jetzt einen Schnaps vertragen. Hast du was Gutes in petto?«

»Obstler?«, fragte ich, »Kirschwasser aus der Schweiz?«

»Sehr gut«, sagte er. »Aber ganz schnell, die Taxe zum Flughafen wartet sicher schon unten.«

In der Küche, im Stehen, stießen wir an – zum letzten Mal.

Thomas Hürlimann

Grund überm Gewölk

Ulrich Schacht lernte ich beim Ingeborg-Bachmann-Wettbewerb kennen, vor gut vierzig Jahren, in der Pause nach der Lesung eines Kollegen. Dessen Text, der dann auch prämiert wurde, hatte die Jury zu Jubelrufen hingerissen und handelte von einem jungen Papi, der die Betreuung der Kinder übernahm, damit Mami ihre volle Arbeitskraft der Anti-AKW-Bewegung schenken konnte (oder so ähnlich, eine genaue Erinnerung an den Schwachsinn habe ich nicht mehr). Ich war entsetzt. Schacht lächelte nur. Seine Mutter hatte ihn im DDR-Frauengefängnis Hoheneck geboren, und 1973, mit 22 Jahren, hatte ihn ein Gericht, das ähnlich verlogen und verkrümmt gewesen sein dürfte wie die Jury in Klagenfurt, wegen »staatsfeindlicher Hetze« zu sieben Jahren »Freiheitsentzug« verurteilt. Als das Publikum wieder in den Saal strömte, blieben wir draußen. Wir waren Freunde geworden.

Aus Klagenfurt brachte ich Schachts Gedichte nach Zürich, zum neu gegründeten Ammann Verlag, und das junge Verlegerpaar, Egon und Marie-Luise Ammann, gab Schachts Lyrik in einem exquisit aufgemachten Band heraus: »Scherbenspur«. Vor einigen Tagen – der Sommer war vorbei, es begann zu herbsten – nahm ich ein Reclam-Lesebuch zur Hand, »Gedichte aus vier Jahreszeiten«, und wen fand ich zwischen Eichendorff, Mörike, Rilke und Benn? Schacht. Die Spur seiner Verse leuchtet, und wenn ich dieser Spur heute folge, glaube ich zu sehen, wie die Zeilen, sich immer wieder unterbrechend, die Scherben in Ton und Rhythmus zu einer Fährte verbinden, einer wild gezackten Fährte, wie auf einem Kardiogramm. Diese Gedichte, ihr Schöpfer hat es uns mit seinem Herztod offenbart, haben einen heftigen Herzschlag.

Licht
ins Meer schlägt
auf zerbricht: Scherben
Spur bis an den
Rand.

Und was da leuchtet, leuchtet lange noch zurück:

stimmenlos
ungreifbar hat
seinen Ort eine Hand
breit über dem
Boden seinen

Grund überm
Gewölk

»Der Grund überm Gewölk« war die Heimat des im Knast geborenen Ulrich Schacht, und mit zwei Seelen, einer deutschen (von der Mutter) und einer russischen (vom Vater) hat er sich nach dieser Heimat gesehnt. Hoch wie die Schlagzahl seines Herzens war auch die Bewegtheit seiner Seele. Ich erinnere mich an einen gemeinsamen Gang vom Berliner Alexanderplatz durch die Karl-Marx-Allee zum Ristorante »Roma«, beim Frankfurter Tor. Ulrich glühte. Er glühte für seine Liebste, Stefanie, und er glühte für sein Land, Deutschland, und im Angesicht von so viel Glut, von so viel Romantik und Idealismus, von so viel russischer und deutscher Seele, kam ich mir als Schweizer grau und seelenlos vor – wie ein Neutralier. »Die Merkel ist ein deutsches Verhängnis!«, rief Schacht so furchtlos und laut, dass der Gastwirt, ein Albaner, der auf Italo machte, erschrocken an unserem Tisch erschien, um sanftere Töne bittend, aber bald stand eine Karaffe Wodka auf dem Tisch, eine erste Runde, eine zweite, und ab der fünften hatte ich die trunkene Vision eines Ulrich Schacht, der als deutscher Lenin Rostocker Matrosen und Berliner Werktätige, Bauern aus Bayern und Lehrerinnen aus Sachsen, den albanischen Italiener, die indischen Kellner, die vietnamesischen Köche und sämtliche Gäste der benachbarten Tische mit dröhnender Stimme und ausgestreckter Hand in die Morgenröte eines neuen deutschen Vaterlandes weist.

In seinem Roman »Notre Dame« schrieb Schacht: »Es war Deutschland, und es war mitten im Winter des Jahres neunzehnhundertneunundachtzig. Doch hatte das offenbar alles keine Bedeutung mehr, die Geschichte erblühte, wann immer sie wollte. In den Wüsten gab es das ja auch: dreißig Jahre Trockenheit, drei Tage Regen – und das Sandmeer war plötzlich ein Blütenmeer.«

»Notre Dame«, erschienen 2017, ist der Roman einer doppelten Liebe, der Liebe zu einer Frau und der Liebe zu Deutschland. Diese Doppelliebe und ihr Leiden daran bezeugen auch die Notate »Über Schnee und Geschichte«, erschienen 2012, und beim Wiederlesen wird evident, dass Schacht in einer Zeit lebte, die den gewaltigen Ausschlägen seines Herzens und der Größe seiner beiden Seelen entsprach. Aus dem Knast in die Freiheit, vom Sand- ins Blütenmeer, vom Blütenmeer wieder in die Wüste – der Dichter, der in Russland endlich seinen Vater und im vereinigten Deutschland sein Vaterland gefunden hatte (davon erzählt sein schönstes Buch, »Vereister Sommer«, erschienen 2011), sah sich genötigt, nach Schweden zu übersiedeln, ins Exil. Abkehr von Deutschland. Heimkehr in die Liebe, zu Stefanie, in den »Grund überm Gewölk«.

Unsere letzte Korrespondenz bezog sich auf einen Artikel, den ich in der »Weltwoche« über ihn schreiben wollte. Dazu kam es nicht mehr – ich war schwer erkrankt. Schacht, ungeduldig, drängelte trotzdem. Ich reagierte verärgert. »In deiner krachenden Gesundheit«, schrieb ich ihm in der letzten Mail vor der Operation, »kannst du mich nicht verstehen.« Als es mir nach bangen Wochen besser ging, brachte mir meine Schwester Bücher und Zeitungen ins Krankenhaus, und an einem Morgen, da man die meisten Schläuche aus mir entfernt hatte, griff ich zur handlichen »Weltwoche«. Darin stieß ich auf einen Text über den Dichter Ulrich Schacht von Heimo Schwilk. Es war ein Nachruf.

Franz Kadell

Sag mal was dazu, Ulrich!

Komisch. Immer, wenn ich Kardinal Reinhard Marx im Fernsehen sehe, muss ich an Ulrich Schacht denken. Aber nur wegen der phänotypischen Ähnlichkeit. Marx, das ist der, der bei einem Besuch in Jerusalem an der Klagemauer und an der al-Aqsa-Moschee auf dem Tempelberg sein Amtskreuz abgelegt hatte. Schacht, das war der, der die Evangelische Bruderschaft St. Georgs-Orden mitgegründet und geführt hat. Er war ein Bekennender und Ringender.

Ulrich Schacht war nicht nur ein literarischer, sondern ein hochpolitischer Mensch. Dabei ging es ihm nicht um *rechts* oder *links*, nicht um *konservativ* oder *progressiv*. Ihm ging es stets um richtig oder falsch, um wahr oder unwahr. Er lebte Matthäus 5,37: Eure Rede sei ja, ja oder nein, nein. Schacht passte in keine Schublade. Deshalb taten sich Freunde wie Gegner auch mal schwer mit ihm.

Als Lyriker, als Schriftsteller, als Journalist war Ulrich Schacht ein Mann der Sprache. Sie war ebenso empfindsam wie direkt, manchmal wuchtig. Sprache war für ihn Identität und Handwerkszeug in einem. In seinem Gedicht »Woher wir kommen«[1] findet sich der schöne Satz »Schweigen herrscht zwischen verlorenen Welten«, der Sebastian Kleinschmidt in der FAZ zur Interpretation inspirierte: »Das Leben des Einzelnen ist nicht viel mehr als ein aufblitzender Sternenstaub, eine Lichtschleppe am Himmel. Kaum dass man sie gesehen hat, ist sie schon verschwunden.«[2]

---

1   aus: Ulrich Schacht, *Platon denkt ein Gedicht*, Edition Rugerup, Berlin 2015.

2   https://www.faz.net/aktuell/feuilleton/buecher/frankfurter-anthologie/

Ulrich Schacht war von tiefer Nachdenklichkeit, wie dieses Zitat zur Quelle der Freiheit eindrucksvoll zeigt: »Gott entlässt mich, ausgestattet mit dem Spiel-Raum *meines* Lebens, in die Freiheit *seines* Seins. Der Freiheits-*Sinn* meines Lebens liegt also nicht vor, er steht hinter mir. Ich kann ihn nicht erreichen wie ein selbstgestecktes Ziel; aber ich kann von ihm ausgehen wie von einem immerwährenden Grund.«[3]

Was würde er, Ulrich Schacht, wohl zur Entwicklung seiner Sprache in unseren Tagen sagen? Nein nein, keine Angst. Es geht hier nicht mal wieder um das Anprangern von *Denglisch*. Neue Wörter kommen halt in aller Regel aus jenen Ländern, wo Neues entsteht. Ob *Internet, Start-up, User, Display, Streaming-Plattform* oder auch *SUV* usw. usw. – alles längst Gewohnheit wie *Pullover* oder *T-Shirt*. Das wird auch noch zunehmen. Bleib ruhig, Ulrich, bitte!

Auch *Lockdown* oder *Homeschooling* lese und höre ich jeden Tag mehrmals und habe das fast schon so verinnerlicht wie *Influencer* oder *Shitstorm*. Befremdlicher wirkt da schon *Cancel culture*. Und dass ich neuerdings *woke* sein soll, schmeckt mir irgendwie gar nicht. Alles nicht eingängig. Warum wohl? Was sagst Du dazu, Ulrich?

Nun, das wird sich einschleifen oder auch nicht. Interessanter ist doch die Frage, ob und wann die ersten chinesischen Klänge dazukommen. Aber man muss ja gar nicht in die Ferne schweifen, wenn das (eigene) Schlechte doch so nah. Nimm die wundersame Mehrung des Wörtchens *zeitnah*. Mag sein, dass es Bühnenstücke oder Romane gab und gibt, die als *zeitnah* bezeichnet werden, weil sie die Gegenwart berühren. Aber *zeitnah* als Ersatz für *umgehend, schnell, bald, rasch, unverzüglich, prompt, zügig* und was einem sonst noch so auf die Schnelle (oder Zeitnähe?) einfällt? Schrumpft hier Sprache auf eine Art Kernwort-

frankfurter-anthologie-ulrich-schacht-woher-wir-kommen-14871603.html (10.02.2017). Siehe Sebastian Kleinschmidt, in diesem Band, S. 106.

3   Ulrich Schacht, *Über Schnee und Geschichte. Notate 1983–2011*, Berlin 2012, 12.

schatz, wobei »-schatz« schon zum Lachen reizt? Schwinden Farbe und Genauigkeit? Sag mal *zeitnah* was dazu, Ulrich!

Und so geht das weiter: Inzwischen wird jede Beschreibung eines politischen oder historischen Zusammenhangs zum *Narrativ* oder zur *Erzählung*. Früher – es war einmal – war für mich eine Erzählung eine dichterisches, überschaubares Stück, etwa eine Kurzgeschichte oder auch eine Sage. Es geht hier unverkennbar um Deutungshoheit, um Herrschaft in den Köpfen, letztlich um Macht. Jetzt leg mal los, Ulrich!

Apropos neue Wörter. *Verwahrgeld*, da es statt Zinsen Strafzinsen gibt, geht ja noch halbwegs und ärgert mich aus anderen als aus sprachlichen Gründen. Aber die rasante Zunahme von *Leugnern* aller Art macht mir schon eher Sorge, vor allem *Klimaleugner*. Als ob jemand das Vorhandensein von Klima an sich allen Ernstes bestreiten würde. Das kann dann ja wirklich nur ein bedauernswerter Schwachkopf sein. Ist das nur ein verunglückter Ausdruck oder ist es ein Kampfbegriff mit Diffamierungsabsicht? Wer ist ein *Corona-Leugner*? Jeder, der die Krankheit an sich leugnet, oder auch derjenige, der die Politik zu ihrer Bekämpfung ablehnt? Treibt eine unpräzise Sprache eine Radikalisierung an? Ulrich, wie siehst Du das?

Auch das muss ich mal loswerden: *postindustrielle* Zeit, *postmoderne* Architektur – einverstanden. Aber wer hat sich denn *postfaktisch* einfallen lassen? Mein Lateinlehrer hätte mich zusammengestaucht, wäre ich ihm damit gekommen. Mein Deutschlehrer auch.

Ach ja, der Deutschunterricht. Wie kommt es zur Verbannung von *denn* als Konjunktion für einen Hauptsatz zugunsten von *weil*? Warum scheinen Spitzenleute in Politik und Gesellschaft miteinander in schlechtem Deutsch zu wetteifern? Meinen sie, in Talkshows oder sonst vor der Kamera so besser verstanden zu werden? Ich jedenfalls werde mich nicht daran gewöhnen. Wie geht es Dir dabei, Ulrich, weil du mahntest doch auch gern gutes Deutsch an? Kleiner Scherz.

Was ist davon zu halten, wenn Dein und mein früherer Arbeitgeber, nämlich die Zeitung *Die Welt,* jetzt den Artikel im eigenen Namen eliminieren will? Dass jemand etwas welt.online sagt, geht ja an, doch dass jemand dies oder jenes *Welt* sagt und nicht *der Welt* oder *zur Welt,* von mir aus auch wenig stilsicher *gegenüber der Welt,* ist schon Selbstverstümmelung und eine Versenkung jeden Sprachgefühls. Tut Dir das auch weh, Ulrich?

Schlimm wird es ebenfalls, wenn gefragt wird, ob dieser oder jene *auch Kanzler kann.* Modalverb mit Infinitiv war wohl gestern, sage ich mal, um auch ein wenig auf modernistisch zu machen. Das muss wohl sehr schick und witzig klingen, sonst würden es Journalisten nicht sogar in Überschriften platzieren. Sag mal, Ulrich, kannst Du eigentlich Schreiber oder Schriftsteller?

Da sind wir fast schon bei der so genannten *einfachen Sprache,* die als Parallelsprache immer mehr Raum erhält. Wenn doch nur Gewissheit entstünde, es gehe tatsächlich um kurz, klar und verständlich. Dann hätte ich auch für Beiträge in der Zeitung des Bundestages, *Das Parlament,* oder auf der Netzseite des gebührenfinanzierten Deutschlandfunks volles Verständnis. Leider verfestigt sich bei mir der Eindruck, dass es gar nicht allein um einfach und leicht geht. Was ist hier los? Ist das wirklich eine Hilfe für die Schwachen, oder mehr Profilierungschance für Apparataufsteiger, oder ist es ein Geschäftsmodell von Textdienstleistern? Oder von jedem etwas? Am Ende bleiben Sprachverstümmelung und Sprachzerstörung, Primitivisierung. Ulrich, wir wissen: deutsche Sprache, schwere Sprache …

Vielleicht hat manches ja auch mit Anbiederung zu tun. Oder dem Versuch, sich Zeitströmungen oder Modeerscheinungen nutzbar zu machen. Oder was soll ich davon halten, wenn die Bahn auf teuren Großplakaten alberne Werbeaussagen verbreitet wie *Wir fahren fürs Klima?* Oder wenn eine sehr bekannte Konfektmarke, offenbar inspiriert von der Migrations- und Gesellschaftsdebatte, Pralinen mit dem Slogan *Vielfalt schenken* anbietet. Wo, Ulrich, kommt bei Dir der Punkt, an dem Du sagst »Das wird mir jetzt zu blöd«?

Erst die Sprache, dann die Schrift oder Schriftsprache. Geradezu bizarr wirken inzwischen die Komma-Setzungen. Weil jenes kleine Häkchen nicht mehr als das gesehen wird, als das es gedacht war, nämlich zu gliedern, genauer gesagt vom Hauptsatz zu trennen, was nicht zum Hauptsatz gehört, wird offenbar nach einer Stelle gesucht, damit irgendwo ein Komma steht. Am liebsten vor einem gebeugten Verb, ähnlich wie im Englischen. Oder man lässt ein erforderliches Komma einfach weg. Wenn's nicht beim ersten Lesen verständlich ist, na und? Dann eben nochmal lesen. Angesichts der vielen Komma-Regeln, wirst Du das künftig sicherlich auch so machen, Ulrich? Kleiner Scherz mit Komma.

Übrigens habe ich noch nie so viele Doppelpunkte gesehen wie in jüngster Zeit. Nur stehen sie jetzt mitten in Wörtern, weil ich beim generischen Maskulinum die Frauen und sonstigen Geschlechter wohl nicht mitdenken könnte. *Radfahrer:innen* geht aber diesmal nicht, denn es soll ja *Radfahrende* heißen … *Ärzt:innen* steht da. Allen Ernstes.

Ach Ulrich, was passiert hier eigentlich? Was steckt hinter den Symptomen von Verhunzung, Zerstörung und/oder Verfall? Oder sind wir nur Pessimisten, Miesmacher, im schlimmsten Fall alte weiße Männer? Pessimist:innen, Miesmacher*innen und Sprachpausenmacher_innen. Ulrich, wie sprichst Du eigentlich einen Unterstrich?

Nein, wir wollen nicht beckmesserisch oder zynisch sein. Nehmen wir die Jugend. Sie hatte immer schon ihre eigene Sprache, meist etwas links und rechts neben der guten Manier. Das wussten die alten Griechen genauso wie im späten 18. Jahrhundert ein Adolph Freiherr Knigge: »Der Ton, den die Jugend annimmt, wenn sie immer sich selbst überlassen ist, pflegt nicht der sittlichste zu sein.« Mag sein. Ist auch nicht schlimm. Nun, Knigge konnte gar nicht ahnen, was da noch kommen würde. Was heute in einigen Richtungen des Rap wahrzunehmen ist, ist derart gewaltverherrlichend und menschenverachtend, dass sich hier jedes Zitat verbietet. Dass es das gibt, ist das eine; dass dieser obszöne Dreck millionenfach angeklickt wird, damit Millionen verdient werden und sich ein übles Milieu als oben auf und als Maßstäbe setzend sieht, das andere. Ach, Ulrich …!

Kriegen wir jetzt noch die Kurve raus dem Negativismus? Klar doch. Einfach den Leuten um uns herum aufs Maul schauen. Die reden nämlich oft ganz anders und vor allem unbefangen. Wenn ich das auf mich wirken lasse, trennt mich gar nichts mehr von der Sprache der (meisten) Jungen, denn sie ist unverbraucht und positiv. Da finde ich *megacool, galaktisch, geil, voll krass, auch lost* oder *nice* – ganz ehrlich – richtig erfrischend und sympathisch. Du nicht auch da oben als protestantischer Existenzialist? Ulrich, sag mal was dazu!

Stefanie Kemper

Grimsey

I

Zeit wird es
Herr
auf dieser Insel
Ultima Thule
des Dichters Feuerherz zu kühlen
Stärke seinen Arktisblick
Halte den Sturz der
weißen Wörter auf
Hilf ihm
sie einzusammeln
sicher zu verwahren

Der Inselgänger hier
schaut auf die Buchstaben
schweigt sich hinein in Sätze

Du selbst bist das Haus, in das du
gehen kannst
oder
aus dem du kommst, um vor dem
Meer zu stehen[1]

In seinen Augen Helles

---

1 Sämtliche kursiv gesetzten Prosazeilen mit verändertem Zeilenumbruch aus: Ulrich Schacht, *Grimsey. Eine Novelle*, Berlin 2015.

II

Als sei der Dichter inselgeboren
an anderen Orten traumgestorben
ein Wiedergänger immer Richtung Nord
Einer der sich wärmt am Eis
und den paar Menschen dort
Nicht Sesam und nicht Mohn doch
ihr Land ist es und seines für eine Weile
Den Abschiedsschmerz vermag er fortzudichten

Ihm scheint er sei allein auf dieser Insel
betritt zwei menschenleere Häuser
Er lehnt am Leuchtturm
weicht einer Pfütze aus
geht auf Sand geht auf Asphalt
steht eine Weile auf dem Fels im Gras
der zur geliebten Arktis zählt
Dann geht er Richtung Süden
kommt an den Polarkreis
lässt einen Fuß im Norden den
anderen im Süden stehen
tritt nach West nach Ost
denkt sich auf dieser Linie um die Welt

III

Silbermöwen kreischen um des
Inselgängers Zuckerbrot
Lichtwechsel auf ihren Flügeln
Schwanzfedern steuern ihre Körper
Doch fremde dumpfe Töne
unbekannte Böen sie zum
Stürzen zwingen

Struppig lassen Salixpolster sie nicht los
Tot die Vögel auf den Weidenkissen
Auf den Körpern rotes Abendlicht

Schneeammern weißgelbschwarz auch sie
huschen über Kies und Mövensilber
durch Dichters unruhige Gedanken
sein Ich und Auferstehen

Nirgends stieß man an, doch fühlte er
dass man durch etwas
hindurchmusste

Die Wasser schwingen hin und her
in Zwiesprache mit Hell und Dunkel
Lichthaftes tief im Meer

IV

Dichter du –
als seiest du aus überhitzter
Erde geschleudert und zu
›säuliggeklüftet Gestein‹ erkaltet –
so Agricola über Säulenbasalt
schwarz glatt kantig   Aber hier

Querbrüche im dunklen Gestein
heller an Stellen mit Krustenflechten
die klammern und ächzen wenn Wellen
zerren und Seepocken andocken wollen
Guanoflecken die glatten Flächen verätzen
Vor deinen Füßen kleine Lagunen mit
flitzenden Fischchen schlafenden Krebsen
über zermalmtem lautlosen Kies

Du atmest Meer bewunderst den
braunen langen Strang des Blasentang
der mühelos auf dem Wasser schwimmt
Hier ist Frieden denkst du   Aber auch

Warum war Frieden so reizlos ?
Er ist zu schwer, dachte er;
zu kämpfen ist leichter.
Wer kämpft, kann gewinnen, und
wer verliert, hat immer noch das Ziel.
Ob Möwen deshalb vom Himmel geholt
worden waren ? Aus reiner Lust, ein
Ziel zu haben, das nicht das Ende war ?

Möwen als Friedens- und Freiheitsboten?
Wo sind die Seelen der toten Vögel?

V

Ein Haus bauen im Meer seit
das Kind im Wasser spielt
Steine Treibholz meerwärts schleppen und
Baumstämme die durchs Eismeer schwammen
Nur sie können Wellenbrecher sein

Eine Insel, nur von Gras überzogen, und ein
Haus darauf, in das ich gehen kann
oder
aus dem ich komme, um vor dem Meer zu stehen

Ein Grassodenhaus um abends im
Dunklen im Warmen zu sein
morgens im ersten Licht
hinüberzuwinken aufs Festland nach
Akureyri wo Wörter auf Steintafeln

den Weg markieren – Gewissheit
den Weg im Nebel nicht zu verlieren
Ein Gruß übers Meer von Dichter zu Dichter
Jón Sveinsson wohnte dort drüben   Er hier

gleicht einem Turmwärter ist einer
der nachts rhythmisch die Leuchtfeuer
hinausschickt aufs offene Meer damit
Schiffe Untiefen Felsen umfahren und
ohne Alpträume heimkehren können

Wie er – der Inselbesucher
leicht und weich und wahr

Wulf Kirsten

gedenkblatt
Für Ulrich Schacht[1]

auf dem friedhof zu Waldsassen
in der Oberpfalz nahe dem Egerland
festgehalten auf einer grabplatte
nur name und lebensdaten,
den kommentar zum letzten gefecht
nahe Pfaffenreuth gemeinde Leonberg
dank ich Robert Treml und meinem vater,
panzergrenadier mit vierzig,
jahrzehnte später durch dunkles waldland
gestreift bis zum Poxteich inmitten,
in den die demobilisierten grenadiere
ihre karabiner geworfen, auf spurensuche
im Stiftland ichselbst gut zu fuß.
zu erkunden, wo der schuljunge
neben vater sein leben gelassen,
meldegänger, 14½, ausgerüstet nur
mit marschbefehl, zu fuß unterwegs
von Lanzendorf bei Kulmbach,
hitlerjunge aus Waldenburg, gerade
aus Schlesien vertrieben, geflohn,
ins sichtfeld der anrückenden Amerikaner
geraten, beendete ein kopfschuß
sein leben, eh es begann im letzten scharmützel,
es blieb von ihm nur der schlichte stein
für Georg Tschöpe, vor dem ich

---

[1] Unveröffentlicht, vom 19. / 31. 7. 2020.

anbetroffen stand mit Robert Treml,
einer der letzten gefallnen des zweiten
weltkriegs, wenig älter als ich,
der sich erinnert, wie er als pimpf
mit zehn vormilitärisch getriezt und gedrillt.

Alexander Kissler

Glut und Gut
Eine Erinnerung an Ulrich Schachts Lachen

Wir trafen uns selten, doch wir lachten dann viel. Das Lachen des Ulrich Schacht war das Eigentümlichste an ihn. Ein inwendiges Beben war es, das nach außen explodierte und die Trümmer der Erschütterung hernach wieder an sich zog, in ihn hinein. Er lachte mit dem Körper, wurde ergriffen, dem Raptus gleich der Mystiker. Es durchschüttelte ihn. Er konnte das Lachen nicht bei sich behalten, wollte aber auch keine Splitter zurücklassen draußen, an denen sich womöglich das Gegenüber hätte stoßen können. Sein Kopf, sein mächtiger Kopf, zuckte vor, sein Rumpf kreiste, sandte Wellen der Erschütterung aus, seine Stimme wurde tiefer und verdickte sich. Nach dem Lachen, das eine Übung war in Entgrenzung und Neubegrenzung zugleich, eine rücksichtsvolle Ekstase, war da nichts mehr: außer zwei Menschen, die gelacht hatten.

Worüber wir lachten, wenn das Lachen ihn ergriff? Über das »liberale Scheißpack« im Literaturbetrieb, über das sich Walter Kempowski so herrlich erregen konnte? Über die Subunternehmer gleichen Ranges, die in den Kirchen ihr Unwesen trieben? Über seinen leiblich-geistigen Lieblingsfeind, den Kommunismus? Ich weiß es nicht mehr. Doch ich weiß, da war ein Lachen um uns, wenn wir uns trafen. Ehe wir auseinanderstieben und bevor er mir einen Text übergab. Am Anfang waren Texte, danach waren Texte, dazwischen ein Lachen und noch eins und noch eins. Die Texte handelten vom Bösen. Warum taten sie das so oft?

In meinem Schachtbuch Nummer Eins, meinem Leib-und-Magen-Schacht, »Über Schnee und Geschichte. Notate 1983–2011« steht unter dem Datum des 10. Juni 1991: »Wir müssen uns mit dem Bösen beschäftigen, um es nicht zu praktizieren.«

Ich hoffe, dem ist nicht so. Kann das Böse nicht auch Menschen in seinen Bann ziehen und also böse machen? Lebt man nicht glücklicher, wenn man sich gerade deshalb nicht mit dem Bösen beschäftigt, weil man sich schützen will vor dessen Faszination? Ich hoffe, das Müssen im Diktum ist in der Realität ein Dürfen.

Einmal schob Ulrich Schacht seinen Aufsatz für das Jahrbuch der Karl Jaspers-Gesellschaft zu mir herüber am Tisch, an dem wir gesessen, gelacht und getrunken hatten. Der Aufsatz hieß »Von der Intelligenz des Bösen. Moderne und totalitäres Denken«[1] und behandelte die »Gestalt des revolutionären, die jeweils alte Welt in Gedanke und Tat radikal umstürzenden Intellektuellen« als »Träger einer Intelligenz des Bösen«, konkret »1789 in Frankreich, 1917 in Russland, 1933 in Deutschland.«

Sein Thema, sein Lebensthema: den Punkt in der Geschichte dingfest machen, an dem der Geist ins Sinnwidrige, das Kluge ins Böse umkippte. Damit es nicht wieder geschehe. Saint-Just, Wjatscheslaw Menshinski, Joseph Goebbels als Praktiker des Bösen warnen vor der Prägekraft destruktiver Theorien in selbstvergottender Absicht. Und an diesen, war Ulrich Schacht überzeugt, herrscht auch in der Postmoderne kein Mangel.

Ein anderes Mal fand ich mich zurück mit dem schmalen roten Bändchen »Zweiwas. Liebesgedichte«, erschienen in einem kleinen Verlag im mir gänzlich unbekannten Hauzenberg, angesiedelt in der Straße »Am Kalvarienberg«. Es klingt zu unwahrscheinlich, um nicht wahr zu sein. Die Liebesgedichte des Ulrich Schacht gehören zu den schönsten Liebesgedichten, die diese Gegenwart hervorgebracht hat. Der Lyriker Ulrich Schacht hat Wohnrecht auf ewig im Pantheon unserer Sprachnation. In seinen Gedichten lacht er nicht, zürnt er nicht, erklärt er nicht. In seinen Gedichten ist die verdichtete Zeit zu Hause: *Die // Nacht ist ein heller Gedanke in deinen / Augen ein Gerücht ohne Arg Licht für eine / Sekunde, die Zeit hat. Zeit. Zeit.*

---

[1] In: *Offener Horizont*. Jahrbuch der Karl Jaspers-Gesellschaft, 3/2016, Göttingen 2016, 347–369.

In den »Notaten« stehen die beiden Zusammenhänge hintereinander: »Wer vom Bösen nicht reden will, soll auch vom Guten schweigen« und »*Zeit* ist immer: weniger als wir haben, und mehr als wir sind.« Wie aber setze ich im Kopf zusammen, was Ulrich Schacht auf so glücklich-erhellende Weise nicht trennen konnte, das Lachen und das Leiden, das zeitlose Glück und das ewig wiederkehrende Unglück? Ich fand die Antwort erst nun, ich muss sie überlesen haben. Sie steht in einem Zitat von Alexis de Tocqueville in Schachts Aufsatz »Von der Intelligenz des Bösen« und lautet: die Ideen der vorrevolutionären Schriftsteller in Frankreich hätten »die Kraft und Glut einer politischen Leidenschaft gewonnen.«

So ist es. So war es. Die Kraft des Lachens und der Erkenntnis loderten aus Schacht gleichermaßen, schützten vor dem Bösen. Die Glut des Leidenschaftlichen nährte er, damit sie ihn nicht verzehrte.

Er wusste: Jede Gegenwart ist ihr eigener Kipppunkt. Man muss sie zerlachen, um standzuhalten.

Sebastian Kleinschmidt

Ausbleibende Zuversicht[1]
Zu einem Gedicht von Ulrich Schacht

WOHER WIR KOMMEN bleibt unerschlossen:
Die Daten sind reine Zahl auf Papier.
Am Anfang des Lebens wird Blut vergossen;
am Ende erschrickt ein verwundetes Tier.

Auftauchen Verlöschen: Kometengewitter –
im Raum aller Spiele besiegt uns der Kreis.
Es gibt kein Gestade für jenen Ritter,
von dem unser Herz mit Gewißheit weiß.

Schweigen herrscht zwischen verlorenen Welten:
ihr Kreisen ist grundlose Trunkenheit.
Wann immer wir in unser Leben schnellten,
gewannen wir nichts und verloren die Zeit.

Woher wir kommen, das ist mehr als nur eine historische oder genealogische Frage. Sie hat etwas Philosophisches. Und da man nicht weiß, was man letztlich darauf antworten soll, spürt man das Irritierende daran. Etwas Rätselhaftes, zutiefst Unbestimmtes ist in das Fundament unserer Existenz gegossen. Wir können es nicht nur nicht verstehen, sondern auch nur schwer akzeptieren. Und genau davon handelt das Gedicht. Das ›wir‹ seiner wehmütigen, grüblerischen Jamben meint nicht die Gattung, nicht die Evolution, es meint den einzelnen Menschen und den scharf begrenzten zeitlichen Lauf seines Lebens.

---

1   Zuerst in der »Frankfurter Allgemeinen Zeitung« vom 11. 02. 2017 erschienen.

Wer an Sinn und Geschichte der Schöpfung glaubt, sich an etwas gebunden fühlt, das über ihm ist und ihn behütet und am Ende erlöst, der ist gefeit gegen das Nichts, das in einer solchen Frage lauert. Er weiß, woher er kommt und wohin er geht. Aber auch für religiöse Optimisten, die ein Leben lang die Hoffnung trägt, gibt es Stunden, in denen sie der Verstand an den Rand des Abgrunds führt. Und genau das ist die Situation in diesem Gedicht. Es spricht vom dunklen Augenblick ausbleibender Zuversicht. Es spricht von einer pascalschen Stimmung, einem Gefühl der Nichtigkeit und Weltverlorenheit.

Eben das übermannt uns Menschen zuweilen, wenn wir zum Firmament aufschauen und der nachtschwarzen Weite des Himmels begegnen, dem unermesslichen Raum, den wir nicht kennen und der unser nicht achtet. Auch Pascal erging es so. Vor die tote Kälte der Unendlichkeit gestellt, erfasste den Philosophen das große Erschrecken. Und als er die kurze Dauer seines Lebens bedachte, aufgezehrt von der Ewigkeit vorher und der Ewigkeit nachher, überkam ihn der Gedanke, dass das Dasein des Menschen nirgendwo aufruht.

Der schönen Fuge des Gedichts von Ulrich Schacht ist diese Stimmung eingeschrieben. »Auftauchen Verlöschen: Kometengewitter«. »Schweigen herrscht zwischen verlorenen Welten«. Das Leben des einzelnen ist nicht viel mehr als ein aufblitzender Sternenstaub, eine Lichtschleppe am Himmel. Kaum dass man sie gesehen hat, ist sie schon verschwunden.

All das kommt mit unabweisbarer Macht aus dem Denken, dem philosophischen Bewusstsein. Es entspringt der Ratio, doch nicht dem Herzen. Denn das Herz hat seine eigene Ästimation. Und auch sein eigenes Wahrheitspersonal. In der Mittelstrophe des Gedichts ist von ihm die Rede, dort wo es heißt: »Es gibt kein Gestade für jenen Ritter, / von dem unser Herz mit Gewißheit weiß.« Dieser Ritter ist eine Erlösergestalt. Er könnte Jesus Christus sein oder der heilige Georg. Aber er ist nicht von dieser Welt, es gibt »kein Gestade« für ihn. In diesem Gedicht hat das Herz, die Theologia cordis, nicht genug Kraft, dem Nihilismus der Gedankentrift zu widerstehen. Die Aporie zwischen Sinn und Sinnleere, zwischen Licht und Dunkelheit des Geistes schmerzt.

In Ulrich Schachts Biografie gibt es, was dies betrifft, einen besonderen Umstand: nicht nur dass er in einem Frauengefängnis zur Welt kam, er musste auch selber als politischer Gefangener einige Jahre hinter Gittern verbringen. Wer im Gefängnis ist, erfährt Licht und Dunkelheit elementar. Schacht gehörte zu denen, die Energie daraus gezogen haben, auch als späterer Dichter. So wurde er Zeuge der Dunkelheit und zugleich Bote des Lichts. Beides ist in sein Schreiben eingegangen. In fast allen seinen Gedichten, besonders denen über den hohen Norden, ist das zu spüren. Sie halten auf wunderbare Weise Zwiesprache mit der geheimnisvollen Lichthaftigkeit der Welt, mit dem Herüberrufenden des Seins. Und oft sind sie auch ein Fragen nach den letzten Dingen, nach Anfang und Ende, nach Leben und Tod. Und manchmal nach Erlösung, auch wenn sie, wie in diesen Strophen, fern und unvorstellbar ist.

Eckart Kleßmann

Seine langen Briefe!
Gedenkblatt für Ulrich Schacht

Als mich die Nachricht vom Tod Ulrich Schachts erreichte, war mein erster Gedanke: Zu früh, viel zu früh. Ich dachte daran, dass ich als einer seiner ersten Rezensenten sein opus 1, den Gedichtband »Traumgefahr« (1981) in der »Frankfurter Allgemeinen Zeitung« besprochen und dort geschrieben hatte: »Ich glaube, dass dieses bemerkenswerte Debüt auch eine bemerkenswerte Entwicklung verspricht.«

Wann ich Ulrich Schacht kennengelernt habe und durch wen, weiß ich nicht mehr; es könnte im Sommer 1981 gewesen sein, in Hamburg. Ehe »Traumgefahr« vorlag, hatte ich ein Konvolut seiner Gedichte auf meinem Schreibtisch; durch wen? Vieles war noch in der Abhängigkeit von Johannes Bobrowski geschrieben, aber ich sah doch schon den ihm eigenen Ton darin und bat Schacht um ein Interview im NDR-Rundfunk. Er war gerade – aus der DDR-Haft entlassen – in Hamburg angekommen. Wir sprachen über seine Arbeiten, seine Pläne, natürlich auch seine Nähe zu Bobrowski und seine politischen Ansichten. Damals glaubte er, in der SPD seine politische Heimat gefunden zu haben.

Wir hatten uns danach ein wenig aus den Augen verloren, doch nachdem er in Schweden ansässig geworden war, begann zwischen uns eine rege Korrespondenz, wobei er nie vergaß, stets seine neuesten Gedichte beizufügen, auch Arbeiten in Prosa. Eines Tages schickte er mir eine meisterliche Erzählung mit dem Titel »Die Insel der toten Vögel«, für die er lange einen Verlag suchen musste. Erst 2015 erschien sie als »Grimsey« im Aufbau Verlag Berlin und fand viel Lob bei den Kritikern.

Ja, seine langen Briefe! Meist einer im Quartal, aber der hatte es in sich, zumal wenn er polemisierte. Jetzt, da sich mein Leben dem Ende zuneigt, habe ich sie alle ins Marbacher Literaturarchiv gegeben, sonst würde ich nur allzu gern aus ihnen zitieren. Ein Briefwechsel unter Schriftstellern ist ja heute schon eine Rarität geworden.

Wir sind uns immer mit großer Sympathie begegnet und haben natürlich auch einander unsere Bücher geschickt, aber Freunde sind wir doch eigentlich nicht geworden und sind auch immer beim »Sie« geblieben. Noch wenige Tage vor seinem unvermuteten Ende hat er mir seine letzten Gedichte geschickt, diese kleinen wunderbaren Miniaturen, die mich immer an Aquarelle denken ließen. Thema der beiden letzten Briefe war sein Roman »Notre Dame«.

Ich bin mir sicher: Es wäre von Ulrich Schacht angesichts seiner Vielseitigkeit noch viel zu erwarten gewesen. In der Monotonie unserer gegenwärtigen Literatur vermisse ich seine Stimme. Eine von ihm geplante Lesung in Schwerin, zu der ich komme wollte, hat sein Tod verhindert. Ach, ich hätte ihn so gern noch einmal gesehen und ihm die Hand gedrückt.

Michael Klonovsky

Nachruf auf Ulrich Schacht[1]

Heute erreicht mich die Nachricht, dass Ulrich Schacht gestorben ist. Das ist keiner der Tode, mit denen zu rechnen war. Der Schriftsteller zählte 67 Jahre und befand sich, als ich ihn das letzte Mal sah, bei bester Laune und gesegnetem Appetit. Er war ein großer, kräftiger, wenn man so will lutherischer Kerl, von einer gewissen Gemütsverschattung und zugleich derbem Humor, der gern lachte und seine Melancholie mit Heiterkeit und Gottvertrauen umgab.

Im Interview in der aktuellen Ausgabe der *Sezession* sagt Jean Raspail: »Ich will mit aufrechten Menschen Umgang pflegen.« Das ist eine gute Maxime. Schacht war ein Aufrechter. Kein Taktierer, kein Heuchler, kein Verräter. Einer der meinte, was er sagte. Ein Protestant alten Schlags.

Schacht kam am 9. März 1951 in Stollberg zur Welt. Sein Geburtsort legt den Gedanken nahe, er sei, wie u. a. ich, ein Erzgebirgler gewesen – aber das stimmt nicht. Er wurde im Frauengefängnis Hoheneck geboren, wo die SED-Genossen seine Mutter eingesperrt hatten. Tatsächlich war er ein Nordlicht. Er ist in Wismar aufgewachsen. Von 1970 bis 1973 studierte Schacht Evangelische Theologie in Rostock und Erfurt. 1973 wurde er wegen »staatsfeindlicher Hetze« zu sieben Jahren Freiheitsentzug verurteilt. 1976 kaufte ihn die BRD frei (würde sie heute wahrscheinlich nicht mehr tun). Als Sohn einer Antikommunistin im Gefängnis geboren und 22 Jahre später aus demselben Grund wie seine Mutter eingesperrt zu werden – das ist ein meines Wissens singulärer Fall. Fortan war Schacht ein Gezeichneter. Er besaß eine sehr dezidierte Meinung über linke Gesellschaftsex-

---

1 Quelle: Acta diurna, 17. September 2018.

perimente. Dementsprechend entsetzt war er darüber, wie beharrlich westdeutsche Linke an deren Wiederholung arbeiteten (wenn dieser Begriff gestattet ist).

Nach seinem Freikauf ging Schacht nach Hamburg, studierte Politikwissenschaften und Philosophie und verdingte sich als Feuilleton-Redakteur bei der *Welt* und der *Welt am Sonntag*. Sofort nach seinem deutsch-deutschen Seitenwechsel trat er in die SPD ein, von der er damals noch glaubte, es sei die Partei Bebels, Eberts und Kurt Schumachers. Die Illusion hielt, formell, bis 1992. Dann kehrte Schacht, der glühende Herbeisehner der deutschen Einheit in Freiheit, jener Partei den Rücken, die sich längst für ihre patriotische Vergangenheit schämte und mit Freiheit ohnehin nie besonders viel anfangen konnte.

Ich lernte Schacht 1993 kennen, als er gemeinsam mit seinem Freund und mehrfachen Co-Autor Heimo Schwilk den Sammelband »Die selbstbewusste Nation« publizierte, der im Post-68er Biedermeier viel Jaulen und Zähnefletschen auslöste. Er vertraute mir mehrfach an, wie sehr die linken Wortführer der West-Republik ihn ernüchtert hatten, wie er in diesem Milieu von Anfang an wegen seiner antisozialistischen Haltung auf Misstrauen und Ablehnung gestoßen war. Der DDR-Dissident wurde schließlich noch schneller zum BRD-Dissidenten als der Kommunist Trittin Minister. 1998 zog er die Konsequenzen und siedelte nach Schweden um. Ohnehin übte der Norden eine magische Anziehung auf ihn aus, immer wieder reiste er in die Polargegend, um »Gottes Schöpfung am zweiten Tag zu betrachten«, wie er schwärmte. Viele seiner Gedichte fassen diese eisige Welt in lakonisch-poetische Worte, und noch in seiner letzten Mail an mich erinnerte er sich begeistert an seine erste Fahrt ins Franz-Joseph-Land anno 1991, eine »Wahnsinnsreise, wie zum Mond«, der 1992, 1993 und 1995 drei weitere folgten. Im Eis war dieser Gebrannte offenbar glücklich.

Schachts Flucht aus und vor allem vor Deutschland ins Multikulti-Schweden – »alter Schwede« nannte ich ihn seither – mag in einem gewissen Sinn ein grotesker Wechsel »vom Regen in die

Jauche« (Wolf Biermann) gewesen sein, doch er war durchaus optimistisch, dass die Schwedendemokraten das Land wieder auf einen christlich-freiheitlichen Weg führen könnten. »Hier tut sich was, keine Sorge«, schrieb er mir, »das Ende der ideologischen Fahnenstange ist auch in Schweden erreicht, die Wahl steht drohend bevor, die Prozente für die SD steigen und steigen, das Lager der etablierten Wirklichkeitsverdränger und ideologischen Nutten bricht gerade auseinander!«

Ulrich Schacht, der Vater, Ehemann, Poet, Essayist, Romancier, Publizist und Großkomtur des St. Georgs-Ordens, ist nicht mehr unter uns. Er starb, offenbar an den Nachfolgen eines Herzinfarkts, am Sonntag in seinem Haus oberhalb von Förslöv, im Lesesessel sitzend, mit dem Blick aufs Meer. Fahr wohl, alter Schwede, und sei frei!

Uwe Kolbe

Ankündigung einer Flaschenpost

Der Fluß
wüßte zu berichten triebe er nicht
ab was er weiß

Das hast du in Dresden geschrieben.
Ein Dutzendjahr später wohne ich da,
das Wissen bildet rings Haufen.
Kaum einen Schritt kann ich tun,
ohne darüber zu stolpern,
und komme wohl nicht mehr davon.

Sie, der ich früh in die Augen schaue
und abends, schließt ihre öfter zu,
wenn ich von dem Stolpern rede.
Du kanntest die Tage, du sicher,
wo nichts bleibt als Selbstgespräch.
Die Haufen wachsen zu Mauern.

Die Elbe, das Wasser von heute
schafft kaum, was sie weiß, abzutreiben.
Die Oberfläche trügt, schon leckt etwas
an der Schwelle. So wird auch dein Vers
sich wenden, der Fluss spuckt aus
draußen vor der Tür.

Der Brief wird länger werden, *pardon*,
doch in eine Flasche passen wie jene,
die wir in Hamburg leerten zuletzt
vom guten Franzosen. Sicher hast du
ein paar volle mitgenommen
bei deinem letzten Umzug.

Und wenn es gut geht,
sind wir schon Nachbarn,
wenn ankommt die Flaschenpost.
Gut für den Fall, es gäbe
Grund zum Gespräch, und es wäre
alles wie immer.

Stephan Krawczyk / Ulrich Schacht

... wie sonst nur noch bei Brecht

Es begab sich, dass mir eins von Ulrichs Gedichten just in dem Moment vor Augen kam, als ich einem Dichter meine Musik zur Seite stellen wollte. Ich sandte ihm »Manchmal die Trauer« als Lied. Damit begann unsere Freundschaft.

Aus der Korrespondenz mit Ulrich Schacht
ein Brief von ihm:

Förslöv, am 28.12.2009

Lieber Stephan,

nun bist Du bald auf dem Flug nach Lanzarote: diese Inselwelt kenne ich noch nicht, obwohl gerade Inseln meine Phantasie, ja Sehnsucht, seit frühsten Kindheitstagen immer wieder angeregt und herausgefordert haben: zwei Bildbände mit einem Freund zusammen über die Färöer, wo ich wohl an die zehn Mal war, und Spitzbergen wie Franz-Josef-Land, Severnaja Semlja und Novaja Semlja in Rußland, wohin ich zwischen 1991 und 1995 vier von mir organisierte Künstlerexpeditionen geführt habe, sind, neben vielen Gedichten und meiner Novelle «Die Insel der toten Vögel», die fertig ist und 2011 im Frühjahr bei Aufbau kommen soll, der beste Beweis dafür, auch auf Island war ich (dort spielt die Novelle übrigens), sogar die Ostküste von Grönland habe ich betreten, aber nichts hat die Sehnsucht gestillt, sie ist nur stärker geworden, und mein größter Traum in dieser Hinsicht ist eine einmonatige Antarktisexpedition, primär zu den subantarktischen Inseln wie Kerguelen, Il Crozet usw., inclusive und zuvor der mittel- und südatlantischen wie St. Helena etc. Michael Otto, den ich mal in HH kennengelernt hatte, hat die beiden größten der

Arktis-Reisen damals gesponsert, und für die Antarktistour hatte ich schon eine mündliche Zusage von Daimler, als die Anschläge von New York alles zunichte machten, weil Daimler rund 20 Millionen aus dem Kulturfördertopf strich, um sie den Opfern zukommen zu lassen. Nun ja, da will man natürlich nicht räsonieren.

Gut, daß Du nochmals präzisiert hast, was unseren kleinen gott-bezüglichen Gedankengang betrifft; dem kann ich nun wirklich folgen, wie ich überhaupt sagen muß, daß mich über die Weihnachtstage, die wir hier sehr still und zufrieden zu zweit verbracht haben, immer wieder in »Feurio« hängengeblieben bin, auch weil mich diese Seite Deines Schaffens völlig überrascht hat in seiner puren Existenz, positiv natürlich, weil es so wenige »von uns« aus dem Osten sind, die in dieser Weise Gedanken riskieren. Ich wüßte keinen wirklich weiteren Notate-Schreiber dieser Themenbreite, wie »Feurio« sie auszeichnet: Kunze hat zwar ein Tagebuch vorgelegt, aber sein Reduktionismus endet leider zu oft in vollkommen ausgepreßter Weisheit, also Banalität, auch sind seine Zitate viel zu oft viel zu groß für den kleinen eigenen Satz. Ich sage das als einer, der ihm seit Jahrzehnten sehr eng verbunden ist und vieles von seinem Geschriebenen schätzt. Grünbein ist inzwischen vollkommen verdorben. Dem ist der frühe Ruhm nicht bekommen, das meiste ist nur noch maniert oder konstruiert, versifizierter »Kleiner Pauly Antike«, bis ins Reimpeinliche, fast Becher-haft, und seine Reflexionen: reine Wissenshuberei, auf Stelzen, klugscheißerndes Angepaßtsein: Ich, der Durs, und Peter, der Sloterdijk, und Homer sowieso, damals mit ihm, am Mittelmeer … Aber das Entscheidende hinter all dem Wortungewese und der Selbststilisierung: Keine Glaubwürdigkeit, das ganz und gar Eigene, Riskante, gefährlich Spekulative, wie noch im ersten Gedichtband (von dem er sich inzwischen aber öffentlich distanziert hat) – Fehlanzeige! Dafür auf geistreich und antipolitisch getrimmte PC-Prosa. Zuletzt las ich ein Stück in der FAZ, wo er die alten Germanen unter Arminius im Teutoburger Wald für die SS und ihre Greuel verantwortlich machte, weil sie mit den Römern nicht etwa die ihrer Freiheit beraubende Okkupanten geschlagen, sondern die einzige humane Zivilisation ausgeschlagen hätten. Das war so dumm, vor allem geschichtlich, daß man auf die Leserbriefe von Fachleuten warten konnte, und sie kamen.

Wenn ihr zurück seid vom meerumbrandeten Vulkane-Lauschen,
dann wirst Du mit der Post auch ein paar schon gedruckte Auszüge aus
meinem Notate-Buch »Über Schnee und Geschichte« im Kasten vorfin-
den, auch frühere Lyrikbücher, womit ich beim mich Verblüffendsten an-
gekommen bin: Daß Du so fündig geworden bist in meiner Poesie, wie
sonst nur noch bei Brecht, das haut mich schlicht um, und ich kann Dir
für diese Nähe einfach nur wieder danken und dann dem zuhören, wozu
Dich diese Nähe bringt: also den Klang-Funken, die Du aus meinen Ver-
sen schlägst, und die sich zu einem neuen, erweiterten Sinn-Bild des von
mir Gesehenen verdichten. Zu einem hörbaren Eigen-Blick. Wer weiß,
vielleicht kann daraus einmal ein gemeinsames Projekt werden. Es wäre
mir nur Freude.

Mit diesem Ausblick Dir und Deinem Sohn eine gute Reise in die
Ferne, eine reiche Zeit in der Natur-Klause im Atlantik (übrigens fällt
mir gerade ein, daß ich meine damals 12- und 14-jährige Tochter auf
zwei der Arktisreisen auch mitgenommen habe und sie hat phantastische
Photos gemacht), einen wunderbaren Jahreswechsel und ein gesegnetes
2010! Aufwiedersehen in Berlin, ich drücke Dir fest die Hand: Ulrich

Die Gespräche mit Ulrich schmeckten nach frischem Wind, der
durch den Geisterraum weht. Mit seinen Gefühlen hielt er nicht
hinterm Berg, war er es doch als Dichter gewohnt, ihnen durch
seine schöne direkte Sprache poetischen Ausdruck zu verleihen.

Für jemanden, der Ulrich Schacht nicht oder nur flüchtig
kannte, mag er nicht fehlen, mir aber fehlt er, und ich weine, lasse ich es zu, noch immer um ihn, wie jetzt beispielsweise. Nicht
wahr, Ulrich, man muss es nur aufschreiben und schon wird es
wahr?!

Jobst Landgrebe

Ein freier Vollbürger

Die Athener Vollbürger des 5. Jhd. waren Freiheitsfanatiker. Sie liebten ihren Stadtstaat, weil es ihnen auf dem Höhepunkt der Demokratieentwicklung gelungen war, ihn durch soziale und rechtliche Normen so zu gestalten, dass der Staat das notwendige Gewaltmonopol innehatte, ohne es wesentlich zu missbrauchen. So waren sie wahrhaft frei, konnten ihren individuellen und kollektiven Willen ausleben, so lange sie sich an die sozialen und rechtlichen Normen hielten. Freiheit auszuleben geht mit individueller Risikobereitschaft und kollektiver Wehr- und Opferbereitschaft sowie Dankbarkeit für das Gemeinwesen einher, da Willensentfaltung die Möglichkeit zum Scheitern beinhaltet und nach außen gerichtet zu Konflikten mit anderen Staaten führt. Die Athener waren bereit, diese Risiken zu tragen und im bewaffneten Konfliktfall selbst in den Krieg zu ziehen und sich für ihr Gemeinwesen zu opfern. Sie waren ihren Mitbürgern dafür zutiefst dankbar und ehrten die Opfer ihrer Risikobereitschaft.

Das heutige Deutschland ist von diesem Zustand sehr weit entfernt. Wir erleben derzeit den Übergang des Staates BRD von der früheren rechtsstaatlichen, mit hoher politischer Legitimität ausgestatteten Bonner Republik zu einem semi-usurpatorischen, zunehmend illegitimen Staatswesen, das sich durch einen permanenten staatlichen Rechtsbruch und eine vielschichtige Entdemokratisierung auszeichnet. Die politische und wirtschaftliche Partizipation der allermeisten Staatsbürger wird immer schlechter.

In diesen Zeiten gleichen nur wenige Bürger den Vollbürgern Athens, die meisten sind nicht dazu bereit, die Risiken der Freiheit zu tragen. Zwar will sich heute jeder selbst verwirklichen, doch ohne jegliches Risiko, ohne Opferbereitschaft und ohne Dankbarkeit für die Leistungen des Gemeinwesens. Neue Pharisäer, die Trägerschicht der heutigen Staatsordnung, dominieren unseren öffentlichen Diskurs als Parasiten der Freiheit. Zwar genießen sie die Vorzüge der Freiheit, doch sind sie nicht dazu bereit, etwas dafür zu leisten. Sie verwenden das Vokabular der Freiheit und des Naturrechts, doch wollen sie die Freiheit beendigen, indem sie im Rahmen einer aggressiven Gesinnungsethik Bürgerrechte, Eigentumsrechte und Meinungsfreiheit massiv einschränken und danach trachten, die wahrhaft Freien von der politischen Partizipation auszuschließen. Ja, sie wollen die essentielle Quelle der Freiheit, den Nationalstaat, überwinden.

Ulrich Schacht war hingegen ein wahrhaft Freier, ein im besten Sinne freiheitsfanatischer Vollbürger, er hätte gut in das Athen des Kleisthenes gepasst. Er hat als solcher den Niedergang unseres Gemeinwesens früh gesehen, begriffen und beschrieben, während viele andere Intellektuelle es erst später erkannt oder bis heute nicht verstanden haben. Dies wird beispielsweise daran deutlich, dass er 1994 mit Heimo Schwilk den Band »Die selbstbewusste Nation« herausgab. Wie konnte Schacht die Entwicklung zum usurpatorischen Staat zu einer Zeit erkennen, in der andere noch glaubten, sie erlebten das »Ende der Geschichte« (Francis Fukuyama)?

Er hatte eine seltene Mehrfachbegabung, denn er war einerseits mit dem feinen Sensorium des Literaten ausgestattet und als Lyriker und Romanautor kreativ und produktiv, andererseits konnte er aber, anders als andere Literaten, auch analytisch sehr klar und präzise denken. Sein literarischer Feinsinn und seine Lebenserfahrung als politischer Häftling eines totalitären Staates verhalfen ihm dazu, aufziehende Missstände früh wahrzunehmen. Seine analytische Begabung ermöglichte es ihm, sie klar und deutlich zu analysieren. Dies zeigt beispielsweise einer seiner letzten Texte, der in der Zeitschrift *Tumult* im Sommer 2018 erschienene Artikel »Selmayr. Deutsche Profile eines Dritten Totalitarismus«.

Was trieb Ulrich Schacht an, woher kam die Energie für dieses reichhaltige und intensive Leben? Er liebte die Freiheit und die Gerechtigkeit, und er hatte buchstäblich am eigenen Leib erlebt, was es bedeutet, wenn der Staat zum Gegner seiner Bürger wird. Er wollte verhindern, dass Deutschland erneut den Weg in die Knechtschaft geht. Als tiefgläubiger Christ lebte und handelte Schacht aus der »Freiheit eines Christenmenschen« (Martin Luther).

Dies deutet sich auch in der wohl letzten Nachricht, die er im Leben kurz nach seinem zwar behandelten, aber letztlich doch tödlichen Herzinfarkt am 15. September 2018 um 13:16 Uhr mit dem kryptischen Betreff »letzte wichtige« an mich schrieb:

Ein verdeckter Infarkt brachte mich mit Blaulicht in die Herzabteilung des Klinikums Helsingborg und dann wurde ich innerhalb dreier Tage nach allen Künsten der Spezialisten ›repariert‹ incl. eines Stents – seitdem geht es mir natürlich extrem besser, aber eine gewisse Schwäche hält mich noch flach, und alles andere liegt hinter mir wie der berühmte falsche Film, in dem man doch die Hauptrolle gespielt hat.

Dieser besondere »falsche Film«, in dem man nicht wie eigentlich üblich als Zuschauer sitzt, sondern wie in einem seltsamen Traum als Darsteller mitspielt, der sich gleichzeitig beobachtet, ist vielleicht die Vorahnung des eigenen Todes. Dennoch ist Schachts Text voller Zuversicht, Gelassenheit und Tatendrang, er ist durchdrungen vom Gottvertrauen, das uns die Freiheit schenkt, von der Apostel Paulus schreibt (Galater 5,13; Römer 7,6).

So lebte Schacht sein Christentum nicht als mönchischer, in sich gekehrter Glaubensmann, sondern als einer, der Gott aktiv im Nächsten suchte. Als solcher war er kein Körnlein des Salzes der Erde (Matthäus 5,13). Nein, er war ein grobes Korn, das dem Geist der Menschen, denen er begegnete, viel Würze, Liebe und Zuversicht geschenkt hat. Auch mir ist es mit ihm so ergangen.

Per Landin

Muttersprache und Vaterland

An jenem hellblauen Hochsommertag 2018 hat keiner gewusst, dass es so bald enden sollte. Ulrichs Herz war groß und seine Stimme ebenso überwältigend wie überzeugend, als er im Garten von einem neuen Theaterprojekt erzählte und die letzten Querelen aus der deutschen Regierungsmetropole übermittelte. Die gemeinsamen Treffen mit Freunden in seinem Haus oben auf den Hallandsåsen, umschattet von riesigen Buchenwäldern oder bei mir unten am Meer, waren ein fester Bestandteil des Sommers geworden, wie übrigens auch die zur Familie Schacht gehörenden Katzen.

Begegnet sind wir uns zum ersten Mal in Stockholm Mitte der neunziger Jahre. Zusammen mit Heimo Schwilk hatte er die bahnbrechende Anthologie »Die selbstbewusste Nation« veröffentlicht, die ich in »Dagens Nyheter« als einen bemerkenswerten Aufruf der konservativen Intellektuellen in Deutschland gewürdigt hatte. Damals war seine ursprüngliche Heimat, das östliche Deutschland, die DDR, die ihm und seiner ganzen Familie zur prägenden Falle geworden war, nicht mehr auf der Landkarte zu finden. Umso mehr hat uns das Thema beschäftigt. Eigentlich trafen wir uns viel zu spät, denn bereits in den siebziger und achtziger Jahren war ich oft unterwegs zwischen Leipzig und Stralsund. Einige Schriftsteller aus der DDR, mit denen ich befreundet war, hatten ein ähnliches Schicksal wie Ulrich. Sie waren in den Westen übergesiedelt oder verbannt worden. So hatten wir, obwohl wir damals noch nichts voneinander wussten, etliche gemeinsame Bekannte aus dieser untergegangenen Republik.

Ulrich erzählte mir, dem stets und immer Neugierigen, von seiner Mutter, die ihn im Frauengefängnis Hoheneck zur Welt gebracht hatte; über den unbekannten russischen Vater, den er erst viel später in Moskau ausfindig machte; über seine Heimatstadt Wismar, die bekanntlich einmal kurz den Schweden gehört hatte und von wo aus am Horizont die Fähren nach Trelleborg sichtbar waren; über seine Studienzeit und die Freundschaft mit dem späteren Stasibeauftragten und Bundespräsidenten Joachim Gauck; über die plötzliche Verhaftung 1973 und die Verurteilung zu sieben Jahren Gefängnis; über den Freikauf und das Exilleben als Redakteur in Hamburg, und natürlich sprachen wir über seine schriftstellerische Tätigkeit.

Inzwischen ist ein Viertel Jahrhundert ins Land gegangen, doch weiß ich noch, wie sehr mich seine Lebensfreude und seine Zuversicht, seine kämpferische Natur und geistige Substanz beeindruckten und somit auch beeinflussten. Obwohl er in mancher Hinsicht ein Einzelgänger war, war er doch zugleich ein sehr geselliger Mensch, der Platz einnahm und sich leidenschaftlich engagierte. Nicht zuletzt, wenn es sich um ungeklärtes Unrecht in der DDR handelte, das Schönreden der kommunistischen Diktatur oder die bis heute oft verkannte Kraft der Friedlichen Revolution von 1989. Für ihn war der kommunistische Totalitarismus keine Theorie, sondern erlebte und erlittene Wirklichkeit. Andere wären an solchen Erlebnissen womöglich zerbrochen. Die DDR war ein dunkles Kapitel, das er ins helle Licht der Wahrheit stellen wollte. Und so blieb er hartnäckig bis ins kleinste Detail, als er nach der Wende 1990 seine ehemaligen Verfolger und Richter mit seiner und ihrer Vergangenheit konfrontierte.

Mit ebenso großer Vehemenz wandte sich der ehemalige DDR-Dissident gegen das hypermoralische, linksliberale Establishment im wiedervereinigten Deutschland, in dem sich die semirevolutionären Ideale der 68er-Bewegung nach dem langen Marsch durch die Institutionen zu einem neuen Konformitätsdruck entwickelt hatten. Selbstverständlich war Ulrich dankbar für den Freikauf und die neu gewonnene Freiheit in der alten Bundesrepublik. Nie wäre er auf die Idee gekommen, die kommunistische Diktatur hinter Stacheldraht mit der Demokratie zu verwechseln. Er hat aber mit Sorge gesehen, wie über Jahrhunderte gewachsene Kultur, Bindungen und Strukturen im turbokapitalistischen Westen untergraben wurden, wie Teile der bundesdeutschen Eliten das als Befreiung und Fortschritt darstellten, was doch erkennbar totalitäre Züge aufwies.

Zugleich konnte Ulrich im privaten Gespräch mit zornigem Humor über die alte BRD wie auch über die »deutsche demolierte Republik« sprechen. So holte ich einmal zufällig aus dem Regal bei uns in Glimminge ein propagandistisches Prachtstück, »Dichter im Frieden«, in dem vierzig, meist linientreue DDR-Schriftsteller in Wort und Bild vorgestellt wurden. Ulrich blätterte es zunächst flüchtig durch, sah sich manches ein bisschen genauer an, murrte und kicherte vor sich hin, bat um einen Kugelschreiber und fing dann wie besessen an, jeden Autor mit handschriftlichen Notizen literarisch wie moralisch zu bewerten. Nach etwa einer halben Stunde hatte er diesen literarischen Wolkenkratzer demontiert, von Apitz bis Wogatzki, den kommunistischen Staat und seine Schriftsteller mit biblischem Spott, Witz und auch Respekt zusammengefasst und überließ mir das Buch, das ich seitdem als eine kostbare Rarität in einer handgefertigten Kassette aufbewahre.

Wären Ulrich und Stefanie nicht nach Skåne gezogen, hätte er vielleicht nicht eine solchermaßen kreative Energie entwickelt. Ich weiß nicht, ob er in der ganzen Zeit in seiner mit Büchern vollbeladenen Dichterstube jemals versucht hat, die schwedische Sprache zu erlernen oder wenigstens zu verstehen. Vielleicht wollte er es nicht. So wie er nur eine Mutter hatte, so hatte er nur eine Sprache und die war seine Heimat, sein Exil, ein schützender Raum, den er mit sich trug. Ihm ist er immer treu geblieben, jenseits aller Ideologie, wie Franz Kafka schrieb: »Man muss in die Fremde gehen, um die Heimat, die man verlassen hat, zu finden.«

Trotz früher Verluste und Trennungen blieb er standhaft, fest verankert in seinen Erinnerungen und in seinem christlichen Glauben. Ein halbes Jahrhundert hat er ohne seinen irdischen

Vater gelebt und ihn schließlich doch noch gefunden. Die Verbindung zu seinem Himmelsvater hat er nie verloren. Bestimmt sitzt Ulrich oben im Himmelssaal mit der Bibel, für ihn ein Symbol für Freiheit und Freude durch den Glauben, und belehrt »rote Socken« über die zehn Gebote und vier Evangelien, als wesentliche Teile der göttlichen Schöpfung.

Margitt Lehbert

Wie still es jetzt ist[1]

Ich lernte Ulrich Schacht vor gut zehn Jahren über meinen damals noch ganz jungen Verlag kennen. Dort in Südschweden wähnte ich mich weit entfernt von allen, die meine Bücher lesen würden, was Freiheit bedeutete, aber auch einen schmerzlichen Abstand zur deutschen Sprache und zu Menschen, die meine Liebe zur Literatur teilen. Ulrich Schacht meldete sich bei mir als Journalist, hatte er doch in einer Rezension gelesen, die Edition Rugerup sei in Schonen ansässig, wo er selber schon seit vielen Jahren mit seiner Frau lebte.

Was für eine Freude: Gleichgesinnte so gut wie in der Nachbarschaft – nur 150 km von meinem Hof entfernt! Wir verabredeten einen gemeinsamen Abend, er wollte ein Verlagsporträt schreiben. Sie brachten Weißwein mit und über einer Fischsuppe lernte ich diesen vitalen, vor Lebenslust und Ideen förmlich funkelnden Dichter und seine kluge, ruhige Frau Stefanie kennen. Beim nächsten Treffen, diesmal bei den Schachts in Viarpshult, sprachen wir bis tief in die Nacht hinein über Bücher, Dichtung, Schriftsteller, Katzen und das Leben in Schweden. Später gab er mir, ich hatte ihn darum gebeten, eine Auswahl aus seinen Gedichten, die mich gleich für seine Lyrik begeisterte. Wir planten einen Band und 2011 erschien »Bell Island im Eismeer«.[2]

Ulrich Schacht hatte auf seinem kleinen Hof in Viarpshult die größte Privatbibliothek, die ich je gesehen habe: Romane, Lyrik, Philosophie, Theologie, Geschichte, Dichter und Denker

---

1 Aus: angezettelt. Informationsblatt des Sächsischen Literaturrates e.V., 1/2019, 5.

2 Ulrich Schacht, *Bell Island im Eismeer*, Edition Rugerup, Berlin/Hörby (Schweden) 2011.

verschiedenster Art, Literatur aus der ganzen Welt. Seine besondere Liebe galt der japanischen Literatur, die er mir immer wieder in begeisternden Gesprächen nahelegte. Überhaupt: Jedes Gespräch mit ihm war voller Leben, Lachen und lustiger Vehemenz. Selten einmal habe ich mich geärgert, oft etwas gelernt oder aus einer neuen Perspektive gesehen, aber mich mit ihm zu langweilen, das wäre völlig unmöglich gewesen. Ob wir nachts um zwei noch Rotwein tranken und über Naturlyrik sprachen, ob er bei einem späten Frühstück meine Hofkatzen mit Wurst verwöhnte (auch sie sahen es gerne, wenn das Schachtsche Auto auf den Hof fuhr), während wir wortwörtlich über Gott und die Welt sprachen, ob er über die Natur in Südschweden, die Ruhe auf dem Land oder den Blick von seinem Hof hinab auf das Kattegat schwärmte, immer war er vollkommen gegenwärtig. Diese bedingungslose Präsenz verstand er in seine Lyrik hineinzutragen. Vielleicht ist sein Tod deshalb so schwer zu begreifen, weil diese seine außergewöhnliche, kluge, lärmende, lachende Präsenz, auf die man sich schon freute, wenn ein Besuch ausgemacht war, weil zugleich dieser zutiefst verlässliche Mensch, so plötzlich nicht mehr existiert. Außer in der Kraft und der Stille seiner Texte.

Martin Leiner

Vereister Sommer
Nachdenken über den Unterschied
von Vergebung und Verzeihung

Wenn jemand so wie Ulrich Schacht, plötzlich und unerwartet aus diesem Leben geht, dann gibt es manchmal Fragen, die man gerne gestellt hätte, Gespräche, auf die man sich gefreut hatte. Meinen Teil des Gesprächs habe ich noch und möchte ihn für diese Festschrift zur Grundlage meines Beitrags machen.

Mein Ausgangspunkt: Ich habe »Vereister Sommer« gelesen, die Geschichte, in der Ulrich Schacht die Suche nach seinem russischen Vater beschreibt und mich gefragt, ob es eine Versöhnungsgeschichte ist. Ulrich Schacht, der Christ, hat immer wieder Versöhnung mit Menschen gesucht. Er hat mit Stasioffizieren gesprochen, er hat mit dem Richter Passon gesprochen, der ihn verurteilt hat, er hat sich in einer sehr tiefgreifenden Weise um die Wahrheit und um die Menschen bemüht, die in diesem schrecklichen 20. Jahrhundert an ihm oder in seinem Umfeld schuldig geworden sind. Schacht hat sich auch um Versöhnung mit seinem Vater bemüht. Auch das war nicht leicht. Sein Vater war 1950 nicht mit seiner Mutter in den Westen geflohen, obwohl sie ein Kind von ihm erwartete: das Kind war Ulrich Schacht. Der Vater war in russischer Militäruniform in dem Prozess aufgetaucht, in dem seine Mutter zu 10 Jahren Gefängnis verurteilt worden war und hat sie mit seiner Aussage belastet. Kein Wunder, dass der Vater zunächst leugnete, Ulrich Schachts Vater zu sein. Ulrich Schacht schreibt darauf dem Vater einen einfühlsamen Brief.

»Lieber Wladimir Jegorowitsch, glauben Sie mir: Ich habe fast volles Verständnis für eine solche erste Reaktion – fast! […] aber ich weiß, daß der Mann, den ich suche und mit Ihnen glaube, gefunden zu haben, keine Angst zu haben braucht vor dem Mann, der sein Sohn sein könnte – denn es gibt nichts zu richten in diesem Fall von Vatersuche, sondern zuerst und zuletzt nur zu erkennen, zu verstehen und, ja, vielleicht auch zu verzeihen!«[1] Es kommt schließlich zu einer Begegnung, die mit einer langen Umarmung am Ostersonntag geradezu zu einer Auferstehungsgeschichte wird. Akteneinsicht klärt, dass der engste Freund des Vaters, und dessen deutsche Freundin, 1950 Ulrich Schachts Mutter verraten hatten. Fragen bleiben, wie das alles zu verstehen ist: »Wie löst man unauflösbare Widersprüche? In dem man so tut, als gäbe es das nicht, das Verhängnis, die schuldlose Schuld, den unausweichlichen Irrtum?«

Und nun würden meine Überlegungen und Fragen beginnen: Das Wiederfinden des Vaters war zweifellos eine Versöhnungsgeschichte, weil Menschen, die sich verloren hatten, wieder zu einander gefunden haben. Um Vergebung musste der Vater nicht bitten. Trotzdem wurden Vater und Sohn wieder Vater und Sohn. Vielleicht brauchen wir subtilere Ausdrücke, um genauer zu beschreiben, was geschieht, wenn wir uns versöhnen. Es geht nicht immer alles nach dem Muster der Beichte: Zerknirschung des Herzens, Bekenntnis des Mundes, Vergebung der Sünde, Wiedergutmachung. Dies ist zwar ein guter Leitfaden für den Umgang mit Schuld. Aber, so frage ich: ist das, was geschieht, wenn sich Menschen versöhnen, nicht zusammengesetzt aus zahlreichen kleinen Bewegungen der Augen, der Hände und des Herzens, aus den Effekten der Zeit und des Lebens, welche alle zusammen einen Anteil daran haben, dass Beziehungen und Menschenherzen heilen und sich verändern? Sind es nicht diese zahlreichen kleinen Bewegungen der Augen, der Hände und des

---

[1] Ulrich Schacht, *Vereister Sommer*, Berlin 2011, 12.

Herzens, und der Fluss der Zeit und des Lebens, die geradezu notwendiger Bestandteil von Versöhnung sind, während Schuldbekenntnis und Vergebung nur in bestimmten Fällen überhaupt möglich und sinnvoll (dann aber auch unverzichtbar und zentral) sind. Es gibt Fälle, in denen schon allein deshalb kein Schuldbekenntnis möglich ist, weil die Schuldigen oder die Opfer nicht mehr am Leben sind. Nur stellvertretend können Repräsentanten der Täter um Vergebung bitten und etwa Kinder oder Enkel der Opfer das Schuldbekenntnis annehmen. Aber kann man, darf man stellvertretend vergeben?

Was meistens geschieht, ist etwas anderes. Vielleicht ist es gut, dafür die deutschen Worte »verzeihen« und »entschuldigen« in ihrem Unterschied zu »vergeben« wieder zur Geltung zu bringen. Etymologisch kommt »Verzeihen« von »zeigen«. Die Vorsilbe »ver« bezeichnet immer einen komplexen interaktiven Prozess. So bedeutet »versprechen« im Unterschied zu »sprechen«, dass man sich einem anderen gegenüber auf ein künftiges Verhalten festlegt und dabei seine eigene Vertrauenswürdigkeit mit einsetzt und aufs Spiel setzt. Wer sich in einer fremden Stadt ver-läuft, ist in einem komplexen interaktiven Geschehen von falschen Hypothesen, Erinnerungen, Befürchtungen und Gefühlen verstrickt. Wer ver-zeiht, so könnte man sagen, befindet sich in einem komplexen interaktiven Prozess des auf andere und anderes als den Täter Zeigens. Die zerstörerische Tat erscheint nicht als durch und durch böser freier Entschluss des Täters, sondern man denkt daran, dass Irrtümer, drohende Gefahren, falsche Informationen, die Erfüllung einer Funktion in einer Institution, Erziehung, Indoktrinierung, in manchen Fällen vielleicht auch psychische Probleme oder Krankheiten zu der schädigenden Tat geführt haben. Es ist in der Regel leichter, einem regulären Soldaten einer feindlichen Armee zu verzeihen, dass er einen Sohn getötet hat, als zu verzeihen, dass jemand aus der Verwandtschaft oder ein geldgieriger Fremder dies getan hat. Es ist in der Regel leichter, einem psychisch kranken Menschen, der einen anderen verletzt hat, zu verzeihen, als einem psychisch gesunden. Einschränkungen der Freiheit implizieren geringere Verantwortlichkeit und erleichtern das Verzeihen. Im Falle von Ulrich Schachts Vater war die Drohung für Desertion mit dem Tod bestraft zu werden ein Grund, warum Ulrich Schacht ihm leichter verzeihen konnte. Immerhin musste der Vater nach Sibirien. Die Drohung durch den stalinistischen Terror zu sehen, half der Familie Schacht wahrscheinlich schon früh, den Vater zu entschuldigen. Entschuldigen. Das wäre das zweite Wort. Entschuldigen, im Sinne vor Erklären, Verzeihen, ist nicht identisch mit Vergeben. Entschuldigen ist weiter, man nimmt die Schuld weg. Ulrich Schacht wollte es genau wissen und las die Dokumente, fand sogar das Zögern der Behörden, seine Mutter überhaupt zu verhaften. Das stimmte ihn wahrscheinlich auch gegenüber russischen Menschen versöhnlicher. Schließlich war er selber einer. Aber dazu gleich.

Ein anderer Faktor des Verzeihens ist die Zeit. Kurz nach einer bösen Tat erscheint die Tat übergroß. Aber mit der zeitlichen Distanz wird auch die schlimmste Tat kleiner. Das Leben ist weitergegangen und das Opfer oder seine Angehörigen haben den Schaden in die eigene Identität integriert. Ohne den Schmerz, ohne den Verlust wären sie nicht, was sie sind. Das Schlimme ist Teil der eigenen Identität geworden und hat unter Umständen zu besonderer Stärke und zu besonderen Lebensthemen geführt. Auch Ulrich Schacht wäre nicht Ulrich Schacht gewesen, wenn er nicht diesen schweren Start ins Leben gehabt hätte, geboren im Gefängnis, aufgewachsen bei Pflegeeltern bis die Mutter wieder frei war und ihn zu sich nehmen durfte. Auch für Täter wird die Größe der Tat mit der Zeit kleiner. Sie bleibt aber paradoxer und gerechter Weise stärker präsent. Zumindest ist dies der Fall, wenn die Täter Menschen mit einer Ethik sind, die die Tat verbietet. Dann können Sie nämlich die Tat nicht ohne Versöhnung in ihr Verhältnis zu sich selbst integrieren. Es bleibt ein Schmerz, den die Täter nicht vergessen können und der deshalb im Gedächtnis bleibt. Sind die Täter freilich Schurken oder aalglatte Verleugner (was wahrscheinlich das Schlimmste ist), dann sind sie auch noch stolz über ihre Taten und integrieren sie nur zu gut in ihr Selbstbild.

Wichtiger als das alles ist aber offensichtlich bei Schacht und seinem Vater die Nähe, die Wiederherstellung der Verbundenheit, gestützt von seiner Mutter, die sich im Telefongespräch freut über das Gelingen des Kontakts mit dem Vater. Nähe. Sie ist schon genetisch gegeben. Ulrich Schacht will den Mann umarmen, der ihm bis in jede Zelle seines Körpers am Ähnlichsten in der Welt ist. Er findet seltsame Gemeinsamkeiten wie das Interesse an Schusswaffen. Es gibt gemeinsames Feiern, Essen und Trinken. Es sind großartige Szenen, die Ulrich Schacht unnachahmlich schildert. Dabei gibt es auch die Wiederherstellung der emotionalen Beziehung. Man betrachtet alte Photographien und erinnert sich. Als der Vater »wieder in die Gegenwart zurückkehrt, hat er Tränen in den Augen und flüstert leise [...] ›Christa!‹ Dann lauter: ›Warum haben sie einer so jungen Frau dies nur angetan?! Wegen nichts, diese Schweine, Verbrecher, wegen nichts!‹«[2]

Ulrich Schacht war immer schon mit Russland verbunden. Nicht nur durch seine Herkunft. Er liebte russische Literatur und russische Filme. Er fühlte sich russischen Menschen nahe. In einer Art Wachtraum hört Schacht im Moskauer Hotel eine Stimme, von der er nicht weiß ob es seine ist oder die eines anderen: »Wenn der Sieg sich in die Niederlage verliebt, gebiert die Niederlage ein Kind des Sieges.«[3]

---

2 Ebd., 209.
3 Ebd., 200.

Vera Lengsfeld

Der Dichter der Liebe

Von seiner äußeren, lutherischen Statur her und seinem bisweilen lauten Temperament, vermutete man in Ulrich Schacht nicht gleich eine zarte, lyrische Seele. Dass er die hatte, beweisen seine wunderbaren Wintergedichte. Mein Favorit aus seinem Werk ist aber nach wie vor seine Hymne an die Liebe in seinem Roman »Notre Dame«, in dem Schacht sich selbst übertroffen hat. Deshalb soll mein Beitrag zu diesem Band meine Rezension sein, die ich kurz nach Erscheinen des Buches verfasste. Ulrich hat mir danach ein gemeinsames Abendessen versprochen, zu dem es nicht mehr kam. Ich bestehe darauf, dass wir das in der nächsten Welt nachholen.

Mit seinem Roman »Notre Dame«, der eigentlich »Sacré Cœur« heißen müsste, hat sich der Poet und Romancier Ulrich Schacht endgültig an die einsame Spitze der deutschen Gegenwartsliteratur geschrieben. Seine Sprache, die Kraft seiner Bilder, seine Kunst, Assoziationen und (auch längst vergessene) Gefühle in seinen Lesern zu wecken, ist derzeit unübertroffen.

Es ist ein Roman über die Liebe, die Schönheit des Lebens noch im kleinsten Detail, die Urgewalt von Kunst und Natur, aber auch über die Unvollkommenheit des Menschen, seines Geworfenseins in die Welt, wie es der Philosoph Heidegger nennt, sein Scheitern, oft an sich selbst und seine Bestimmung zum Tode.

»Schade, dass es nur dieses eine Leben gibt – ich bräuchte so nötig zwei: eines zum Lernen und eines zum Leben«, schreibt Rike, Schachts Protagonistin und die »Frau meines Lebens« seines Helden Torben Berg. Sie setzt hinzu, dass alle Menschen das bräuchten.

Wie wahr, aber jeder ist dazu verdammt, mit nur einem Versuch zurechtzukommen. Worauf es in diesem Versuch an-

133

kommt, darauf gibt Schacht eine radikal eindeutige Antwort: die Liebe. Nur wer die Kraft hat, lieben zu können, selbst wenn die Liebe scheitert, was wohl häufiger ist, als dass sie ewige Erfüllung findet, hat Aussicht auf Gelingen. Wer liebt, sieht die Welt schärfer, ist offen für ihre verschwenderische Schönheit. Schacht lässt seine Leser teilhaben an den täglichen Wundern, die Torben Berg in sich aufnimmt. Wer schon einmal in Paris gewesen ist, wird durch Schachts Beschreibungen an seine seligsten Momente erinnert, selbst wenn er sie längst vergessen zu haben glaubte. Wer nie auf dem Färöer-Archipel gewesen ist, wird nach der Lektüre des Romans das Bedürfnis haben, diese Inseln selbst zu sehen. Seit den »Wahlverwandtschaften« von Goethe hat es keine so anrührende, intensive Beschreibung des Menschen in der Landschaft gegeben.

Schacht, der etwa in dem Alter ist, in dem Philip Roth seinen »Menschlichen Makel« oder Louis Begley »About Schmidt« geschrieben hat, vermeidet den Fehler der beiden, die Affäre eines Mittsechzigers zu einer vierzig Jahre jüngeren Putzfrau oder Kellnerin zum ultimativen Liebeserlebnis zu verklären.

Sein Torben Berg ist 39 Jahre alt, als er unerwartet die Frau seines Lebens trifft, die sein bisheriges Dasein zerbröckeln lässt, wie den deutschen Arbeiter- und Bauernstaat zur Zeit des Romangeschehens. Dennoch ist es kein «Wenderoman«. Im Gegenteil: zwar wird immer mal wieder auf die Friedliche Revolution und ihre Folgen Bezug genommen, aber das spielt sich im Hintergrund ab, als Metapher für die Urgewalt, die Berg erfasst hat.

Rike lebt in Leipzig, er ist Redakteur einer damals sehr bedeutenden Zeitung. Unter dem Vorwand, über die Stasiaktenvernichtung, die zur Zeit des letzten Innenministers der Noch-DDR stattfand, recherchieren zu wollen, beantragt Berg zahlreiche Dienstreisen in die Messestadt, um Rike nahe zu sein. Er gewinnt sie, aber nur kurz. Der Höhepunkt ihrer Geschichte ist der Besuch des Paares von Sacré Cœur in Paris. In der Kirche hatte Berg »den einzigen Wunsch«: »Von dem Schutz zu erbitten, dem dieser Raum gehörte. Zugleich wusste er, dass dieser Wunsch an diesem Ort nur ein wahnwitziger Frevel sein konnte, hatte er doch vor über einem Jahrzehnt schon einmal den Segen über sich und eine Frau sprechen lassen, die immer noch seine Frau war. Doch hatte es selbst dieses Wissen nicht vermocht, ihn zur Besinnung zu bringen.«

Das konnte nur schiefgehen.

Während klar ist, was sie ihm bedeutet, ist unklar, was er für sie ist. Einerseits lockt sie ihn, gibt sich ihm leidenschaftlich hin, was, wieder im Gegensatz zu Roth oder Begley, zum Glück überwiegend nur angedeutet, statt dezent illustriert wird. Das verleiht dem Roman eine Eleganz, die an die Hochzeit der Romankultur erinnert. Doch nach der Illusion, eins geworden zu sein, verschwindet Rike oder stößt Berg weg.

»Mein Gott, ich weiß nicht, was ich will! Ich weiß nicht, was für einen Weg ich gehen kann. Ich weiß nicht, was mich glücklich machen könnte«, schreibt Rike an Berg, nachdem sie wieder einmal von ihm weg geflüchtet ist.

Was beweist, dass es nicht, wie bei Alessandro Manzoni, die Pest in Mailand oder der Raubritter sein muss, der den Liebenden von der Geliebten trennt. Nein, wenn die »Antifaschistischer Schutzwall« genannte Mauer weg ist, die so viele Liebenden trennte, sind es die inneren Dämonen, die sich als unüberwindliche Hindernisse herausstellen.

Am Ende muss Berg erkennen, dass er machtlos ist. Er könnte diese Liebe leben, Rike nicht. Sie ist die Gefangene ihrer diffusen Ängste. Warum sie sich nicht befreien kann, bleibt ein Rätsel. Am Schluss ist jeder auf sich zurückgeworfen. Es gibt kein Happy End, aber eine Geschichte, die weiter geht, Torben Bergs Geschichte.

Manzonis Roman »Die Verlobten«, so Goethe an Eckermann, hat »alles überflügelt, was wir in dieser Art kennen. Ich brauche Ihnen nichts weiter zu sagen, als dass das Innere alles, was aus der Seele des Dichters kommt, durchaus vollkommen ist, und daß das Äußere, alle Zeichnungen von Lokalitäten und dergleichen gegen die inneren Eigenschaften um kein Haar zurücksteht… Der Eindruck beim Lesen ist der Art, dass man immer von der Rührung in die Bewunderung fällt, und von der Bewunderung in die Rührung, so dass man von einer der beiden Wirkungen gar nicht herauskommt.«

Goethe, da bin ich sicher, hätte das auch über »Notre Dame« geschrieben. Das glauben Sie nicht? Lesen Sie selbst!

Christine Lieberknecht

Freiheit als politisches Vermächtnis

Angesichts der illustren Gästeschar, die sich für den 15. September 2018 zur Feier des 60. Geburtstages von Thomas Seidel in der Evangelischen Akademie Thüringen im Neudietendorfer Zinzendorfhaus, seiner ehemals langjährigen Wirkungsstätte, angekündigt hatte, freute ich mich auf ein Wiedersehen mit Ulrich Schacht. Wiederholt war ich ihm in meiner politisch aktiven Zeit mit dem Gefühl wechselseitiger Wertschätzung und des persönlichen Interesses am Denken und Tun des jeweils anderen begegnet. Doch statt des erhofften Wiedersehens sendeten wir unter Moderation des Jubilars beste Genesungswünsche an den krankheitsbedingt verhinderten Gratulanten in dessen schwedische Wahlheimat. Alle waren wir guter Hoffnung, dass es »nichts Ernstes« sei. Umso schockierender traf mich die Todesnachricht vom darauffolgenden Tag. Was für ein Verlust – menschlich, publizistisch, theologisch, politisch.

Mein Schlüsselerlebnis mit Ulrich Schacht führt mich mehr als zweieinhalb Jahrzehnte zurück; zurück zu unserer ersten persönlichen Begegnung im Frühjahr 1994. Gemeinsam mit Heimo Schwilk war Ulrich Schacht der Einladung des Kuratoriums Schloss Ettersburg e.V., in welchem ich als Vorsitzende und Thomas Seidel als Geschäftsführender Vorstand aktiv waren, zu den »Ettersburger Gesprächen« in den kleinen Erfurter Ortsteil Linderbach gefolgt. Klagen über Politikverdrossenheit und eine stetig wachsende Kluft zwischen Regierung und Regierten, gar das Wort vom »Ende der solidarischen Gesellschaft« veranlassten uns, im Gespräch mit Wissenschaftlern, Publizisten, Künstlern und Politikern nach der Stabilität unserer freiheitlich-demokratischen Grundordnung im wiedervereinten Deutschland zu fragen.

Heftig diskutierten die Teilnehmer über den gerade erschienenen Essayband des Publizisten und FAZ-Herausgebers Joachim Fest »Die schwierige Freiheit: über die offene Flanke der offenen Gesellschaft« und über die von Peter von Becker in der Süddeutschen Zeitung skizzierte Sinnkrise: »Inzwischen nun wächst ein Bewusstsein, dass in der permissiven Gesellschaft statt fideler Anarchie immer bloß ein verbissener, schamlos verbiesterter Hedonismus herrscht, und drumherum die Orientierungsirre, Verlustängste, Aggressivität, Selbstdestruktion.« Die Grande Dame vom Bodensee, Elisabeth Noelle-Neumann, kommentierte die vorgetragenen Debattenbeiträge mit zum Teil erstaunlichen demoskopischen Befunden ihres Allensbacher Instituts. In verblüffender Weise hatte sie festgestellt, dass junge Westdeutsche zum damaligen Zeitpunkt wesentlich sorgenvoller in die Zukunft schauten als junge Ostdeutsche. Nicht weniger überraschte sie zudem mit der Erkenntnis, dass 44% aller westdeutschen Befragten unter 30 Jahren äußerten, »nach allen diesen Ereignissen der letzten Jahre, Umstürze, Veränderungen […] die Welt nicht mehr [zu] verstehen.« Bei den gleichaltrigen ostdeutschen Befragten hingegen waren es nur 29%, die dieser Meinung zustimmten. Das war überraschend.

Mitten in der teils emotional und hitzig geführten Debatte wurde es auf einmal sehr grundsätzlich. Ulrich Schacht erinnerte an den Mythos des Sisyphos, wie ihn Albert Camus in seinem gleichnamigen berühmten Essay aus dem Jahr 1942 beschreibt. Niemand dürfe von einer geraden, ununterbrochenen aufwärtsstrebenden Erfolgslinie der gesellschaftlichen Entwicklung ausgehen, und schon gar keinen Anlass gäbe es für die These von Francis Fukuyama, der bereits das »Ende der Geschichte« als gekommen sah, insistierte Schacht bestimmend und messerscharf. Vielmehr verlange die Gestaltung der Menschheitsgeschichte nach einer Art Sisyphos-Geschehen, in dem – gemäß dem uralten griechischen Mythos – durch einen von den Göttern Verurteilten ein Stein auf einen Berg hinaufgerollt werden müsse, nur um im Moment des Ankommens auf der Spitze wieder hinabzurollen. Die Welt sei eben nicht das Paradies, sondern immer und immer wieder sei der Mensch in seiner Existenz zurückgeworfen »ins Absurd-Ausweglose«, wie Camus es benannte und Schacht nun zitierte, wenn es um das Leben des Menschen, seiner politischen Gemeinschaften und kulturellen wie religiösen Prägungen geht.

Damit hatte Ulrich Schacht für mich einen Nerv getroffen, der mir über die schiere Last der politischen Alltagsaufgaben zu Beginn der 1990er Jahre nahezu in Vergessenheit geraten war. Plötzlich erinnerte ich mich wieder an die endlosen Debatten unserer Jenaer Studentennächte in der DDR des Kalten Krieges der 1970er und 1980er Jahre über Albert Camus, Jean-Paul Sartre, russische Dissidenten wie Alexander Solschenizyn, die Literaten der polnischen Exilzeitschrift »Kultura« oder den ungarischen Schriftsteller György Konrad. Die Sehnsucht nach Freiheit war allgegenwärtig.

In einem späteren Textentwurf, den mir Ulrich Schacht schenkte, schrieb er: »Über die Freiheit reden heißt, die Unfreiheit mitzudenken. Denn die Unfreiheit […] ist die Folie, auf deren Hintergrund Freiheit erst zu der Sehnsucht wird, die sie nicht nur im jeweiligen historischen Geschehen antreibt, den Zustand der Unfreiheit […] in einem radikalen Akt aufzuheben – sie qualifiziert sie auch in einem grundsätzlichen Sinne: als ideellen und praktischen Ort des Menschen, an dem nichts Geringeres konstituiert und entfaltet wird als seine Würde.«

Doch bereits mit jener Wortmeldung aus dem Frühjahr 1994 hatte Ulrich Schacht auf unseren damals versuchten Beitrag »dem Gemeinwesen die Zukunft zu sichern«, so der Titel unserer Gespräche, die einzig mögliche Antwort gegeben; eine Antwort, die die aus dem nationalsozialistischen Deutschland vertriebene Philosophin Hannah Arendt mit den bekannten und zugleich denkbar kürzesten Worten zusammenfasste: »Der Sinn von Politik ist Freiheit.« Diese Überzeugung ist für mich seit nunmehr zweieinhalb Jahrzehnten mit dem Namen von Ulrich Schacht verbunden, mit seiner Klarheit, Geradlinigkeit, Streitbarkeit, beeindruckenden Souveränität und großzügigen Liebeswürdigkeit.

Andreas Lombard

Ulrich Fedotow

Der Familienname Fedotow hätte unserem Freund Ulrich Schacht gut gestanden, aber er hat ihn bekanntlich nie getragen. Ich weiß nicht einmal, ob er ihn hätte annehmen wollen, nachdem er an jenem Ostersonntag des Jahres 1999 zum ersten Mal seinen russischen Vater umarmt hat. Schacht war bereits 48 Jahre alt, sein Vater 73 Jahre. Lange hatte er nach ihm gesucht, mehr noch suchen lassen in den Moskauer Archiven, als das nach dem Zusammenbruch des Kommunismus endlich möglich war. Zu den Widerständen, die er dabei hatte überwinden müssen, zählte bei ihm selbst das eigentümliche Fehlen von Neugier und Sehnsucht, bei seiner Mutter die alte Angst vor neuer Verfolgung und bei seinem Vater die schlichte Weigerung, den unbekannten Sohn zu empfangen, ja ihn anzuerkennen – lauter »Totstellreflexe«, wie Schacht sie in seinem Vaterbegegnungsbuch mit dem Titel *Vereister Sommer* nannte, »Totstellreflexe als Überlebensstrategie«. Von den Eltern waren sie auf den Sohn übergegangen, der sich alles andere als totstellte und doch an jenem Ostersonntag erst zu seiner eigenen Ganzheit fand.

1950 hatten sie sich kennengelernt, im Tanzsaal des bis heute existierenden Gasthauses »Wendenkrug« (»Zägenkrog«) am Stadtrand von Wismar; die 1927 geborene Mutter, die bereits eine Tochter von einem anderen sowjetischen Soldaten hatte, und der 1925 geborene Leutnant Wladimir Jegorowitsch Fedotow. Wendelgard Schacht, von ihrem Geliebten »Christa« gerufen, war rasch in anderen Umständen. Die intime Beziehung zu einer Deutschen war dem sowjetischen Offizier verboten und hätte die beiden zur Flucht ins nahe Lübeck verführt, wenn nicht bereits der Versuch ein todeswürdiges Verbrechen gewesen wäre. Der Weg in die Sowjetunion war dem heiratswilligen

Paar trotz der deutsch-sowjetischen Freundschaftspropaganda verschlossen. Die von der Mutter vorgebrachte und vom Vater abgelehnte Fluchtidee wurde verraten, Wendelgard zu zehn Jahren »Besserungsarbeitslager« und Wladimir Jegorowitsch zu 25 Jahren Sibirien verurteilt. Allein die Schwangerschaft hat der Mutter möglicherweise die Todesstrafe erspart. Ulrich kam im Frauengefängnis Hoheneck zur Welt, aus dem die Mutter 1954 vorzeitig entlassen wurde. Das Kind, das ihr nach drei Monaten weggenommen wurde, konnte später im Familienkreis aus Mutter, Schwester und Großmutter aufwachsen, als lebensfrohes Zeugnis der faktischen Verbundenheit seiner für immer getrennten Eltern.

Am 4. April 1999 ging Schacht auf der abschüssigen, winterlich vereisten Dorfstraße der Datschensiedlung Schalikowo hundert Kilometer westlich von Moskau langsam jenem alten Mann entgegen, der, während er sich an einen rostigen Torpfosten lehnte, seinen ältesten Sohn erwartete, um ihn dankbar und gerührt in den Kreis seiner Familie aufzunehmen. Seine beiden anderen Söhne, Schachts jüngere Halbbrüder, hatten zuvor nach Kräften geholfen, den väterlichen Widerstand aufzuweichen. Schachts Gang durch den Schnee war nichts weniger als sein Lebensweg. *Vereister Sommer* handelt von der mythischen Dimension der Reise zum Vater, die den lebenslangen Mangel in eine plötzliche Fülle verwandelt. Es handelt vom Unfassbaren des eigenen Lebensglücks, das weit über alles hinausgeht, was es zu wissen und fühlen gibt. Was hatte das Schicksal den Eltern nicht alles abverlangt, aber auch ihrem Sohn, der in seinen ersten drei Lebensjahren von der Mutter getrennt und später selbst in der DDR inhaftiert wurde, bevor er 1976 nach Hamburg ausreisen durfte?

Als Ulrich Schacht mir, »dem anderen Vater-Finder«, 2011 sein Buch *Vereister Sommer* schickte, lag die erste Begegnung mit meinem Vater, dessen herzlich einwilligende E-Mail ich in der Osterwoche 2010 erhalten hatte, gerade erst ein Jahr zurück. Schacht und ich haben die gleiche Reise im gleichen Alter unternommen. Ich bilde mir ein, das Gefühl zu kennen, das er bei der Umarmung mit seinem Vater empfand, jenen Urstrom, der den ganzen Körper erfasst wie eine wärmende Infusion. Bei mir waren die Umstände ganz anders und doch gleich. Meine in Hamburg geborene Mutter lernte dort, im Studentenlokal »Zur Rose«, im Februar 1963 meinen Vater kennen und verbrachte ein paar Tage später intime Stunden mit dem französischen Germanistikstudenten, den sie seitdem, obwohl sie bald ein Kind von ihm erwartete, nie wiedergesehen hat. Wie Wendelgard und Wladimir haben Gudrun und Pierre sich geliebt, und allem Anschein nach waren auch bei ihrer gegenseitigen Anziehung verwandte seelische Erfahrungen aus der Zeit des Zweiten Weltkriegs im Spiel, obwohl deren Ursachen einer dauerhaften Verbindung zugleich entgegenstanden. Bei Schachts Eltern scheiterte sie am sowjetischen Besatzungsregime. Meine Eltern konnten sich nicht darüber hinwegsetzen, dass die Sphären ihrer Eltern unvereinbar aufeinanderprallten. Denn das letzte, was sich die jüdische, aus Ungarn stammende Mutter meines Vaters wünschte, die kurz vor dem Krieg in eine gute Pariser Familie eingeheiratet und den größten Teil ihrer Familie im Holocaust verloren hatte, war ein Enkelkind, dessen deutscher Großvater (was sie gar nicht wusste, aber offenbar ahnte) Mitglied der Waffen-SS und Kriegsteilnehmer gewesen war. Trotzdem glaube ich, dass die strenge Kommunistin, die meine Großmutter auch war, mich geliebt hätte, und das ist so viel wie: geliebt hat.

Anders als Schacht wusste ich immer, wie mein Vater hieß und wo er zu finden war. Seine Rufnummer stand im französischen Telefonbuch. Und doch brauchte ich auch ohne DDR und Eisernen Vorhang fast so lang wie Uli, um die verschiedenen Widerstände zu überwinden. Der unbekannte Vater – ein Joker, den es zu ziehen galt. Das Kind fügt zusammen, was zusammengehört. Auch getrennte Eltern sind in Gestalt ihrer Kinder zusammen und bleiben es über ihren Tod hinaus. Es gibt Engel aus Fleisch und Blut, die Schacht und mich allen widrigen Umständen zum Trotz gerettet haben. Bei Schacht war es der Gefängnisleiter »in der Uniform der Feinde Gottes«, der verhinderte, dass die strafwürdige Beschimpfung, mit der die Mutter gegen den Entzug ihre Babys protestierte, nicht verfolgt wurde; bei mir war es ein Hamburger Arzt, der den Abtreibungsimpuls meiner Mutter mit den schlichten Worten überwand, »Mädchen, du bist gesund. Du schaffst das schon.«

Die gefrorenen Lebensadern vereister Flüsse, die Schacht 1999 auf seinem Flug nach Moskau sah, sind kein Grund zum Rechten und Zürnen: »Es geht nicht um mögliche Lehren aus der Geschichte, deren Wirksamkeit man ohnehin bezweifeln darf«, schrieb ausgerechnet Uli, der zweifellos ein politischer Kämpfer war, »es geht um die wirklichen Stimmen, zu denen ein Mund gehört, ein Gesicht, ein Leben. Ein ganzer Mensch, ein unbestreitbares Schicksal.«

Erik Lommatzsch

Gewissen, Mut und Freiheit

»Die selbstbewusste Nation« hatte ein Sammler signierter Bücher
im Oktober 2017 mit einer Autogramm-Bitte vor Ulrich Schacht
gelegt, der anlässlich einer Lesung aus seinem Roman »Notre
Dame« in Leipzig zu Gast war. Schacht hielt jenes 1994 erschienene, viel diskutierte Werk, über das etwa der »Focus« urteilte, es
»erschüttert die deutsche Kulturlandschaft«, zunächst einem
ebenfalls anwesenden Redakteur der örtlichen »Volkszeitung«
anpreisend und mit raumfüllender Stimme entgegen. Ob der
Zeitungsmann, der das Buch mit spitzfingriger Berührung zur
Kenntnis nahm, von der Existenz des Werkes wirklich gerade
erst erfahren hatte, blieb offen. Vor seine Unterschrift auf dem
Titelblatt setzte Schacht den Satz: »Der Sieg ist unvermeidbar!«
Kämpferisch. Und vor allem immer noch zuversichtlich. Obwohl er doch die Erfahrung über die Jahre gemacht hatte, dass
Gewünschtes und Erhofftes weit davon entfernt blieb, in Erfül-
lung gegangen zu sein.

Davon zeugt – wie anderes auch – der 1992 veröffentlichte
Band »Gewissen ist Macht«.[1] Vereint ist hier eine Reihe von Essays, Artikeln und Reden, die Schacht im Jahrzehnt vor sowie im
Umfeld des Umbruchs und der deutschen Wiedervereinigung
1989/90 verfasst hat. Weder aus damaliger noch aus heutiger
Sicht handelt es sich dabei »nur« um ein zeithistorisches Dokument. Vieles von dem Aufgezeigten – der Weg zur »Selbstbewussten Nation« ist schon deutlich erkennbar – klagt an, mahnt,
benennt Desiderate und Bilder, für die sich bis heute Parallelen
und Entsprechungen finden. Zum Zeitpunkt des Erscheinens

---

[1]   Ulrich Schacht, *Gewissen ist Macht. Notwendige Reden, Essays, Kritiken zur Lite-*
ratur und Politik in Deutschland, München/Zürich 1992.

der Sammlung dürfte Schacht nicht mit der über die Jahrzehnte permanenten Aktualität seiner pointiert vorgetragenen Postulate gerechnet haben. Einiges vom Gesagten ist ohnehin zeitlos. So die resignierte und hier bei weitem nicht erstmals gemachte Feststellung, Opportunismus sei »ein anthropologisches und kein parteipolitisches Phänomen«. Nicht selten gibt es zu Beherzigendes: »Mut […] kann erst entstehen, wenn der Kopf angstfrei ist und umgekehrt.« In diesem Sinne findet sich auch die schöne Wortschöpfung »Schubladen-Mut«. Ein Beispiel dafür ist für Schacht Christa Wolf, die die 1979 geschriebene Erzählung über ihre Überwachung durch die Staatssicherheit erst Ende 1989 veröffentlichte.

Wollte man die »gewissen-hafte« – um in der Diktion des Autors zu bleiben – Sammlung auf einen zentralen Aspekt reduzieren, so wäre dies neben dem Charakterzug »Mut« der Begriff der »Freiheit«. Immer wieder betont Schacht die Bedeutung der selbst erlebten Freiheit im Kontrast zur zuvor erlebten Unfreiheit. In einem autobiographischen Essay von 1984 schreibt er über seine Verurteilung im November 1973: »Aber was sich mir im Gerichtssaal eines völlig illegitimen Gerichts als Groteske darstellte, war in Wirklichkeit nichts anderes als der wutverzerrte Ausdruck eines Regimes, das in jedem Einzelfall von bewusst geübtem Widerstand gegen seinen rigorosen Machtanspruch in panischen Schrecken gerät.« Im Wissen um diese sichtbare Wahrheit habe er, Schacht, »[…] das Heiter-Sein dessen, der die Macht des Gewissens spürte«, empfunden. Des Gewissens, das ihm Richtschnur des eigenen Handels gewesen war, welches das Urteil unter anderem aufgrund »staatsfeindlicher Hetze« zur Folge hatte.

In dem vollständig abgedruckten Wortlaut der DDR-Justiz findet sich der Satz: »Als Mittel seiner subversiven Tätigkeit benutzte er insbesondere seine Befähigung zum Verfassen von Gedichten, von Erzählungen und von anderen Schriften.« Wäre da nicht die lange Haftstrafe gewesen, hätte diese amtliche Feststellung des Talents des 22jährigen beinahe anekdotisch-komischen Charakter.

In mehreren Beiträgen des Bandes beklagt Schacht die Geringschätzung der Verfasstheit (und der Verfassung) in der »alten« Bundesrepublik. Für ihn ist es die »zweite deutsche Demokratie«, die unter Verkennung oder bewusster Missachtung ihrer Freiheitspotenziale vor allem von links verächtlich gemacht und bekämpft wurde. Ein Phänomen, das sich nach der deutschen Einheit fortsetzte. Positive Bezüge, eine politische Kultur, die den Wert des eigenen deutschen demokratischen Systems auch spürbar machen würden, fehlen. Immer noch.

Schacht betont den totalitären Charakter der DDR wie auch der Regierungsformen in den anderen Ostblockstaaten. In einem 1982 erstmals publizierten Text heißt es, es sei »traurige Tatsache, dass die DDR – und jetzt meine ich das konkrete politische System und seine Herrschaftsprinzipien – lediglich die Fortsetzung des nationalsozialistischen Regimes mit *anderen* Mitteln ist. Die Totalitarismus-Theorie ist für mich jedenfalls keine Frage politikwissenschaftlicher Moden, sondern das eher nüchtern erkannte Ergebnis realer Erfahrungen, die seit Jahrzehnten gemacht werden und die ich mit unzähligen Menschen teile – eingeschlossen die, die nicht überlebt haben.«

Der von der Bundesrepublik betriebenen Politik der »Entspannung« unter Vorschiebung des höherzusetzenden Wertes des »Friedens« – einem »säkularen Heils-Begriff« – wirft er vor, die totalitären Systeme damit gestützt und in ihrer Dauer verlängert zu haben. Bis heute herrscht in den einschlägigen Geschichtswerken das gegenteilige Bild vor, die Erfolgsgeschichte der Bonner Politik mit ihrem propagierten Ziel eines »Wandels durch Annäherung«. SPD-Denker und -Granden wie Egon Bahr oder Günter Gaus finden wenig Gnade bei Schacht. Und auch nicht die bundesrepublikanisch-sozialdemokratische Legende schlechthin: Die »beginnende Freundschaft zwischen Brandt und Breschnew, dem Vernichter des Prager Frühlings und Schöpfer des Afghanistan-Krieges, ist ein weiterer Hinweis auf die – mindestens psychologische – Inkompetenz des Ostpolitikers Brandt«, schreibt er 1988. In einem im Folgejahr veröffentlichten Text über die Vorgänge in Polen nimmt Schacht betont den Hinweis von Adam Michnik auf, »wie sehr diese polnische Opposition es als einen Schlag gegen sich empfunden hat, dass der ehemalige SPD-Vorsitzende Brandt bei seinem Besuch im Polen des Kriegsrechts dem Arbeiter- und Oppositionsführer Walesa aus dem Weg ging.«

Ein »intellektueller Tiefpunkt«, welcher »den radikalen Verlust von Freiheits-Bewusstsein und national-emanzipatorischer Orientierungsfähigkeit in den Köpfen der herrschenden politischen Eliten im Westdeutschland der siebziger und achtziger Jahre auf exemplarische Weise markiert«, ist für Schacht die Rede Walter Scheels, damals bereits Bundespräsident a.D., anlässlich des Aufstandes vom 17. Juni 1953 im Jahr 1986. Das eigentliche Thema wurde zugunsten von »Tschernobyl« quasi außen vor gelassen, der status quo, die Teilung, als gegeben akzeptiert.

Der Band enthält nicht nur »Streitbares« und »Zorniges« – unter derartigen Überschriften sind jeweils einige der Artikel zusammengefasst – oder Politisches und Lebensgeschichtliches. Zeitgenössisch-Literarisches erfährt ebenfalls kritische Würdigung. Getreu einem Credo Schachts, der bei späteren Veranstaltungen nicht nur seine Bücher zu bewerben wusste, sondern auch mit tiefem Bassbariton durch den Saal tönen – ja, brüllen – konnte: »Kultur ist Differenz!«

Klaus-Rüdiger Mai

»Die selbstbewusste Nation«
als Erinnerung und als Aufgabe

Sich nach über fünfundzwanzig Jahren wieder mit dem im September 1994 von Ulrich Schacht und Heimo Schwilk herausgegebenen Sammelband »Die selbstbewusste Nation« zu beschäftigen, sorgt für eine handfeste Überraschung, weil deutlich wird, wie aktuell, wie wenig veraltet dieses Dokument einer letztlich verhinderten Debatte ist. Die Frage nach der deutschen Nation geistert als Untoter durch die politische Landschaft der Bundesrepublik und treibt viele Linke und Linksliberale zu phantastischen Exorzismen, denn die Nation begreifen sie in der Art von Inquisitoren und Hexenjägern als teuflische Angelegenheit. Wäre man nicht betroffen, das alles mit Blick auf die Zukunft nicht so ernst und fände man überdies auch noch ein Gefallen daran, sich dem Zynismus zu ergeben, würde es ein Amüsement bereiten, die neuen Exorzisten bei ihren heidnischen Ritualen zu beobachten. Aktuell ist der Band aber auch deshalb, weil seit den Tagen des Erscheinens der »Selbstbewussten Nation« und des Engagements der Herausgeber die deutschen Zustände fünftklassig und in ihrer Erbärmlichkeit auch noch flächendeckend geworden sind.

Blickt man zurück auf die Neunzigerjahre wird deutlich, wie sehr der Schock der deutschen Wiedervereinigung den Linken und den Linksliberalen im Nacken saß. Seit Anfang der 90er Jahre unternehmen sie alles, um den Glauben an die Verschwörungstheorie vom Rechtsruck als zentrales Glaubensbekenntnis der Bundesrepublik durchzusetzen und alle nicht linken und nicht linksliberalen, heißt, alle Kräfte der Mitte, die Liberalen, die Konservativen und die Konservativliberalen zu marginalisieren und zu demoralisieren. Die von Werner J. Patzelt konstatierte

Repräsentationslücke klafft nicht nur im Politischen, sondern auch im medialen und kulturellen Bereich. Der Vergleich mit der DDR hinkt womöglich, weil die Verhältnisse noch stickiger, noch spießiger zu werden scheinen. Realität jedoch lässt sich nicht weg senden, nicht weg ideologisieren und die Folgen von Politik sind niemals allein die erhofften.

Wie alle notwendigen, aber verdrängten Debatten wird auch diese damals von Schacht und Schwilk angestoßene Diskussion zurückkehren, denn man wird die Friedliche Revolution als eine unvollendete begreifen müssen, zumal auf die Ostdeutschen die Einschätzung des jungen Karl Marx passt: »Wir [...] befanden uns immer nur einmal in der Gesellschaft der Freiheit, am *Tag ihrer* Beerdigung.«[1] Es hat den Anschein, nachdem die Ostdeutschen Einigkeit und Recht und Freiheit erkämpft und dafür im Prozess der Wiedervereinigung teils große persönliche Opfer erbracht hatten, sie sich in einem Staatswesen wiederfanden, dessen libertäre Freudlosigkeit wieder in eine repressive Gesellschaft trudeln könnte, die sie doch gerade hinter sich gelassen hatten. Und noch einmal ließe sich in diesem Zusammenhang an Karl Marx denken: »Das jetzige deutsche Regime dagegen, ein Anachronismus, ein flagranter Widerspruch gegen allgemein anerkannte Axiome, die zur Weltschau ausgestellte Nichtigkeit des ancien régime, bildet sich nur noch ein, an sich selbst zu glauben, und verlangt von der Welt dieselbe Einbildung ... Das moderne ancien régime ist nur mehr als der Komödiant einer Weltordnung, deren *wirkliche Helden* gestorben sind.«[2]

War in den achtziger Jahren für die Westdeutschen die Geschichte beendet und hatten in der Bundesrepublik die Linken und Linksliberalen gesiegt, bauten sie mit vollkommener Rücksichtslosigkeit ihre Herrschaft in Politik, Medien, Kultur und Bildung aus, eine Rücksichtslosigkeit, die sie im Historikerstreit

1 Karl Marx, *Zur Kritik der Hegelschen Rechtsphilosophie. Einleitung*, in: Marx, Engels: *Ausgewählte Werke*, Band 1, Berlin 1989, 11.

2 A. a. O., 13.

in den achtziger Jahren erstmalig demonstrierten. Für sie war die deutsche Frage ein für allemal entschieden. Dementsprechend erwischte das westdeutsche juste milieu die Friedliche Revolution und dann die Wiedervereinigung auf dem falschen Fuß. Sie verziehen es den Ostdeutschen nicht, dass sie ihre metaphysische Rückversicherung, ihr »Reich nicht von dieser Welt«, jenseits der Mauer, dass sie sozusagen aus sicherer Distanz für das bessere Deutschland hielten, einfach beiseite räumten. Dementsprechend zog Schwilk im Epilog des Sammelbandes das zutreffende Fazit: »Die Verschärfung des Meinungsklimas seit 1989 stand und steht im Zeichen einer Rückeroberung von Diskursherrschaft, die sie, die Linke, seit dem Zusammenbruch ihrer Illusionen zunehmend verkrampfter betreibt.«[3] Für das sich selbst »fortschrittlich« definierende linke Milieu, stellten Revolution und Wiedervereinigung geradezu einen historischen Irrweg dar – und wurden ihm zum Trauma. Oder in Schwilks Worten: »Ihnen musste die Wiedererlangung der nationalen Souveränität als narzisstische Kränkung erscheinen.«[4] Die forcierte Europapolitik, hin auf einen europäischen Zentralstaat, den man am Souverän vorbei fiskalpolitisch über die Schaffung einer Einheitswährung zu erzwingen gedenkt, erklärt sich aus diesem Trauma, das unerwünscht wiedervereinigte Deutschland so schnell als möglich loszuwerden, in dem man die nationale Souveränität in den Vereinigten Staaten von Europa auflöst, möglichst in Schritten, die niemandem auffallen.

Jürgen Trittin publizierte 1993 die Klassenkampfschrift »Gefahr aus der Mitte. Die Republik rückt nach rechts«, in dem er die Verschwörungstheorie vom Rechtsruck unter das linksliberale Medienvolk brachte. Der CDU-Mann Friedbert Pflüger ging 1994 mit seinem Text in die gleiche Richtung: »Deutschland driftet.

---

3   Ulrich Schacht, Heimo Schwilk (Hg.), *Die selbstbewusste Nation. Anschwellender Bocksgesang und weitere Beiträge zu einer deutschen Debatte*, 3. Erweiterte Auflage Februar 1995, 465.

4   Ebd.

Die Konservative Revolution entdeckt ihre Kinder«. Wie Trittin sorgte er sich darum, dass die Mitte nach rechts rücke. Letztlich plädierte er sogar für die Verharmlosung der Verbrechen des Kommunismus. Bibliothekenfüllend folgten und folgen seitdem immer abenteuerlichere Studien und Bücher über den vermeintlichen Rechtsruck.

Das war das politische Umfeld, in dem 1993 im SPIEGEL der Essay »Anschwellender Bocksgesang« von Botho Strauß erschien und einen Sturm der Entrüstung auslöste. Ein renommierter Autor wagte es, die linke Hegemonie in ihrer Geistlosigkeit zu attackieren: »Es mag in Osteuropa geschehen, was will, bei uns ist links nach wie vor dort, wo sich die kulturelle Mehrheit befindet.«[5] In der Nachschrift von 1994 prophezeite Strauß: »Es droht von den Linken keinerlei geistige Anregung mehr; sie wird sich allenfalls beteiligen an der Organisation des gesellschaftlichen Zerfalls in Form der politischen Korrektheit.«[6] Der Schriftsteller entwarf ein Bild des Rechten, der eben nichts mit den Rechtsextremen oder Rechtsradikalen zu tun hat. Für Strauß ist der Rechte kein Utopist und kein Heilsbringer wie der Linke, sondern ein Fortführer, der den »Wiederanschluss an die lange Zeit« sucht, denn »der Rechte in solchem Sinn ist vom Neonazi so weit entfernt wie der Fußballfreund vom Hooligan…«.[7] Straußens Rechter steht gegen das »Regime der telekratischen Öffentlichkeit«, das für ihn »die unblutigste Gewaltherrschaft und zugleich der umfassendste Totalitarismus der Geschichte« ist. Dieses Regime »braucht keine Köpfe rollen zu lassen, es macht sie überflüssig. Es kennt keinen Untertanen und keine Feinde. Es kennt nur Mitwirkende, Systemkonforme.«[8]

---

5   Botho Strauß, *Anschwellender Bocksgesang*, in: Schacht, Schwilk (Hg.), *Die selbstbewusste Nation*, a.a.O., 25.

6   Botho Strauß, *Postscriptum 1994*, in ders.: *Die Expedition zu den Wächtern und Sprengmeistern. Kritische Prosa*, Hamburg 2020, 245.

7   Strauß, *Anschwellender Bocksgesang*, in: Schacht, Schwilk (Hg.), *Die selbstbewusste Nation*, a.a.O., 25.

8   A.a.O., 31.

Der Essay von Botho Strauß und die heftige Reaktion darauf führte den beiden Redakteuren der »Welt am Sonntag«, Ulrich Schacht und Heimo Schwilk, vor Augen, dass hier eine Debatte über die künftige Verfasstheit und Gestalt des wiedervereinten Deutschlands nicht verdrängt, sondern geführt werden muss, weil man Deutschland nicht denen überlassen darf, die nichts damit anzufangen wissen. In einem Text zum Tod Ulrich Schachts erinnerte sich Schwilk: »Als wir im Frühjahr 1994 die Komposition zu dem Sammelband ›Die selbstbewusste Nation‹ erarbeiteten, fand dies im Keller von Ulrichs Wohnung in Hamburg statt. Ich denke, ein neutraler Zuhörer im Parterre hätte meinen können, hier würden Herrenwitze gemacht oder eine Satire verfasst. Wir malten uns die Gesichter unserer politischen Gegner aus, das Erdbeben, das dieses gegen den Mainstream geschriebene Buch auslösen würde. Als es dann im Herbst 1995 genauso kam, stand allerdings auch unsere Existenz als Redakteure der ›Welt am Sonntag‹ auf dem Spiel. Doch das Lachen ist uns nicht vergangen, dazu waren die Reaktionen von der ›taz‹ über die ›Süddeutsche‹ bis zum ›Spiegel‹ viel zu lächerlich. Die Schreiber konnten es nicht fassen, dass sich hier eine intellektuelle Fronde zu bilden begann, die nicht mehr ins vertraute Links-rechts-Schema passte.«[9]

Ausgehend von den »Anschwellenden Bocksgesängen« versammelten Schwilk und Schacht siebenundzwanzig doch sehr unterschiedliche Autoren, zu denen Brigitte Seebacher-Brandt, Klaus Rainer Röhl, Michael Wolffsohn, Ernst Nolte und Rainer Zittelmann gehörten. Schacht und Schwilk ging es um die Normalisierung und Anerkennung der Lage, wie sie durch die Friedliche Revolution und die Wiedervereinigung entstanden ist. Dass es zahlreichen Linksintellektuellen gelang, Deutschlands Neuorientierung zu verdrängen, markiert den Anfang des Marsches in die Irrealität, in der sich das Land inzwischen befindet,

---

9 https://www.tumult-magazine.net/post/heimo-schwilk-zum-tod-von-ulrich-schacht, aufgerufen am 16.11.2020.

anders ausgedrückt: der lange Marsch durch die Institutionen endet in der Unwirklichkeit.

Unter den Kapitelüberschriften: »Identität«, »Konflikt«, »Interesse«, »Widerstand« und »Einheit« wurde über Herkunft und Traditionen des modernen Deutschlands, über Verortung, über Schuld und Zukunftszugewandtheit, über den Rechts-Links-Konflikt, über Nationalstaat und Multikultur, über Feminismus und Apartheid, über die Vorläufer von Genderismus und Identitätspolitik also, über Macht und Moral, Individuum und Gesellschaft, über Selbstbewusstsein und Verantwortung, über Unheilsgeschichte, neue deutsche Identität und über den schwierigen Aufbau eines vereinten Deutschlands debattiert. Schacht und Schwilk gingen von der Überlegung aus, dass die deutsche Nation nur dann eine gedeihliche Zukunft hat, wenn sie sich ihrer selbst bewusst wird. »Das deutsche Selbstvertrauen aber ist gebrochen. Dafür gibt es bösen Grund. Jedes Nachdenken über deutsche Identität muss sich dieses bösen Grundes [...] bewusst sein.«[10] Gerade deshalb sahen es die Herausgeber als wichtig an, dass sich ein Selbstbewusstsein bildet, das »sich nicht gegen andere« formiert, sondern »sich auf sich selbst hin« formt.[11]

Wie Recht sie damit hatten, lässt sich unschwer an der neuen deutschen Moralgroßmannssucht besichtigen, an dem neuen deutschen Moralwesen, an dem die Welt genesen soll! Man schaue sich diese Moralüberheblichkeit, diesen deutschen Moralnationalismus an, der sich in den Medien breitgemacht hat und erbarmungslos über andere in der Welt richtet, die nicht den deutschen Vorstellungen folgen. Früher trug Deutschland zur europäischen Verständigung bei und sah sich als Anwalt der mittel- und osteuropäischen Demokratien, heute tritt Deutschland als deren Ankläger auf. Ein Nationalismus trumpft wieder arrogant auf, dessen Lebenslüge darin besteht, zu glauben, nicht nationalistisch zu sein.

---

10 Schacht, Schwilk (Hg.), *Die selbstbewusste Nation*, a.a.O., 11.
11 Ebd.

Weniges ist von dem, was in dem Buch geäußert wurde, heute überholt, vieles noch immer aktuell. Die Pointe aus heutiger Sicht lautet, dass die Linken und Linksliberalen, die unter ihrer Kanzlerin Merkel längst die Macht übernommen haben, nun zum Objekt ihrer eigenen Kritik werden. Freilich versuchen sie mit einer Dialektik, die längst unter dem Druck der Realität und des intellektuellen Unvermögens nur mehr als Sophistik stattfindet, dem staunenden Beobachter das Kunststück vorzumachen, zugleich Regierung und mutige Opposition zu sein. Doch der schimmernde Firnis beginnt zu reißen.

Ernst Nolte hat in seinem Text hervorgehoben: »Was die Rechte ist, lässt sich nur durch die Kennzeichnung der Linken bestimmen, auf welche sie reagiert, und die Linke muss auf die ›Verhältnisse‹ – oder die gesellschaftliche Struktur – bezogen werden, die sie kritisiert, angreift oder umzustürzen sucht.«[12] In diesem Text traf Nolte wahrscheinlich den Nagel noch kräftiger auf den Kopf, als er selbst dachte. Inzwischen wird umstandslos alles als »rechts« denunziert, weil rechts mit rechtsextrem und rechtsextrem als unmenschliche Normabweichung betrachtet wird.

Im Sammelband äußerte Ulrich Schacht die hellsichtige Beobachtung: »Rechts und links sind Stand-Punkte, auf die sich nur noch berufen kann, wer ein schlechtes Gedächtnis hat. Die Voraussetzung eines schlechten Gedächtnisses ist ein gutes Gewissen. Das gute Gewissen, sagt Bloch, ist eine Erfindung des Teufels.«[13]

Ulrich Schacht und Heimo Schwilk haben einen Kampf begonnen, der damals nicht zu gewinnen war. Wählt man als Gleichnis die Geschichte der Reformation, dann standen die beiden Herausgeber im Jahr 1415. Wann das Jahr 1517 anbrechen wird, weiß zur Stunde niemand. Dass es anbrechen wird, ist gewiss. Wir gehen davon aus, dass zwischen beiden Ereignissen keine einhundert Jahre mehr liegen werden.

---

12 A. a. O., 145.

13 A. a. O., 57 f.

Helmut Matthies

Ulrich Schacht – Mein Glaubensheld

Ulrich Schacht lernte ich erst spät, dafür aber höchst eindrücklich kennen:

Im September 1999 vor dem einstigen Frauengefängnis Hoheneck bei Stollberg im Erzgebirge. Ausgerechnet dort wurde er 1951 als Kind einer politischen Gefangenen geboren.

Ich hatte den von mir längst bewunderten Schriftsteller eingeladen, an einer Reise zum Thema »Christen in Haft« durch die ehemalige DDR teilzunehmen.

Über das Schicksal von Christen in der nationalsozialistischen Diktatur ist viel bekannt, nicht aber über das Ergehen von ihnen, wenn sie im roten Sozialismus eingekerkert waren. Deshalb sollten einmal zehn von ihnen an ihren einstigen Haftorten zu Wort kommen. Verantwortlich war die Evangelische Nachrichtenagentur »idea«. Wir orderten einen Bus und fuhren etwa fünf einstige Zuchthäuser an – einschließlich der Gedenkstätte Berlin-Hohenschönhausen. Mit dabei sind eine Handvoll Journalisten und ein Fernsehteam des MDR gewesen. Dessen damaliger Direktor, Henning Röhl (Leipzig), war sofort bereit, das Anliegen der Reise zu unterstützen. Mein Ziel war nicht nur über das Unrecht an Christen in der zweiten Diktatur in Deutschland im 20. Jahrhundert zu informieren. Ich wollte von einst Inhaftierten auch erfahren, ob und wie sie Gott im Leid erlebt haben.

Und da stand nun Ulrich Schacht 48 Jahre nach seiner Geburt vor der grauen, abgebröckelten Fassade des riesigen Zuchthauses Hoheneck. Er erzählte, wie dankbar er besonders seiner Großmutter und einer Freundin seiner Mutter sei, die sich um ihn kümmerten, nachdem man ihn drei Monate nach seiner Geburt ohne Wissen seiner Mutter einfach aus dem Zuchthaus entfernt hatte. Schacht wörtlich: »Aufgrund meiner Biografie hatte das Regime dadurch bei mir keine Chance mehr. Ich war ein Privilegierter, was das Wissen anbetraf. Alle Staatspropaganda über sozialistische Werte konnten mir angesichts des Schicksals meiner Eltern nur als dummdreiste Lügen erscheinen.«

Seine später erlebte Haftzeit in einem der schlimmsten Zuchthäuser für Gewissensgefangene – in Brandenburg an der Havel – hat er, wie er betonte – nur aufgrund der Hoffnung überstanden, die ihm der Glaube an Christus gab.

Zu seiner Inhaftierung war es gekommen, nachdem er als evangelischer Theologiestudent Anfang der 70er Jahre versucht hatte, eine Arbeitsgemeinschaft »Kritische Gemeinde« zu gründen. Er gab ein illegales Blatt heraus, auf dem unter anderem Texte des regimekritischen Liedermachers Wolf Biermann zu lesen waren.

Im März 1973 holte ihn die Stasi aus seiner Wohnung in Wismar, im November wurde er zu sieben Jahren Freiheitsentzug verurteilt. Über die tatsächlich dann dreieinhalb Jahre Haft (die Bundesregierung kaufte ihn 1976 frei) äußerte er auf unserer Reise: »Wenn ich in der Arrestzelle auf dem steinernen Bett mit dem harten ›Kissen‹ aus Zement nicht schlafen konnte, dachte ich an meine Mutter, die unter viel schlimmeren Bedingungen inhaftiert gewesen war und die Kraft zum Durchhalten aus ihrem christlichen Glauben schöpfte«.

Schacht berichtete auch, dass der damalige mecklenburgische Landesbischof Heinrich Radtke nach seiner Inhaftierung sofort mit seiner Mutter in Verbindung trat und ihr Unterstützung zusicherte. Ein befreundeter Pfarrer hätte Sonntag für Sonntag sogar öffentlich für seine Freilassung gebetet.

Schacht litt besonders in den letzten Jahren sehr unter den politischen, gesellschaftlichen und kirchlichen Entwicklungen in Deutschland. »Man hat aus den Diktaturen nichts gelernt, so dass eine neue droht«, konnte er manchmal verbittert feststellen. Umso mehr freute ihn, als er hörte, dass ein Verein wider das Vergessen ins Leben gerufen werden sollte. Sofort erklärte er sich dazu bereit mitzumachen. Am 2. Juli 2018 reiste er eigens aus Schweden zur Gründungsversammlung in der Kirchenge-meinde von Pfarrer Steffen Reiche in Berlin-Nikolassee an. So wurde der Verein »Glaube, Mut und Freiheit – in der DDR und danach« auch zu seinem Werk. Dass sein alter Freund und Weg-gefährte, Joachim Gauck (Gast bei seiner Hochzeit), ein Jahr spä-ter den Verein förderte und öffentlich lobte, hätte ihn sehr ermu-tigt, erlebte er aber leider nicht mehr.

Bei dem Gründungstreffen plante ich mit Ulrich Schacht – inzwischen sind wir längst Freunde gewesen – für November 2018 einen Vortragsabend über seine Haftzeit in Brandenburg an der Havel, wo ich auch wohne. Denn in der Stadt gibt es viel Ge-denken an die nationalsozialistische Diktatur, aber kaum an die der SED.

Details wollten wir beim 60. Geburtstag von Thomas Seidel am 15. September in Neudietendorf besprechen. Ich hatte mich schon auf das Wiedersehen gefreut. Da kam mitten in die Feier hinein die Nachricht, dass er schwer erkrankt sei. Einen Tag spä-ter war er schon bei seinem Vater im Himmel. Er ist und bleibt mit seinem Scharfsinn, seiner Suche nach Gerechtigkeit und sei-nem Glauben an Christus und dem ihm dadurch möglichen Mut ein großes Vorbild für mich.

Uwe Müntz

Dem Herrn der Möwen

Träume gehen nicht verloren. Wir verlegen sie nur. Oder sie ver-
kleiden oder verstecken sich, wollen wiederentdeckt werden. Wie
entlegene Inseln.

Unser Boot gleitet in das ruhige Wasser der geschützten Bucht
des kleinen Fischerhafens, dessen betongraue Funktionalität
haushohe Wälle grellbunter Fischkisten schmücken. In der irri-
gen Erwartung heimkehrender Fischerboote und damit üppiger
und vor allem mühelos zu ergatternder Leckerbissen folgen uns
Scharen aufgeschreckter Möwen und beziehen enttäuscht kra-
keelend hinter uns wieder ihre Lauerstellungen auf dem nacht-
blauen Wellengekräusel. Andere Kreise stört unser Erscheinen
hier nicht. In unsere aufgeregte Freude über die Verwirklichung
unseres Vorhabens, die Erfüllung eines stetig gewachsenen Trau-
mes, mischt sich plötzlich eine leichte Beklommenheit. Der einsame Fischer am Verladekran schüttelt fast unmerklich den Kopf
und ringt sich zu einem fragenden Lächeln durch.

Welche Gründe treiben Menschen wohl durch die kalten
Wasser des Nordatlantik auf dieses karge, ruppige Inselchen?
Nördlich von Island, durchschnitten vom Nordpolarkreis? Was
glaubt man hier suchen zu müssen oder finden zu wollen? Auf
dieser fünf Quadratkilometer großen baumlosen Erhebung, die
sich wie ein Postament mit Schlagseite schräg aus dem arktischen Wasser stemmt? In diesem Paradies der Seevögel, welches,
frei jeglicher Lieblichkeit, lediglich einem zähen Wiesenteppich
und weniger als hundert Menschenseelen Halt bietet?

Entlang des einzigen asphaltierten Straßenabschnittes versucht es ein Dutzend Häuser mit Aufstellung in Reih und Glied.
Ansonsten verteilen sich die wenigen Gebäude wie zufällig über

das spröde Eiland gewürfelt. Neugierig streifen wir durch dotter-gelb gesprenkelte Löwenzahnwiesen zum trutzigen Leuchtturm an der Südküste. Humorlose Küstenseeschwalben fliegen unter einschüchterndem Geschrei Sturzflugangriffe auf unsere Köpfe, uns Vogelfreunde nicht von einheimischen Eierdieben unter-scheidend. Das weiße Kirchlein, einst aus Treibholz erbaut, steht außerhalb dessen, was man ein Dorf nennen würde, im freien Gelände, gleich einer Schutzhütte in unwirtlicher Gegend. Die auffällig weiße Einfriedung des kargen Gottesackers scheint die wenigen schlichten Grabstätten in stürmischen Zeiten beisam-men halten zu wollen. Die Tür zum Kirchenschiffchen ist offen. Der Raum ist hell, einladend und von aufgeräumter Nüchtern-heit. Erleichtert stellen wir fest, dass die wenigen Fliegen an den Kirchenfenstern sich ganz unauffällig verhalten, wie Fliegen im Sommer, an den warmen Innenseiten der Fensterscheiben.

Auch der Weg hügelab, weiter zum kantigen, auffallend orange gestrichenen Leuchtturm ist frei, wie von den harschen Böen der Nordwinde sorgsam gebürstet.

Auf der Leeseite des Turmes rasten wir, gönnen uns eine Windpause. So wollten wir es, lesen aus gegebenem Anlass ein paar Zeilen der leisen Grimsey-Novelle. Ja, wir mussten uns ge-nau hier wieder treffen. Vor ein paar Jahren sickerten deine Wor-te in unsere vagen Gedanken, bezogen Platz in unseren Plänen, hinterließen Spuren, gaben verschwommenen Bildern Kontu-ren und skizzierten neue Fragezeichen. Genau das wollten wir, ebenfalls in der Überzeugung, dass die Antworten im klaren Norden liegen. Womöglich bildet der Umstand des besonderen Ortes die notwendige Zutat, oder gar Bedingung, um in Verbin-dung mit dem entsprechenden Zeitpunkt das Finden der ge-suchten Antworten möglich zu machen? Orte, deren Sonder-barkeit und scheinbare Lebensfeindlichkeit Fragen zulassen, die wir sonst übersehen oder denen wir zu gern ausweichen? Orte, geprägt durch die Herrschaft von wilden Wassern und Stürmen, langen dunklen Monaten und der unbegreifbaren Mitternachts-sonne, die uns dulden, wenn wir uns fügen und ihre Regeln erkennen und befolgen? Diese kühle Reduktion und Schnörkellosigkeit, eingebettet in vermeintliche Stille und Einsamkeit. Ermöglicht sie uns, Besinnung und Andacht zu finden? Sind es Orte, an denen man nicht verhindern kann, anderen Wirklichkeiten oder letztendlich sich selbst näher zu kommen? Es geht nicht allein um die Leidenschaft des Sammelns einsamer Inseln. Da haben liebliche Gegenden in warmen Zonen mehr zu bieten. Lange Tage und Nächte auf den Meeren bilden den Rahmen, ebnen den Weg hierher. Doch die Unausweichlichkeit von Positionsbestimmungen ist an solch einem Ort so elementar und zwingend wie nirgends sonst.

Auch hier, wie schon auf dem Hinweg, sind nirgendwo tote Möwen zu sehen. Wie auch, da du sie doch gefunden und alle eingesammelt hast. Und mit dir genommen, wohin auch immer. Nach nur wenigen Stunden auf dieser unscheinbaren Nordmeerinsel war dir der entscheidende Blick in den Raum hinter dem Sichtbaren möglich, war dir klar geworden, was es mit den leblosen weißen Vogelleibern, die über das zum Meer hin abfallende Wiesengrün verstreut lagen, auf sich hatte. Es waren allein deine Vögel, deine unschuldigen, großen, verlorenen Träume. Nur hier konntest du sie finden.

Der Hafen hat sich unterdessen mit heimgekehrten Fischerbooten gefüllt. Der Fang war offensichtlich erfolgreich. Die bunten Kisten quellen über von glänzendem Fisch und geschreddertem Eis. Der Luftraum über der Hafenbucht ist erfüllt vom zänkischen Gezeter hunderter Möwen, die sich um die Fischabfälle balgen. Nur kurz bewundern wir ihre Flugkünste. Auch für das himmlische Farbspiel ihrer strahlenden Schwingen unter dem rot geäderten Abendfirmament haben wir jetzt nur einen flüchtigen Blick.

Zaudernd steigen wir aufs Boot. Wir schauen uns an, suchen Erklärungen im Blick des Anderen.

Es erschien so unwirklich, so befremdlich, verstörend.

Unser Rückweg folgte der Küstenlinie. Wortkarg stapften wir zum steinigen Küstensaum herunter. Von Ferne war nicht

genau erkennbar was die trägen Wellen dort an den seichten, ge-
rölligen Ufern der kleinen Buchten südlich des Hafens sanft vor
sich herschoben. Mit unserem Näherkommen wurde es jedoch
gewiss: zig scheinbar unversehrte Körper toter Papageitaucher
rollten zwischen den grauen Basaltkieseln hin und her. Fassungslos verharrten wir eine Weile am Ufer hockend, und wie
durch Wattebäusche drang kaum vernehmbar ein verstörender
Rhythmus, den sie mit ihren leuchtend orangeroten Schnäbeln
auf die nassen Steine klopften.

Hildigund Neubert

Singen zu Gottes Lob und Preis[1]
Jochen Klepper – Ein Liederdichter
für unsere Zeit

Wir wissen nicht den Sinn, das Ende. / Doch der Beginn ist offen-
bar. / Nichts ist, was nicht in deine Hände / am ersten Tag be-
schlossen war, / und leben wir vom Ursprung her, / bedrückt uns
keine Zukunft mehr.[2]

Joachim Georg Wilhelm Klepper (*1903) herrnhutisch geprägter
Pfarrerssohn, studierte zwar Theologie, strebte aber nicht in den
Pfarrdienst. Die Ehe mit der wohlhabenden jüdischen Witwe
Johanna Stein, die ihre Töchter Brigitte und Renate mit in die
Ehe brachte, prägte seinen Lebensweg. Ab 1932 lebten die Klep-
pers in Berlin und gerieten in die Mühlen der NS-Verfolgung.
Klepper, wiewohl erfolgreicher Autor, musste als ehemaliges
SPD-Mitglied – er hatte im »Vorwärts« eine Reihe von Reporta-
gen geschrieben – um bezahlte Arbeit ringen, die seit dem Ausschluss aus der Reichsschrifttumskammer 1937 nicht mehr möglich war. Auch wegen der jüdischen Herkunft Johannas und ihrer Töchter geriet die Familie zunehmend unter Druck. Jochen
Klepper verfolgte das Zeitgeschehen und auch den Weg der
evangelischen Kirche zwischen Anpassung und Bekennender
Kirche mit Anteilnahme, fühlte sich aber eher als Beobachter,
denn als Teil dieser Geschichte. Die ältere Tochter konnte noch
kurz vor Kriegsbeginn emigrieren, 1942 misslang der Versuch,

---

1 Ulrich Schacht, dem dieser Text gewidmet ist, verbindet mit Jochen Klepper
nicht nur die zeitweise SPD-Mitgliedschaft und eine, aus dem evangelischen
Glauben gewachsene antitotalitäre Grundhaltung, sondern vor allem das Gottesgeschenk poetischer Sprachkraft.

2 Jochen Klepper, *Kyrie. Geistliche Lieder*, Bielefeld 2020, 64.

auch die jüngere noch zu retten. Die Deportation Johannas und ihrer Tochter stand unmittelbar bevor. Die beiden Frauen und Jochen Klepper hatten sich für diesen Fall auf den gemeinsamen Selbstmord[3] verabredet. In der Nacht vom 10. auf den 11. Dezember 1942 gingen sie diesen Weg.

In seinem wichtigsten Prosawerk, dem Roman »Der Vater« entwarf er im Bild eines Königs, der in allem nach Gott fragt und sich als »ersten Diener im Staat« begreift, ein Gegenbild zum Führerkult des Nationalsozialismus. Die menschliche Tiefe quillt aus dem Vater-Sohn-Konflikt, den auch Klepper durchlitt. Heute sind Jochen Kleppers geistliche Gedichte wohl bekannter. Zwölf von ihnen stehen als Choräle im aktuellen Evangelischen Gesangbuch.

Es ist und bleibt ein Geheimnis darum, warum und wann Gedichte, Lieder, Texte etwas Gültiges erhalten. Was in ihnen ist es, dass sie über Zeit und Biografie hinweg andere Menschen erreichen? Oft entstehen solche Texte in Zeiten existentieller Krisen. Der im Tiefsten erschütterte, zweifelnde Mensch sucht die gegenwärtige Welt in Worte zu fassen, ringt um Sinn und Orientierung. Die in der Krise geschärfte Wahrnehmung drängt ins Wort. Die Gesangbücher enthalten solche Lieder, die jede Revision überdauert haben, darunter gerade solche aus der Reformationszeit und dem Dreißigjährigen Krieg. Jochen Klepper lebte in dieser Tradition. Vielmehr noch lebten diese Texte in ihm. Das Singen im Gottesdienst bedeutete ihm viel. Es war ihm wichtig genug, am Sonntagabend noch die Choräle des Gottesdienstes ins Tagebuch zu schreiben.[4] Sie waren ihm gesungene Botschaft und dem aktualistischen Zugriff entzogen.

Jochen Klepper hat es ersehnt, dass seine geistlichen Gedichte für andere Menschen Bedeutung erlangten. Er war sich dessen bewusst, dass dies eine Gabe Gottes war und hat es mit Dankbarkeit wahrgenommen.

---

3 Da Jochen Klepper stets von Selbstmord spricht, verzichte ich auf alternative Vokabeln.

4 Bspw. Klepper, *Unter dem Schatten Deiner Flügel*, Berlin 1970, 542.

*Hanni und ich können nicht anders: wir hoffen irdisch nichts
mehr; aber wo wir von Gottes Freundlichkeit gesungen und gepre-
digt hören, wird unser Herz weit; wir wissen, was Qual, Ekel,
Müdigkeit, Verzweiflung ist – aber wir können nicht irre werden
an Gott als dem Vater, Herrn, Führer und Schöpfer.*[5]

Dies ist die Grundhaltung in Kleppers geistlichen Gedichten:
Glauben und Vertrauen angesichts der Verbrechen und der Ver-
irrung der Vielen.

Die geistlichen Gedichte, die sich fast immer auf konkrete
Bibelstellen beziehen, waren offenbar in Jochen Klepper schon
präsent. Oft schrieb er sie in wenigen Stunden, an einem Abend
nieder: »Ich schrieb am Abend ein Kirchenlied, ein Geburtstagslied: Gott wohnt in einem Lichte ...«[6] oder: »Ich schrieb heut ein
Morgenlied über Jes. 50, 4.5.7.8, die Worte, die mir den ganzen
Tag nicht aus dem Ohr gegangen waren.«[7]

Klepper lebte mit den Herrnhuter Losungen und auch darüber hinaus überaus intensiv mit der Bibel. Fast jeder Eintrag im
Tagebuch enthält Bibelsprüche. An den Gottesdiensten, deren
Predigten ihn allzu oft enttäuschten, schätzte er die Lesungen
und agendarischen Gebete als das unverfälschte Wort, aber auch
bestimmt Choräle, etwa »Wie soll ich dich empfangen« in der
Adventszeit. So waren ihm Bibel und Choräle keine Kunstgebil-
de, nichts Fremdes, sondern seine innere Sprache, Denk- und
Lebenswelt. Wie sehr er mit den Gedichten lebte, zeigt die Notiz
vom 5. Juni 1938:

*Das ›Mittagslied‹ heute erst recht ›fertig gedichtet‹ [...] nach neu-
en Kirchenliedern ist immer wieder der Friede, der im Herzen
immer herrscht, auch in den Sinnen und Nerven.*[8]

---

5 Ebd., 411.
6 Ebd., 366.
7 Ebd., 347.
8 Ebd., 361.

Dies vermittelt sich in den Liedern bis heute. So fließen die Gedichte wie ein Gespräch. Es gibt kein Stolpern und Knitteln,
nichts Gekünsteltes, keine weithergeholten Bilder. In den Versen
ver*dichtet* sich der geistliche Inhalt. Wie groß wird Gottes Liebe
in dem Geburtstagslied, wenn der Schöpfer von Sonne, Mond
und Sternen gerade dieses Menschenkind, das heute Geburtstag
hat, sucht und liebt und ihm nahe sein will. Was alles klingt an,
wenn noch manche Nacht fallen wird auf Menschenleid und
-schuld. Die Schrecken der Gegenwart könnten auch die Zukunft
sein – es ist erst das Jahr 1938! – und doch wandert mit uns allen
die Gotteshuld. Die »Schule des Lebens« sieht er als den Weg des
Glaubens dahin, wo nichts mehr selbst erwartet und ertrotzt
wird, sondern alles empfangen. Das klingt nach einer sehr passi-
ven, erduldenden Haltung, die im Wissen um das Lebensende
auch irritiert.

> *Weil du der mächtige Helfer bist, / will ich mich ganz bescheiden /*
> *und, was bei dir verborgen ist, / dir zu entreißen meiden.*[9]

Dieses »Alles-von-Gott-Erwarten« eröffnete ihm die Möglichkeit, mitten in all den Schrecken und Ängsten eine innige Beziehung zu Hanni zu leben, eine tiefe, aufmerksame Liebe zu seinen
Stieftöchtern zu entwickeln, die Schönheiten des Gartens, der
Kunst, von Landschaften, Festen, Musik und Texten zu sehen
und als Geschenke dankend anzunehmen. Seine besondere
Gabe war es wohl, in allem Gott zu finden. Das gibt seinen Liedern die kräftige, tröstende Ausstrahlung, die Jochen Klepper
auch am Todestag nicht verließ, wenn er sein Tagebuch schließt:
»Wir sterben nun – ach, auch das steht bei Gott«.[10]

> *Nun darfst du in ihm leben / und bist nie mehr allein, / darfst in*
> *ihm atmen, weben / und immer bei ihm sein. / Den keiner je ge-*

---

9   Klepper, *Kyrie*, a. a. O., 17.
10 Klepper, *Schatten Deiner Flügel*, a. a. O., 650.

sehen, / noch künftig sehen kann, / will dir zur Seite gehen / und führt dich himmelan.[11]

Der letzte Ernst ist es, aus dem die wahre Freude quillt. So singen wir Kleppers Lieder als die einer tiefen Frömmigkeit, die sich jedes billigen Versprechens, jeder Vertröstung enthält. Alles, was gut werden kann, steht bei Gott, alles, was schwer ist, führt zu ihm hin.

11 Klepper, *Kyrie*, a. a. O., 69.

Heinrich Oberreuter

Politische Religion
Ulrich Schachts Einspruch

Ulrich Schacht beschreibt, wie ihn 2004 in einer Moskauer Kathedrale ein Beispiel tiefster Religiosität und in Sergijew-Possad die Wiederauferstehung der orthodoxen Kirche im Innersten berührte – als Abkehr von der radikalen Gottlosigkeit des zuvor herrschenden Systems; »An die Stelle Gottes trat der Mensch in Gestalt des Führers, zur allein seligmachenden Kirche wurde die führende oder einzige Partei, und aus mit religiöser Inbrunst betriebener Politik eine fanatisch politische Religion.«[1]

Diese Diagnose ist keineswegs eine persönliche Zuspitzung. Schacht hat sich mit ihrer Geschichte im Kommunismus intensiv beschäftigt. Beide Grundtypen im 20. Jhdt., nationalsozialistisch wie kommunistisch, sind Weltanschauungsdiktaturen, gekennzeichnet durch »Abkehr von zivilisierten Werten«.[2] Sie beanspruchen, ein neues Wertsystem, eine neue Ordnung aufzubauen und einen neuen Menschen zu schaffen. Sie haben eigene Moral und Ethik – und nicht keine. Sie wollten durch den Anreiz überzeugen, an einem neuen, höheren, unerhörten Weltenethos zu bauen: ein absurder Prozess, in dem das Verbrechen zu einem Akt der Erlösung umgedeutet wird.

Eric Voegelin und Raymond Aron haben darin schon frühzeitig »politische Religionen« erkannt[3], wegen der religionsähnli-

---

[1] Ulrich Schacht, *Rückkehr zur Ikone*, in Thomas A. Seidel, Ulrich Schacht (Hg.), *Würde oder Willkür. Theologische und philosophische Voraussetzungen des Grundgesetzes*, Leipzig 2019, 192–219 (193).

[2] Michael Burleigh, *Die Zeit des Nationalsozialismus*, Frankfurt/Main 2000, 188.

[3] Eric Voegelin, *Die politischen Religionen*, Wien 1938 (3. Aufl. München 2007); Raymond Aron, *L'Ere des Tyrannies d' Elie Halévy*, in: *Revue de Métaphysique et de Morale* (1939); zum Gesamtkomplex Hans Maier (Hg.), *Totalitarismus und Politische*

chen Weltanschauungskonzepte und der quasi-religiösen Unterwerfung unter eine absolute Autorität. Das Kollektiv der Klasse, Rasse oder des Staates wird nach Voegelin zum »Realissimum« erhoben und »divinisiert«, eng verbunden mit einem eigenen Erlösungsmythos. Aron beschreibt die Omnipräsenz von Ideologien in modernen totalitären Gesellschaften und die Rechtfertigung politischen Handelns durch »absolute Werte«, auf die politisches Handeln sich beruft. Eine zielgerichtete »Gesetzlichkeit« wird zum Büttel dieses Absoluten. Es determiniert Gesellschaft, politisches System und Individuum. Dieses muss durch Erziehung, Bildung und Propaganda systemkonform von einer wissenden und aufgeklärten Führungselite mit potentiell unbegrenztem Herrschaftsanspruch konditioniert werden. Systemintegration (durch Erziehung) ist demnach ein Akt der Erkenntnisvermittlung unter den Prämissen des Absoluten, also Einspuren auf vorgegebene Wahrheit. Für Selbstbestimmung, Pluralismus und Opposition gibt es keinen Raum.

Für das Individuum ist der unterschiedliche Modernisierungsgrad beider Diktatursysteme irrelevant. Unterdrückung individueller Besonderheiten ist Ziel der Erziehungssysteme gewesen. So beschreibt Adolf Hitler die rassistische Persönlichkeitsergreifung vom Jungvolk über Wehrmacht zu SA und SS durch alle NS-Institutionen unausweichlich und kontinuierlich, »und sie werden nicht mehr frei ihr ganzes Leben, und sie sind glücklich dabei«.[4]

Mit der Erziehung zur »sozialistischen Persönlichkeit«, nach Erich Honecker »Hauptaufgabe der Partei bei der Gestaltung der sozialistischen Gesellschaftsordnung«, verhielt es sich intentional nicht anders. Für Margot Honecker ist »ständig davon auszugehen, dass die allgemeinbildende Schule zuerst und vor allem ein Instrument zur Durchsetzung der Interessen des Sozialismus

---

Religionen, Bd. 1–3, Paderborn u. a. 1996–2003.

4   Zit. n. *Ursachen und Folgen. Vom deutschen Zusammenbruch 1918 und 1945 bis zur staatlichen Neuordnung Deutschlands in der Gegenwart*, Bd. 11, Berlin o. J. (1966), 138 f.

ist. Sie dient bewusst der Festigung der politischen Macht der Werktätigen, die unter der Führung der Arbeiterklasse und ihrer marxistisch-leninistischen Partei den Sozialismus verwirklichen. Sie dient der Festigung unseres sozialistischen Staates.«[5] Die Interessen des Einzelnen werden mit denen des Kollektivs gleichgesetzt. Politische Tugenden sind Parteilichkeit, Einsicht in die gesellschaftliche Notwendigkeit und Disziplin. Die praktischen Konsequenzen beschrieb der Hallenser Psychiater Joachim Maaz unmittelbar nach der Befreiung: »Der Drill zur Pünktlichkeit, Sauberkeit und Höflichkeit herrschte überall. Sich in ein Kollektiv ein- und kollektiven Normen unterzuordnen waren stets oberste Gebote bei rücksichtsloser Nivellierung individueller Eigenarten, Möglichkeiten und Potenzen. Stillsitzen, sich beherrschen, anstrengen und etwas leisten, die Führungsrolle der Erwachsenen widerspruchslos und dankbar anerkennen und Gehorsam üben gehörten zu den vornehmsten Tugenden und Pflichten eines jeden Kindes. Man kann das Ziel staatlicher Erziehung auf einen Punkt bringen: die Individualität hemmen und den eigenen Willen brechen! Dieses Prinzip wurde rücksichtslos auf allen Stufen der staatlichen Erziehung durchgesetzt.«[6]

Politische Religionen sind keine der Menschlichkeit und Freiheit. Ulrich Schacht hatte das in seiner eigenen Lebensgeschichte erlitten. Daher bewegte ihn das Zeugnis der Wiederkehr Gott zugewandter Religiosität an russischen Beispielen so sehr, zumal er darin zutreffend die Wiedergewinnung des wesentlichen Fundaments von Menschenwürde und individueller Freiheit verstand: »jeder Mensch, in seiner von Menschen unverfügbaren Gottebenbildlichkeit, der grundlegenden Norm der europäischen Idee«.[7] Insofern ist das regionale Erlebnis »nur« ein Beispiel universeller Geltung. Für deren Kraft hat Ulrich Schacht sich eingesetzt.

---

5 Zit. n. Karl Schmitt, *Politische Erziehung in der DDR*, Paderborn u. a. 1980, 48, Anm. 108.

6 Joachim Maaz, *Der Gefühlsstau. Ein Psychogramm der DDR*, Berlin 1990, 25.

7 Ulrich Schacht, *Europa wird christlich sein oder es wird nicht sein!*, in: Norbert Beckmann-Dierkes u. a. (Hg.), *Europa im Wandel*, St. Augustin 2014, 47.

Constanze Schacht

Mein Vater[1]

Zum 60'sten habe ich ihm unter anderem geschrieben, dass man sich seine Eltern nicht aussuchen kann, aber man kann stolz sein auf die, die man hat. Am Ende der Karte verdrückte mein Vater ein paar Tränchen der Rührung. Mein starker und kräftiger Vater, dem ich am liebsten als Kämpfer in der Öffentlichkeit zuschauen mochte, wenn er in kürzester Zeit einen Saal für sich einnahm, mit seinem Wissen, seiner Analytik und seinem Humor.

Aber da war eben mehr als das, da konnte mehr sein, weil wir eine Stärke in unserer Familie über Zeiten und Regionen der Welt mitbekommen haben, die einem ermöglicht, auch in starkem Maß empfindsam zu sein. Der mich durch sein Handeln darin schulte, den Moralisten, ehrlichen Maklern und Janusköpfen, die einem im Leben begegnen, mit, wie er selbst sogar zu Papier brachte, einem messerscharfen Lächeln gegenüberzutreten. Lieber »am Eis erwärmen« und an der von Gott geschaffenen Natur, als diese vor Zucker triefenden unehrlichen Geschenke solcher Menschen nicht erkennen und am Ende aus eigener Eitelkeit anzunehmen. Mein Vater sagte dazu: »Es gibt eine Tradition in meiner Familie, in entscheidenden Momenten keine Rücksicht auf Bedrohungen zu nehmen und das zu sagen, was man für die Wahrheit hält.«

Ich hab' ihn damit immer etwas geneckt und er erwiderte darauf immer, er sei halt Romantiker. Bis jetzt hatte ich seine Wehmut in vielen Dingen nicht verstanden, denn mich prägte durch ihn Lebenslust, die auf dem festen Grund der Dankbarkeit

---

[1] Wort zur Trauerfeier für Ulrich Schacht am 10.10.2018 (am 40. Geburtstag von Constanze Schacht) in der St. Gertrud-Kirche zu Hamburg.

vor dem Lebendürfen und Demut vor Gott sockelt. Wie er immer sagte »kurz und gar nicht gut« – und von mir heute dazu, »der Tod nimmt mir das nicht«. Im Gegenteil, wie undankbar wäre man jetzt und eben nicht in Papas Sinne, wäre alles grau. Er sagte auch mal, wenn ich mich über etwas ärgerte »du bist doch nicht seit gestern auf der Welt«.

Eben! Geburt bedeutet, vom Tod zu wissen und in diesem Maße das Leben zu schätzen. Das gipfelte bei ihm darin, auch mal Blümchen vor dem Vertrocknungstod mit zwei im Restaurant extra gekauften Gläsern Mineralwasser zu retten oder auch halb verdorrte Margeriten aus dem Supermarkt zu kaufen und zu Hause aufzupäppeln. Er freute sich über jede neue Blüte am Telefon bei mir und präsentierte die Pflanze bei einem Urlaub stolz auf seinem Hof. Ich entwickelte diesen Spleen parallel auch, wie mir ein guter Freund erzählte, der mich mit Papa verglich und seine Enkeltochter ebenfalls, sie gießt für ihr Leben gerne jede Pflanze, die ihr vor die Kanne kommt. Auch Unkraut, das diesen Sommer matt herunterhing. So schließt sich auch im Kleinen der Kreis.

Papa sagt: »In unseren Kindern geht es weiter.« Und seine Enkeltochter Svea darf all seinen Gedanken und Geschichten lesend folgen. Wie jedes der Kinder in unserer Familie, die noch kommen werden.

Sverre Schacht

Ein Fels aus Freundschaft und Poesie

Poet, politischer Kopf, Charismatiker, Christ und Katzenliebhaber – Ulrich Schacht verströmte Zeit seines Lebens gestalterische Kraft auf vielen Ebenen. Sie wirkt weiter über die Summe der Teile seines Lebens. Sie bewirkte etwas in Menschen. Umgeben von einem Rudel Katzen und meist mehreren Stapeln Büchern und Zeitungen – letzteres selbst auf Reisen –, sprach er über Politik so selbstverständlich und urteilsmächtig (»kurz und gar nicht gut«) wie über die von ihm geliebte Philosophie, insbesondere die Vorsokratiker, aber auch Schelling und Heidegger. Seinen Gästen auf dem Schwedenhof tischte er geistreich und oft deftig wie wortgewandt auf. Er bewirtete mit Flusskrebsen, feinen Weinen und der Einladung zu geistreichen Gesprächen. Der Dichter (er liebte japanische Haikus) mit dem lutherischen Temperament hatte auch einen Sinn für die feinen Wahrnehmungen und Botschaften der Natur, vor allem aber für die Familie. Sie war das Zentrum seiner Liebe, wie ein ungeheurer Freundeskreis Bewegungsraum seines an Plänen und gemeinschaftlichen Projekten reichen Lebens war, festgehalten im regelmäßig erneuerten und doch durch Gebrauch rasch zerfallenden umfangreichen schwarzen Adressbuch.

Schwarz – nicht im Sinne von Düsternis sondern von Klarheit, war die Farbe seiner Wahl. Mit einem Gin in der Hand und dem Blick auf das Meer, und mehr noch auf seine Gäste, lud er auf der Terrasse seines zur Bibliothek ausgebauten einstigen Hühnerstalls zur Analyse des Zeitgeschehens und der Naturschönheit ein. Es war sein selbst gewähltes Schwedenexil, das ihm Kraft gab, ihn zwischen Lesereisen und Begegnungen in Deutschland erdete, Abstand schaffte zum politischen wie zeitgeistigen Betrieb in seiner Heimat Deutschland. Sein Humor speiste sich aus einer im besten Sinne konservativen Haltung, die vom Zeitgeist unkorrumpiert und deftig – mitunter auch gegen sich selbst, die freie und kenntnisreiche Rede auf eine Weise kultivierte, wie sie besonders im Politischen selten geworden ist. Karikaturen über ihn, eher gegen ihn und sein streitbares politisches Wirken sammelte er und freute sich selbstironisch darüber. Schon morgens hatte er sich in der Regel durch die wichtigsten Zeitungen gearbeitet, mit denen er auch mal die Kaffeetasse vom Tisch wischte. Stapel ausgewerteter Lektüre begleiteten seine Mitmenschen, einer beständigen Lawine gleich. Sie waren Zeugnis seiner Gegenwart wie seine bei näherem Hinsehen oft von Katzenkrallen durchdrungene Kleidung.

Ulrich Schacht schonte sich nicht und teilte so gern den Lebensgenuss mit anderen. Sein Menschenbild war dabei weder negativ noch schwärmerisch humanistisch, es war ein nüchterner doch stets von harter Liebe geleiteter Blick auf den Nächsten, der nun erloschen ist. Ulrich Schacht lebt in seinem umfangreichen Werk weiter.

Hans-Dieter Schütt

Du stehst in Eis und Stein

Er war einmal, als Reisender, am Rande des Nichts. Dort, wo die Schönheit nicht Milde ist, sondern klirrend frostige Macht und natur-archaische Gewalt von Eis und Einsamkeit: Spitzbergen. Ulrich Schachts Sehnsucht lebte dort auf. Der Wahl-Schwede auf Fahrt zu jenem nördlichsten Teil Erde, das er, einem Gemäl-de nach, das »Gestade der Vergessenheit« nannte. Von dort hin zum Franz-Josef-Land, gemeinsam mit dem Fotografen Jürgen Ritter. Als die Erkundung nach sieben Tagen an ihr Ende ging, sah er im Abschied vom Nordpolareis das Gebot, »in der unauf-haltsamen Ab-Kehr die Rückkehr zu denken: also jenen Ziel-Schmerz zu bewahren, der den beglückenden Kern unseres Träumens umgibt.«

Er kannte das Eis. Und er kannte die Kälte. Das eine ist nicht das andere. Die Kälte hauste für ihn nicht am hohen Rand Euro-pas, für Schacht war das Zentrum der Kälte: die DDR. Das blieb sie ihm durch alle politischen Tauwetter hindurch. Wunden hei-lende Zeit? Was sollte das für eine Heilkraft sein, wo doch alle Zeit Existenzzeit und also unbezwingbarer, peinigender Grund ist, das Erfahrene zu messen an dieser gottgegeben elenden, un-gerecht geringen Frist, die man Leben nennt. Und die so ver-flucht unmenschlich angetastet werden kann, vom Terror einer Herrschaft. Ulrich Schacht kam im Frauengefängnis Hoheneck zur Welt – die zwischen den Zellenwänden das Gegenteil von Welt war. Beginn einer Biografie, die fortlaufend Schmerz zu Schmerz fügte. Das macht weich oder hart oder beides zugleich.

Im Buch »Vereister Sommer« erzählt Schacht die Suche nach seinem russischen Vater. Der war sowjetischer Befreiungssoldat im Osten Deutschlands, ein Offizier, er liebte Wendelgard Schacht, sie ihn, ein Kind ist unterwegs, Heirat im Osten wird verboten, die Liebe aber ist groß, Wendelgard will mit Wolodja in den Westen. Das sowjetische Militärgericht steckt die junge Frau für Jahre zwischen Kerkermauern, Wolodja wird in den hohen russischen Norden versetzt. Das Kind Ulrich wird von der Mutter getrennt.

Am Ende des 20. Jahrhunderts findet Schacht, unter bangem Herzklopfen, seinen ihm unbekannten Vater: Er fährt nach Moskau. Eine Abenteuer-Reise über Seelenklippen, Gefühlsklüfte – das feste Eis der Jahre knirscht, schreit auf, Schollen der Geschichte türmen sich, am Ende: Neuland, Festland, wunderbare deutsch-russische Nähe.

Schachts Leben – Demütigung, Gefängnis – gemahnt an jene andere DDR, von deren bitterer Seite heute manche meinen, die sei nur erwähnenswert bei ausgleichender (also relativierender!) Einordnung ins grundsätzlich Positive des einst so harsch herrschenden Systems. Solcher Balance-Wille kommt der Bereitschaft der Regimeträger gleich, einen Schmerz ertragen zu wollen, aber gleichzeitig um Narkose zu bitten. Schacht gewährte keine Narkose, der Fürbitte stand er offen.

Das Werk dieses Schriftstellers gemahnt und bekräftigt: Wer mit der DDR und für sie lebte, weil ihm die Strukturen nicht weh, sondern wohl taten, der muss auch fürderhin mit der bitteren Wahrheit leben, dass nun jene anderen zu Wort kommen und im Wort bleiben: die unterdrückten Lebensläufe, die observierten, abservierten Quertreiber, all die Leidenden an Unfreiheit und Nichtdemokratie. Die DDR mit befeuert zu haben, heißt nun: in die Asche der Jahre zu blicken. Es hilft im Nachhinein nur das, was dich aufreißt bis zu einem Grund, der den billigen ideologischen Halt endlich verweigert. Lesen hilft. Schachts ergreifendes autobiografisches Buch macht still – und wach. Und es ist Prosa eines Poeten. Denn seine Gedichte schreiben weiter am Hauptwerk Einsamkeit (»Scherbenspur«, »Bell Island im Eismeer«, »Platon denkt ein Gedicht«). Verse, in denen der Mensch ins Leere greift, aber: Man kann die Einsamkeit auch festhalten, als würde man eine Festgemeinde hereinbitten. Man kann das Unzugängliche behandeln, als wohnte man darin. Tritt einer in dieser Landschaft zur Tür hinaus, »durchschaut er / die Finsternis mit geschlossenen Augen«.

Polare Lichtausschüttungen, Farbverfinsterungen – ein ins Vorchristliche tendierender Streit findet statt zwischen Ursprung und Urbarmachungstrieb. Aufbruch, Ausbruch: einmal, so bittet der Dichter, unserem wirklich werten Muster folgen – das noch keinen Namen hat! Einmal, so bittet der Dichter, nicht gleich den Fallschirm Zivilisation! Der Mensch in den Gedichten Schachts wird gerettet werden, nicht gerettet aus Eis und Stein, die liegen zu tief in uns, aber: Gerettet kann er werden durch Vertrauen zum Risiko, demütig zu sein. Also durch Kunst.

Hier hat einer, der Journalist war und Dichter wurde, aus dem Blick auf wahre Zustände die Schönheit gefunden: Abstände wahren. Aus Welten, in denen alle eifrig befasst sind, sich Flügel anzuschnallen, für Höhenwahnsinn noch und noch, fand er hinein in nordische Landschaften, die allein schon das Aufschauen als wahren Höhenflug lehren – und die also lehren: Glück entfliegt dem, der sich Flügel wünscht. »Wenn du erhörst, was du / nicht siehst, und erblickst, was du nicht / hörst nennt die Sekunde dich bei / deinem unverlierbaren Namen«.

Schacht ist der Lyriker einer frösteln machenden, aber doch betörenden Gefangenheit in faszinierend unheimlichen Landschaften aus dunklem Tag und heller Nacht. Wo es scheint, Kirchenlieder könnten den Himmel aufreißen. Wo sie Idylle erzählen, sind die poetischen Bilder gleichsam auf Sturmsegelfetzen gemalt.

Poesie als totale Zurücknahme und zugleich als neuer, übersteigerter Anspruch. »Niemand kann sich/ verstellen vor der endenden Spur.« Das, lapidar gesagt, ist sie: die wünschenswerte Aufgehobenheit in einem Kreislauf, der Einfalt und Vielfalt zusammenschaltet. Die Einfalt, das ist: sich eines Anfangs und eines Endes bewusst zu sein – und beides nicht zu kennen. Und die Vielfalt? Das ist die Erfahrung – und zwar als Gleichzeitigkeit von Erwartung und Entzauberung. Sehen und schreiben, wie es die Bergsteiger wissen. Der Gipfel ist nicht oben, nein, der Gipfel, wohin der Sisyphus-Stein zu rollen ist, der »liegt in dir selbst, durchsteig also die Leere«, die steinernen Schwellen im Innern. Immer dem Stein nach, hatten die Träume dem Suchenden gesagt, so fand er sich selbst, verstiegen ins Bodenlose – am Ende frei, aber mehr denn je beladen mit sich selbst.

Du stehst in Stein und Eis dieser Gedichte und blickst auf dein Leben. Irgendwann kommt ans Licht, was im Dasein gute Absicht oder nur falsche feige Rücksicht war; es kommt zutage, ob ich von mir selber erpressbar und damit für Erpressungen von außen anfällig war; zum Vorschein kommt, in welche Richtung in mir die Balance zwischen Natur und Kultur ausschlägt, und ob das Ich wirklich Charakter oder nur müde gewordenes Temperament gewesen ist. Irgendwann wird also offenbar, wie viele Tode man in der menschlichen Reifung gestorben ist – und welche kleinen Auferstehungsschritte zu sich selbst man verweigert, verpasst oder aufgeschoben hat.

Was denn: Auferstehung? Ja. Die Dinge sich setzen lassen, das ist Auferstehung. Die öden Anstrengungen sterben lassen – im Dienst an dem, was einem bleibt, wenn immer weniger bevorsteht. Wohin dies Leben führt? In die »blindeste Stunde die / gestern kommt oder / morgen war«.

Heimo Schwilk

Aus den Tagebüchern
Mit Ulrich Schacht bei Ernst Jünger
und Martin Walser

Eichwalde, den 2. April 1997, 22:15 Uhr

Beobachtete eben den Flug des Schweifsterns Hale-Bopp, der die
Erde in einer Entfernung von 100.000 Kilometern und mit einer
Geschwindigkeit von 160.000 Stundenkilometern passierte. Er
soll erst in 4210 Jahren wiederkehren, auf einer elliptischen Bahn
aus den Tiefen des Alls. Der grünsprühende Vorbeiflug dieses
Jahrhundertkometen war auch Thema unseres Gesprächs mit
Ernst Jünger, den ich zusammen mit Ulrich am 18. März in Wilflingen besuchte. Danach fuhren wir weiter zu Martin Walser an
den Bodensee. Anlass ist ein Gespräch zu seinem 70. Geburtstag
am 24. März. Wir waren vom Stuttgarter Flughafen mit dem
Mietwagen über eine schneefreie, milde Albhochfläche angereist
und trafen um die Mittagszeit in der Oberförsterei ein. Weiter-
fahrt nach Überlingen gegen drei Uhr. Frau Jünger servierte Sekt
und Gebäck, Ernst Jünger schmauchte Zigaretten der Marke
Dunhill. Ulrich hatte als Präsent – Ernst Jünger stand kurz vor
seinem 102. Geburtstag – entomologische Kärtchen aus einer
Käfersammlung des 19. Jahrhunderts mitgebracht, die er in einem Antiquariat entdeckt hatte. Ich schenkte Jünger eine chinesische Tuschzeichnung.

Unser Gespräch kreiste um Europa, um die Fehlentwicklun-
gen in der EU, vor allem aber um die Person von Kanzler Helmut
Kohl, der bei seinen Besuchen in Wilflingen auf demselben Sessel gesessen hatte wie jetzt ich. Wir streiften die aktuelle Wirt-
schaftskrise, den Streit um die Steuer- und Rentenreform, die
sogenannte »Süssmuth-Affäre« – obwohl Jünger ungern über

konkrete Politik spricht. »Ich habe heute Morgen die Zeitung gelesen, aber von Politik ist bei mir nichts hängen geblieben«, meinte er lachend. Ihn interessiere vor allem das Feuilleton. Wie sehr Jünger noch immer mit dem Phänomen katastrophischer Geschichte beschäftigt ist, wurde deutlich, als er auf unsere Frage nach seiner aktuellen Lektüre ein Buch mit dem Titel »Der Henker von Prag« über den Tisch reichte. Es ist die Biografie des SS-Führers und Organisators des Judenmordes, Reinhard Heydrich, die der tschechische Historiker Miroslav Ivanov 1993 veröffentlichte. Jünger erzählte von seiner Begegnung mit Heydrich 1941 im Pariser Hotel »Raphael«, als ein Freund ihm vorschlug, sich mit dem fanatischen Hitlergefolgsmann fotografieren zu lassen. Er, so Jünger, habe es abgelehnt, »mit diesem Mann auf einem Bild zu erscheinen«. Bei der Lektüre dieses Buches sei ihm etwas aufgefallen: »Früher, als junger Mann, habe ich viele Geschichtsbücher gelesen, und sie handelten immer von vergangenen Zeiten. Heute handeln die Bücher, die ich lese, ebenfalls von vergangenen Zeiten – aber es sind oft meine eigenen.«

Jüngers immer wieder bekundetes Desinteresse für alles Politische erwies sich im Fortgang des Gespräches als selbstschützerischer Gestus eines Mannes, dessen Werk seit den Sechzigerjahren vor allem politisch-ideologisch interpretiert und missdeutet worden ist. Ohne Zweifel ist Jünger ein genauer Beobachter der Bonner Bühne. Skepsis gegenüber der deutschen Europa-Euphorie und Unmut über die föderalen Blockaden in Lebensfragen der Nation wurden deutlich. Doch auch das Persönliche nahm breiten Raum in unserer fast zweistündigen Plauderei ein. Ich berichtete vom Kauf eines alten Hauses in Eichwalde, das derzeit renoviert wird, zeigte Fotos von Laura und Clarissa. Ulrich flocht ein, er sei der Pate von Clarissa, meiner jüngsten Tochter. Beim Betrachten des Fotos von Ulrichs Tochter Constanze bemerkte Jünger: »Dolle Frisur!« Ihr kurzer, aparter Haarschnitt erinnerte ihn wohl an den Frauentyp der Zwanzigerjahre, den die Malerin Tamara Lempicka so unübertrefflich ins Bild gesetzt hat.

Jünger erzählte, dass er seinen Enkeln Martin und Irina bei Potsdam ein Mietshaus gekauft habe. Den finanziellen Grundstock dazu lieferte, ergänzte Frau Jünger, der Erlös aus dem sogenannten Vorlass des Dichters, den das Literatur-Archiv in Marbach vor zwei Jahren erworben habe. Er enthalte sämtliche handschriftlichen Manuskripte sowie die Korrespondenz mit mehr als 80.000 Schriftstücken. Auch Teile der wertvollen Bibliothek gehörten zum literarisch-künstlerischen Bestand, den die Marbacher erworben hätten. Jünger schaute während dieser Ausführungen mit leicht gesenktem Kopf auf den grün marmorierten Tisch, eine Mischung aus konzentriertem Zuhören und Absenz, blickte aber immer mal wieder plötzlich auf, um eine Bemerkung fallen zu lassen. Beim Thema Globalisierung wurde er munterer. Sie schreckt ihn nicht; in seinen Schriften »Die totale Mobilmachung« oder »Der Arbeiter« sind die Uniformierung und Mobilisierung der Welt ja längst vorweggenommen. Trotz persönlicher Vorbehalte, was Maastricht-Europa betrifft, hält Jünger die globalisierenden Tendenzen für irreversibel. Denn die universelle Angleichung aller Lebensverhältnisse mittels der Technik ist für ihn unaufhaltbar. Erinnerlich bleibt der Satz, eine tröstlich gemeinte Sentenz: »Wenn das Vaterland mit seinen Grenzen und Kriegen untergeht, bleiben doch Mutterland und Heimat.«

Obwohl Jünger dem Gespräch über die Nation ausweicht, dem großen Thema seiner publizistischen Zeit nach dem Ersten Weltkrieg, billigt er doch, so will es uns scheinen, unser Bemühen um öffentliche Anerkennung des nationalen Themas seit der Wiedervereinigung. Das von Ulrich und mir herausgegebene Buch »Die selbstbewusste Nation« hatte er im Frühjahr vergangenen Jahres gelesen und sich bei mir in einem Brief dafür bedankt. Seine Gedanken kreisen inzwischen aber um anderes, das war zu spüren. Nun elektrisiert ihn Hale-Bopp, ein altes Thema seit dem Erscheinen des Halleyschen Kometen, den er 1910 mit der Familie in Rehburg und noch einmal 1986 in Sumatra am Himmel sah. Den Dichter fasziniert nicht nur, was er sieht, sondern was er wiedersieht, das Déjà-vu, ob es sich um Käfer oder wiederkehrende Planeten handelt. Das Tröstliche für Ernst Jünger ist die wunderbare Harmonie, die in der Wiederkunft zum Ausdruck kommt. In ihr erkennt er ein kosmisches Maß, das alle irdischen Kalkulationen und Hoffnungen übergreift.

Gegenüber der Hundertjahrfeier in Saulgau vor zwei Jahren, auf deren Gästeliste ich Ulrich platzieren ließ, wirkte Jünger deutlich gebrechlicher. Über seinen rotgeränderten Augen lag ein wässriger Schleier. Doch noch immer mustert er sein Gegenüber mit festem Blick, anteilnehmend, konzentriert. Zum Abschied sagte er: »Kommen Sie bald wieder!« Es erschien uns ehrlich gemeint. Ernst Jünger weiß, wer ihm die Treue hält und warum. Ein einsamer Mensch mit großer Gemeinde.

Martin Walser musste fast zwei Stunden auf uns warten, eine ziemliche Unhöflichkeit. Am Telefon, als wir unsere Verspätung ankündigten, wirkte er verärgert: »Wo steckt ihr denn jetzt?!« Wir kurvten im verwinkelten Überlingen herum und verfehlten auch mehrfach das Haus an der Uferstraße »Zum Hecht«. Als wir schließlich ankamen, stand Walser bereits vor der Haustür, leger bekleidet mit Sportpullover, heller Hose und Turnschuhen. Als ich einräumte, dass wir uns bei Ernst Jünger verplaudert hätten, entfuhr ihm der Satz: »Auch das noch! Ausgerechnet wegen Jünger!« Die beiden wohnen nicht weit auseinander, aber gingen sich bislang eher aus dem Weg. Doch dann entspann sich ein lebhaftes Gespräch über Walsers Deutschlandbild, über die deutschen Intellektuellen, den Euro. Er kritisierte Lafontaine wegen dessen Verzögerungstaktik, was den Vollzug der deutschen Einheit betrifft, und kritisierte eine Reihe von Intellektuellen, die den Ostdeutschen vorwerfen, nur wegen der Bananen in den Westen gekommen zu sein. Lafontaine habe jedes Recht, sich persönlich nicht über die Einheit zu freuen, aber es sei unverzeihlich, die Freude der anderen herunterzumachen.

Walser war sehr darauf bedacht, in keine Falle zu tappen, nicht zu viel preiszugeben. Als ich ihn auf Kohls fragwürdiges Diktum vom vereinten Europa als der Frage nach »Krieg oder Frieden« ansprach, wurde er ein wenig böse, seine Stimme herrisch, rechthaberisch – obwohl er eben noch sein »Rechthaben-wollen« als überwunden darzustellen versucht hatte. Nein, da hätte ich den Kanzler falsch verstanden, das könne der doch gar nicht gesagt haben! Kohl habe doch Geschichte studiert! Er wisse doch, dass es keinen Krieg mehr gebe, in »Kerneuropa« keinen Krieg mehr geben könne! Als ich aus einer Kohl-Rede zitierte, wischte er das weg. Diese Form des Rechthabenwollens um jeden Preis erstaunte uns. Gerade weil er eine persönliche Schwäche eingeräumt hatte, suchte er nun nach Entschuldigungen, zitierte Kierkegaard und andere. Um mich mit meinen Einwänden gegenüber dem Euro, dessen Einführung von Helmut Kohl vehement befürwortet wird, zu widerlegen, pochte er auf einen »Souveränitätsverzicht«, den jedes Land für das »geplagte Europa« leisten müsse. Dass dies fast nur von Deutschland so gesehen werde, tat er ab.

Ulrich, der im Gespräch immer wieder auf der Vorhersehbarkeit der »Wende« beharrte und das jahrzehntelange Leugnen der deutsch-deutschen Gemeinsamkeit geißelte, lockte Walser mehrfach aus der Reserve. Als ehemaliger politischer Häftling der DDR und engagierter Wiedervereinigungsbefürworter hatte er viele Argumente auf seiner Seite. Walser hatte ja selbst immer wieder betont, sein »Geschichtsgefühl« erlaube es ihm nicht, die DDR einfach abzuschreiben. Walser fand den Dreh, das Nebeneinander der beiden deutschen Staaten als quasi hegelianische Pointe zu deuten: Auf deutschem Boden sei mit der DDR der »dialektische Gegensatz zur Bundesrepublik installiert« gewesen. In diesem »antithetischen Prozess« hätten sich beide Seiten beeinflusst. Falle nun der Sozialismus weg, fehle dem Kapitalismus sein Gegenteil: »Der Kapitalismus war nie so illegitim wie heute, da er keinen Gegner mehr hat.« Nichts sei ohne sein Gegenteil wahr. Ulrich hakte sofort nach und sah in dieser dialektischen Aufwertung eine unzulässige Legitimation des DDR-Regimes. Walser, angesprochen auf die eigene DKP-Zeit, bestritt, jemals – auch nicht während seines Kampfes gegen Vietnam – die Schützenhilfe der SED angenommen zu haben.

Es war zu spüren, dass Walser gegenüber Ulrich vorsichtiger argumentierte, weil er einen Betroffenen vor sich hatte, dessen Haltung durch den persönlichen Widerstand beglaubigt ist. Mich hatte er eine halbe Stunde vorher unverblümt angegriffen. Mehrfach sprach er, als die Rede auf die Anfälligkeit der Deutschen für das moralistische Links-rechts-Schema kam, vom »Religionskriegsvolk«, das seit dem Dreißigjährigen Krieg unversöhnliche Haltungen einnehme. Keine andere Nation habe so erbittert über den Leib Christi gestritten. Diese Unerbittlichkeit dauere an. Er kenne »nichts Intoleranteres als unser intellektuelles Klima«. Bei diesem Thema fanden wir zum Gemeinsamen zurück – wenngleich Walser den Kampf gegen den Zeitgeist als kontraproduktiv abtat: »Der Zeitgeist vergeht umso rascher, je mehr er zur Herrschaft kommt.« Ob er damit leben könne, dass man ihn inzwischen einen »Rechten« nenne? Seine Antwort gefiel uns: »Wenn Rechte mich als Rechten freundlich zitieren, dann müssen sie genauso viel weglassen von mir, wie wenn Linke mich unfreundlich zitieren. Solche Platzanweisungsroutine ist doch öde.«

Markus Leser, Sohn des bekannten Fotografen Rupert Leser, machte während des Gespräches Fotos, die den gestikulierenden Walser an seinem papierbeladenen Schreibtisch zeigen. Der Blick vom hellen Arbeitszimmer ging hinaus auf die im Abendlicht silbern schimmernde Fläche des Bodensees. Ein inspirierender Raum. Gegen 19 Uhr verließen wir, es dämmerte bereits, das Haus. Zum Abschied sagte der Hausherr: »Beim nächsten Gespräch – abgesehen davon, dass ich ja gar keine Interviews mehr geben will – reden wir nicht mehr über andere.« Ulrich traf Walser einige Tage später wieder auf der Leipziger Buchmesse, das Interview war bereits erschienen, und Walser bedankte sich für »die faire Behandlung«. Ganz im Schwarz und mit breitkrempigem Hut, so Ulrich, habe Walser ihn beim Zusammentreffen am Stand des Suhrkamp Verlages sofort geduzt und umarmt. Er trug ihm auch auf, »den Heimo« zu grüßen.

Hellmut T. Seemann

Über Schnee und Geschichte:
Notate 1983–2011

Am Morgen sitze ich lesend am Tisch. Aus weißem Dunst, aber gleißend, ergießt sich von links das Licht der Sonne über die Tischplatte, das Buch und den Lesenden: ›Über Schnee und Geschichte‹. Ein Flügel des inneren Fensters ist angelehnt. So fängt seine Scheibe die Strahlen der Sonne auf und wirft sie auf die Innenseite des äußeren Fensters. »Das *Naturschöne* ist das Herausragen des Essenziellen ins Materielle: der dauernden Substanz in Gestalt temporärer Form, der das Flüchtige nur vorwahr ist, weil sich hinter ihm das Verwahrte, die Essenz, verbirgt.«

Nachdenkend, was für Schacht das Nur-Vorwahre bedeutet, geht der Blick vom Buch zum Licht. Die Sonne ist im Spiegelkabinett des Doppelfensters sich selbst zum Mond geworden und so steht sie doppelt am östlichen Himmel. Flüchtig ist das schöne Himmelsbild allemal; nach wenigen Minuten verlöscht der Sonnenmond. Er war nur eine Täuschung, ganz temporär – wie die andere, die Substanz, auch: Bei den paar Millisekunden vom Sein, die sie noch hat, die Sonne ... Nur wir, also die Menschen, glauben absurderweise, ihr, unserem Stern, etwas Besseres konzedieren zu können, wenn wir ihr ein paar Milliarden Jahre zusprechen. Die vorwahre Großzügigkeit menschlichen Nachdenkens ist so hybride wie nur möglich, wie soll ich da glauben, dass jenseits dieser Vorwahrheit schließlich und endlich die ersehnte Essenz auch noch hervortreten wird, das Verwahrte? »Das Ungeheuerliche an unserer Existenz ist die Ahnung, dass wir mehr sind als nur die Asche, die wir werden«, hat Schacht im Sommer 2010, acht Jahre vor seinem plötzlichen Tod, notiert.

Daraus folgt für den Ablauf unserer Beziehungsgeschichte, dass er schon ein dreiviertel Tagtausend tot war, als es die coronaverhangene Nation am 3. Oktober 2020 in ihrer Einheit und Gänze als Zumutung empfand, ihren 30. Geburtstag zu feiern. Bei den wenigen Begegnungen, die uns zusammenführten, war es allenfalls eine gefühlte, d. h. nicht einmal geahnte Ahnung, dass er mir im Geist der Freiheit zugedacht sein sollte als mein Bruder. Ich lernte es erst aus der Lektüre seiner ›Notate‹: *Über Schnee und Geschichte.* So flüchtig waren unsere Begegnungen über die Jahre, dass ich ihn einmal, bei einem Festakt in Berlin, in der Gestalt des Erzbischofs Reinhard von München und Freising wiederzuerkennen glaubte und diesen deshalb so freudig begrüßte, dass der Kardinal, dem ich bedauerlicherweise nie zuvor begegnet war, sichtlich irritiert reagierte; doch ließ ich ihn über den Grund meiner Freude an seiner Präsenz unaufgeklärt. Als ich aber außer Sichtweite war, musste ich mich setzen, um nicht vor Lachen hinzufallen.

Heute mischt sich das Gelächter mit dem Kummer, dass ich dem fernen Bruder die Geschichte vor seinem Tod nicht mehr erzählen konnte. Zum 3. Oktober 2020 also sprach Altbundespräsident Gauck mit der Frankfurter Allgemeinen Zeitung: »Aber das eigentlich Merkwürdige und Anrührende ist, dass selbst bei Menschen wie mir, der ich der DDR keine Träne nachweine, mitunter ein ganz unpolitisches Gefühl des Abschieds oder einer irgendwie kaum erklärbaren Traurigkeit entsteht.« Im *Notat* vom 11. November 2009 taucht Gauck als »mein leicht zu rührender Freund« auf, den Schacht als »heroischen Zeugen überwundener Unfreiheit und erreichter Befreiung in einem« deutet. Heute kann sich der leicht zu Rührende seine Traurigkeit nicht erklären, und Schacht ist tot. Für mich gab es, vor und nach 1989, immer genug Freiheit; für meinen Bruder gab es Freiheit, vor und nach 1989, nur in der Revolte. Die Wende im Leben dieses sanften Revolutionärs trat 1990 ein, als er nämlich erkannte, dass die Revolte nun, nach der Wiedervereinigung, gegen zwei deutsche Staaten zu führen sei, gegen die alte Diktatur und gegen die neue ›demokratische Despotie‹, wie er mit einem Wort von Norbert Bolz nannte, was er als ›*fortschrittliche* Freiheitszerstörung‹ empfand. Kann die Traurigkeit des leicht zu rührenden Freundes auch daher rühren, dass er sich auf meine Seite, also die Seite derer schlug, die immer schon genug Freiheit hatten?

Schnee und Geschichte, mit dieser Chiffre fasst Schacht sechs Jahre vor seinem Tod *Notate* zusammen, die in seinem einunddreißigsten Jahr einsetzen und über 28 Jahre, wenn auch höchst unregelmäßig, niedergeschrieben wurden. Sie kreisen, mal in weiter Umlaufbahn, mal wie besessen um diese eine Konstellation, die der Himmel über dem Ereignis, dessen Zeitzeuge Schacht wird, als eine Frage stellt: Gibt es einen Gott in der Geschichte? »Deutschland hat Gnade vor der Geschichte erfahren«, schreibt er im November 1989 nieder. »Dankbarkeit und Demut erfüllen« ihn. In seinem Leben hat er Geschichte einmal als konkrete Begegnung mit dem Gott der Geschichte erfahren, geschichtliches Ereignis und religiöse Erfahrung fielen in eins. Zwanzig Jahre später erinnert er sich beim Anblick einer aufgeblühten Rose, an deren Erblühen er nicht mehr geglaubt hatte, an den geschichtlichen Moment der unverhofften Freiheit.

Üblicherweise – damit meine ich immer noch: Im Leben seines westdeutschen Bruders – gibt es das nicht. Dafür ist allenfalls Natur, nicht aber Geschichte zuständig: »Die Natur ist die Tapetentür Gottes zur Welt: Der Raum *dahinter*, in dem er verschwindet, ist der Traum *davor*, in dem er erscheint.« Über solche Natur-Mystik ließe sich allemal sprechen – aber Gott in der Geschichte?

Dabei ist Schachts Ausgangspunkt eigentlich ganz einfach. Ob in der Geschichtsphilosophie oder in der Theologie, transdisziplinäre Einigkeit besteht im Großen und Ganzen darüber, dass in der Neuzeit und in der Moderne an die Stelle Gottes mehr und mehr der Mensch selber getreten ist. Dieser hat die heilsgeschichtliche Rolle Gottes für sich selbst übernommen, um einen *Neuen Menschen* zu entwerfen, der als solcher zum Urheber einer anthropologischen Utopie wird, die sich historisch verwirklicht. Die Chiffren wechseln. Erst ist von der freien ›Vernunft‹, dann von der ›Gleichheit‹ aller im paradiesischen Kommunismus, dann von der ›Herrenrasse‹ und schließlich vom unausweichlichen ›Fortschritt‹ in der Geschichte die Rede. Unverändert ist – und also bleibt sie – die Selbstvergöttlichung des Menschen mit der mit ihr regelmäßig einhergehenden Lizenz zum Töten.

Wenn diese Logik durchschaut ist, gibt es zwei Wege. Die ganz überwiegende Mehrheit der westlich geprägten Intelligenz denkt säkular, antitotalitär, konsensuell, multilateral, konstitutionell und demokratisch etc.pp; mit dieser Disposition glaubt sie die richtige Lehre aus den ›Verirrungen‹ der neuzeitlichen, insbesondere der modernen Geschichte und ihrer jeweiligen Geschichtsphilosophie gezogen zu haben. Schacht zieht einen anderen Schluss aus derselben Erkenntnis. Er will für möglich halten, dass der Gott der Geschichte nie aufgehört hat – auch in den dunkelsten, menschvergöttlichendsten Zeiten nicht –, die Geschichte des Menschen zu begleiten und dadurch zu retten, was in Trümmer gelegt wurde, und dass dieser Gott deshalb nicht nur als Traum in der Anschauung der Natur erfahrbar geblieben ist, sondern auch als Gott der Geschichte. Schließlich hatte er selbst eine historische Gotteserfahrung machen dürfen. Dass einer für ein Gespräch über die ›Heilsökonomie‹, über Geschichte als Heilsgeschehen, wie ein älterer Bruder, der mehr Erfahrungen gesammelt hatte, hätte zur Verfügung stehen können, bleibt eine verlockende, wenn auch nicht mehr reale Möglichkeit.

Aber ich darf, nachdem ich wochenlang mit den Trümmern seiner ›Notate‹ durch die von ihm verlassene Zeit gegangen bin, nur von mir selbst autorisiert schreiben, was er am 21. Januar 1990 über Camus notierte: »Er ragt in mein Leben wie ein guter Bruder.«

Cornelia Seidel

Viarpshulter Akrostichon

U NTER
L ICHT
R EICH
I RDISCH
C HERUBIMISCHEM
H IMMEL

S UCHTE
C HARISMATISCHER
H ERR
A NKLÄNGE
C HIFFREN
H OHER
T AGE

Michael Seidel

Ein Auftrag zu streitbarer Wahrhaftigkeit

Wir haben uns, verdammt noch mal, zu spät kennengelernt. Es war an einem frischen, aber sonnigen Herbsttag. Südufer Pfaffenteich, mitten in Schwerin. Linkerhand das Arsenal, einst Sitz der Volkspolizei-Bezirksdirektion, für einen Dissidenten ein unheilvoller Ort. Ein Ort, der Ulrich Schacht seltsam vertraut war.

Jahrelang hatte ein gemeinsamer Bekannter immer wieder versucht, uns zusammenzubringen. An dem Spätnachmittag trafen wir unverhofft und vermeintlich zufällig aufeinander, obgleich dem Zufall offenbar nachgeholfen worden war. Erste Assoziation: Distanz, Skepsis, Abtasten. Eigentlich zwei gleichartige Typen. Nicht ganz schlank. Kräftige Stimmen. Dicke Schädel. Selbstbewusst.

Vorsichtig begann ein Gespräch. Eine Stunde später saßen wir im »House of Whisky« – und waren für die übrige Truppe verloren. So in einen ernsthaften, lustvollen und inspirierenden Diskurs über die Grenzen des Sagbaren, die Freiheit des Geistes und des Wortes, die Intoleranz der Toleranten – und zugleich über die eigenen Abgründe und Euphorien vertieft, dass wir den Rest um uns herum vergaßen.

Das war der Beginn einer anstrengenden, zuweilen schmerzhaften, aber ungemein inspirierenden Mail-Freundschaft. »Lieber Michael«, begann eine Mail, »willst Du mein zukünftiger Maßstab auf der ganz persönlichen Untreueskala werden? Was muß ich tun, damit auch nur ein Hauch unserer whiskyseligen Zusammenarbeitsvisionen wahr werde? Vielleicht ein Kistchen japanischen Whisky zu Dir nach Schwerin schicken? Oder ein noch kleineres mit Semtex, damit Du mal aufwachst in meine Richtung?« Ich vergalt es dem Wahl-Schweden mit gleichartiger Rhetorik: »Dein Interview (zu dem ich mir die Fragen imaginiert habe) konnte ich mir jetzt schnell zu Gemüte führen. Die Substanz würde ich gern verwenden – vorausgesetzt, ich könnte selbst die Fragen formulieren. Dann müsstest Du allerdings Deine Antworten überarbeiten.« Wir schaukelten uns hoch und trösteten uns wieder runter. »Ich habe mich ja auch nur deshalb in der Angelegenheit an Dich erinnern können, weil wir einen Modus gefunden haben, der praktisch geworden ist – über alles Theoretisieren hinaus, für das ich schon zu haben bin, wie Du ja weißt!«, lenkte Ulrich am Ende einer schwierigen Verabredung ein. »Das heißt: Wir machen es jetzt genau so wie Du vorschlägst, denn ich kann ja gar nicht einschätzen, was quantitativ geht – nur für Gedankenqualität stehe ich zur Verfügung und auch ein!«

Die Essenz solcher rustikalen Konversationen waren Kontroversen auslösende Meinungsartikel in meiner Zeitung, die es bis dahin selten so gegeben hatte. Und irgendwann gestand ich ihm nach Lektüre einiger seiner Essays: »Starker Stoff, der mein Gehirn auf Trab hält und meine eigenen Standpunkte immer wieder herausfordert. Gelegentlich merke ich dabei, wie banal ich bis dato Positionen vor mir selbst und anderen begründete, wie eindimensional oder auch schlicht nur moralisierend manche Haltung war oder ist (ich will halt auf der guten/hellen Seite stehen) […]: Edel sei der Mensch, hilfreich und gut. Und ein bisschen Pawel Kortschagin steckt auch noch in mir.«

Ulrich antwortete mir dann gelegentlich so: »Ich kann nur hoffen, daß ich Dir nicht zu viel zumute – das will ich nicht! Weil ich nichts ausnutzen will! Aber ich glaube, daß diese Art von Streitkultur sowohl sinnvoll als auch notwendig ist. Wachsend – sonst endet alles wieder einmal im Falschen und Adornos Satz trifft wieder einmal zu: ›Es gibt kein richtiges Leben im falschen!‹«

Als Autor hatte ich ihn gewonnen, dann sogar als streitlustigen Diskutanten für Veranstaltungen mit unseren Lesern. Eine Lesung zu seinem gut besprochenen Roman »Notre Dame« war fest geplant. Notre Dame. Diese irre Geschichte, die Historie mit Biografie verwob, die an Orten spielte, die wir beide kannten. Orte, die unser beider Erinnerungen, Emotionen und Sehnsüchte hochholte. Dieser Roman, in dem ich mich selbst an vielen Orten, in vielen Umständen und Atmosphären wiederfand. Weil ich selbst dort war, sie noch riechen, schmecken, fühlen konnte.

Wer mit Ulrich diskutierte, musste auf Zack sein. Zu jedem Argument feuerte er einem Thesen oder Merksätze von Klassikern um die Ohren, dass einem schwindelig werden konnte. Mit dem in vielen »Kreisen« üblichen unverbindlichen Antichambrieren kam ich da nicht weit. Vor allem machten mir diese Dispute klar, wie wenig ich eigentlich wusste. Und wie wenig ich vom Widerstand in der DDR mitbekommen hatte. Und wie wenig wir nach dem Mauerfall den einst Widerständigen zugehört hatten, die nun schon wieder vielfach als die Widerborstigen, die Querulanten, die Unbequemen galten. Unerklärlich indes bleibt mir seine Verbundenheit zu Autoren, die einst Bürgerrechtler waren, die ich inzwischen aber außerhalb des Verfassungsbogens verorte. Eine Passage in »Notre Dame« ist geeignet, mir ein dauerhaft schlechtes Gewissen zu bereiten. Da erzählt Schacht von seinen subversiven Prag-Ausflügen und seinem Mentor, Kaplan Anton Papp, und wie »der Geheimdienst«, die Stasi, aus ihren Kassibern und Briefwechseln »ein dickes Buch gemacht« habe, »seine Anklageschrift«. Er sinniert, wie es gewesen wäre, wenn er sich von Papp aus der DDR hinausschmuggeln lassen hätte – nach Hamburg, wo er später tatsächlich ankam, nachdem der Westen ihn »freigekauft« hatte: »Jahre, in denen er nichts am Leib getragen hatte als einen Sträflingsanzug mit auffällig breiten Streifen, auf dem Rücken, an Ärmeln, auf Hosenbeinen. Ihre gelbe Farbe ließ den Träger der ausgemusterten und umgefärbten Militäruniform schon von weitem als das erkennbar werden, was er war: ein Fremdkörper, der zu melden war, ohne mit der Wimper zu zucken.« Gott, was ist mir erspart geblieben!

Doch solche Larmoyanz ließ Schacht mir nicht durchgehen. Wichtiger war ihm, sich im Hier und Jetzt ohne Vorbehalte, Denkverbote oder Ressentiments zu streiten, bis die Standpunkte klar wurden. Selbst wenn sie noch so weit entfernt waren, wie vor dem Streit. Aber nun gestützt auf Argumente. Die Lust am freien Denken, am Bürsten gegen den Strich, hat für Klarheiten gesorgt.

Um sein Gottvertrauen beneidete ich Ungläubiger ihn, nicht wegen seiner Konfession, sondern um des Fundaments an Werten und Geborgenheit willen, das ihm die Gelassenheit wie auch den Furor ließ. Daher rührte der »Freiheitssinn seines Lebens«. An diesem Punkt hatten wir uns wohl gefunden: lebensfroh und lustvoll die Gedanken auf die Spitze treiben, sich in die Schuhe des Anderen zu stellen und dann aber wieder zurück in die eigenen – damit hat er mich inspiriert. Und mir mit seinem frühen Tod einen Auftrag hinterlassen.

Lutz Seiler

als unser sprechen einmal diese frage

> »… *sie ruht auch drunten im Orkus nicht.*«
> Friedrich Hölderlin

als unser sprechen einmal diese frage nahm
wo mein eignes schmales erdreich ankern kann …
& deine antwort war, vertrau

dem stumpfen, abgeschabten
porzellan im schrank, das leis
schon zittert, laut gibt, wenn du lauschst & lockt
mit rissen, die wie skizzen sind von wegen, trau

den totgeschossnen lampen draußen, die
an brückenpfeilern still verrotten unter gleisen
die verrostet sind – & schau:

welch wabe warmer finsternis hat dort für dich
schon festgemacht, da ist
ein tiefes atemholen für die nacht & gute
feste schwere in gedanken – als

unser sprechen einmal diese wendung nahm
war alles, was zu ende ging
auf meiner seite

Harald Seubert

Reale Gegenwart

Wenn ich die Grundstimmung benennen soll, die für mich aus Begegnungen, Brief- und Mailwechseln und aus der Lektüre seiner Lyrik und Prosa von Ulrich Schacht weit über seinen Tod hinaus bleibt, so ist es eine einzigartige Verbindung von Kraft, Leidenschaft, Feuer, bis zum Verzehrenden einerseits, mit einer tiefen Zartheit, Empathie und Musikalität andrerseits. In dieser Feinhörigkeit wandte er sich auch den menschlichen Dingen zu. Ein sanftes Gesetz, das in Eishöhen und auf Gipfel führte. Dies war seine »exzentrische Bahn«. Denn beide Linien waren nicht ausgemittelt oder abgeflacht, sondern im Extrem vereint: Eine Coincidentia oder Complexio oppositorum, wie ich sie kein zweites Mal erlebte.

Die Kraft war schon in seiner Gestalt, seiner Stimme unmittelbar präsent; aber auch in der Leidenschaft und, was vorkam, im Furor seiner Einlassungen, nicht zuletzt der politischen. Kein falsches Wort, keine falsche Inszenierung, die er seismographisch wahrnahm, waren ihm folgenlos. Angesichts seines Lebens und angesichts der Geschichte des 20. Jahrhunderts ist diese Hellsichtigkeit klar und verständlich.

Seine Briefe wieder lesend, mit denen er mich wiederholt zu den Konventen der Georgsbruderschaft einlud, werden mir wehmütig die tiefe Herzenskultur und die Passion, mit der er nach dem Wahren und Schönen suchte, erneut bewusst. Nur als unwiederbringlicher Verlust. Seine Fragen waren Inspiration und Motivation. Sie brachten einen in Bewegung. Ein wenig fühlte man sich selbst mit dem Blick des Anfangs gesehen: Dem Blick der Liebe, wie Gott einen gemeint haben kann. Und, sans phrase, ist dies auch der Blick vom Paradies her und auf die Erlösung hin.

Ulrich Schacht war ein großartiger Meister der Sprache: Der Lyriker, dessen Gedichte eine naturpoetische Kraft entfalteten und der zugleich aufs Genaueste komponierte, reicht an die Gipfelpunkte lyrischen Sprechens, an Hölderlin, Benn, Celan. Auch hier eröffnet sich wieder eine Coinzidenz: Das Naive, die Urpoesie, berührt sich bei Schacht mit dem Sentimentalischen, der differenzierten Komposition, die auch in das Grundverhältnis von Denken und Dichten hineinführt. Er liebte den Chiasmus, die überraschende Verbindung des Auseinanderliegenden, das durch eine »zarte doch helle Differenz« getrennt ist. Der Titel seiner späten Sammlung ›Platon denkt ein Gedicht‹ artikuliert nicht nur einen allerhöchsten Anspruch: Es beschreibt, dass beides nicht ohneeinander sein kann. Das Denken ohne das Dichten und umgekehrt. Im Ideenlicht oder in den Lichtern des Nordens.

Dieses Charisma floss in den Begegnungen des St. Georgs-Ordens zusammen: Ulrich Schacht hat sich mir als Symposiarch in einem zutiefst christlichen und zugleich tief widerständigen Sinn ins Bewusstsein eingeprägt. Denken, freies Gespräch und Nachsinnen, die heiteren Feste und dionysisch-apollinischen Mahlzeiten und schließlich als Mitte und Klammer, das Tagesgebet und die Deutsche Messe, niemals ohne Abendmahl: Diesen Zusammenklang konnte man in dieser, von ihm gegründeten Bruderschaft erfahren. Sie war Emanation seines Wesens, niemals in einem vordergründigen Sinn Inszenierung. Es war gleichermaßen weit entfernt von den karrieresüchtigen Schmeicheleien und Belanglosigkeiten so vieler gängiger Kongresse und Tagungen und den betulichen Selbststilisierungen mancher Kulturzirkel.

Ulrich Schacht sammelte die Freunde um sich, die es für ein solches Unternehmen braucht. Freie Geister, fromme Dissidenten und schöpferische Künstler-Bürger, auch im anarchischen Sinn. Der Begriff des »Coenakels«, der kleinen Zelle, die schon für Nietzsche die Rettung war angesichts einer verdummenden und verdumpfenden Zivilisation der Schlagwörter, gewann und gewinnt angesichts der Georgsbruderschaft wieder an Sinn und Bedeutung. Und hier zeigt sich eine weitere Coincidenz: Weltlichkeit und tief geistliche Spiritualität konvergierten – im Geist evangelischer Katholizität, im Zeichen Luthers, Melanchthons, Bonhoeffers, aber auch im Geist eines Romano Guardini oder Joseph Ratzinger. Ulrich Schacht war von der Parrhesia, der furchtlosen Freimut, die das Evangelium empfiehlt, getragen wie wenige andere.

So war er auch ein politisches Tier, ganz und gar: Er musste sich in den Trubel stürzen, in die Auseinandersetzung und den Streit dieser Welt. In der Grundtendenz sieht man je länger je mehr, wie wichtig und berechtigt seine Widerworte waren. Er konnte sie mit der Kraft des Volkstribuns herausschleudern, nicht Utopiker, nicht Weltretter, sondern ein großer Geist auf der Suche nach der Ordnung der Freiheit. Das bleibt, auch wenn man manche Einzelheiten durchaus auch anders sehen kann.

Die Ästhetik seines Stils war eine ethische Qualität von hohen Graden. Auf ihn traf zu, was Wittgenstein einmal in den Gedanken brachte, dass Ethik und Ästhetik dasselbe sind. Das Wissen, dass er meine Arbeiten liest, war mir beim Schreiben immer gegenwärtig und ist es über seinen Tod hinaus: Eine Ehre und Antrieb, den Phrasen und Zeitgeistverbeugungen, die er hasste und die an allen Straßenecken lauern, zu widerstehen.

Man bedauert im Rückblick die entgangene Zeit. Nach Schweden auf seinen Hof zu kommen, habe ich versäumt. Er kam sowohl ins Studienzentrum Weikersheim als auch an meine Basler Hochschule und riss mit der Lesung aus ›Grimsey‹ die Studentinnen und Studenten hin. Manche träumten noch lange von ihm, wie sie mir sagten. Sein großer Roman ›Notre Dame‹, im Jahr vor seinem Tod erschienen, berührte mich im Innersten. Hier war bei allem Unterschied der Generationen und der Lebenswege eine Saite angeschlagen, die in meine eigenste Existenz gehört: Seine mir überaus kostbare Widmung brachte dies zum Ausdruck. Ich, der Empfänger, wisse ja, dass es Erschütterungen gibt, die nur in Notre Dame heilen können. Zu diesem

Roman und zu seinen Gedichten, die das Nordeis in seinen vielfachen Schattierungen (Bell Island im Eismeer) ebenso beschwören wie Bilder von Breughel bis Malewitsch kann man immer wieder zurückkehren.

Das Leben und Schreiben inCoinzidenzen ist Voraussetzung dafür, dass die reale Gegenwart wieder zur Sprache kommen kann, wie der große Kritiker George Steiner es gefordert und ersehnt hat. Ulrich Schacht hat dazu Großes beigetragen.

Erich Wolfgang Skwara

Masken

Die Leute sprechen von sieben, acht, neun oder noch viel mehr
Monaten, seit die neue Pest über unsere – nicht die ganze – aber
unsere Welt hereingebrochen ist, und es könnte geschehen, dass
sie einmal von sieben, acht oder neun Jahren sprechen werden,
oder, wahrscheinlicher, keinen Blick auf die Kalenderzeit mehr
werfen, vielleicht gar nichts mehr zur Pest, die dann unsere Pest
sein wird, sagen wollen, und unsere Toten nicht anders als unsere Lebenden Alltag, eben unser Alltag sein werden. Aber jetzt
noch bedeutet es jeden Tag, und nicht nur einmal, Erleichterung,
mehr noch Befreiung, wenn wir in unser Zimmer treten, unser
Haus erreichen und die äußere Welt durch Mauern, Fenster und
Türen von unserer Innenwelt trennen, wenn wir die draußen in
der Öffentlichkeit streng verpflichtenden Gesichtsmasken,
Schutzhelme – wie schlimm sie unsere Gesichter aufheizen, uns
quälen, wie sehr sie uns den Atem nehmen und – einmal weniger einmal mehr – zu Gefangenen machen der Luft, der ersten
und kostbarsten Freiheit.

Aber je öfter ich bei der Heimkehr die Maske abnehme, sie
mir nicht selten geradezu vom Gesicht reiße – endlich atmen,
endlich frei! – , kommt mir in den Sinn, dass der uns alle verän-
dernde Schutzmaskenzwang recht eigentlich nicht erst seit sieben, acht, neun oder viel mehr Monaten unser Atmen und damit
unser Leben beschränkt, sondern seit jeher, seit Anbeginn, dass
er mit jedem Aus-dem-Zimmer-Treten und wieder Eintreten Teil
unseres Menschseins gewesen ist und bleiben wird, und diese
verpflichtenden Masken nichts anderes als Materie gewordene
Gefangenschaft sind, die dazu dienen sollte, unsere wachsende
Blindheit, Fühllosigkeit wachzurütteln, ins Bewusstwerden zu
zerren; ob mit Erfolg oder nicht, das steht dahin. Die ewigen

Masken der äußeren Zwänge, und mit der Zeit werden wir immer häufiger vergessen, sie beim Eintreten in unsere eigensten Zimmer und Innenbereiche abzulegen, werden sie im Gesicht belassen, atemlos bleiben, mit vor Hitze angelaufenen, vernebelten Brillen, wir werden den Unterschied zwischen dem Ersticken und der möglichen Freiheit nicht länger bemerken. Freilich, Ersticken ist eine, Freiheit eine andere Dimension, und sie, diese beiden, in einen Satz zu zwingen, ergibt scheinbar keinen Sinn. Wie viele Jahrhunderte, Jahrtausende sind Menschen für diese – ja doch, mehr ist es niemals – Illusion irgendwelcher Freiheit in Kämpfe und Kriege gezogen, haben Gedankengebilde, Religionen errichtet, hielten es wert, ihre Überzeugungen für ewige Werte zu halten, Blut zu vergießen, und immer nur, um ihren Nächsten wie Fernsten vorgegebene Masken umzubinden oder vom Gesicht zu reißen. Nein, der von uns allen, bewusst oder ahnungslos eingeschlagene Weg war kein guter, zu urteilen – eher Verurteilen immer –, und manchmal sogar eine weiche Miene aufzusetzen und zu vergeben, Erlöser zu spielen – Erlöser wovon? –, hat uns allen niemals etwas eingebracht, wird niemals heilen können.

Die Pest des Augenblicks, richtig, die so oder so benannte Pest, die allzuleicht vergessen wird wie das Anlegen der dem Schutz vor ihr zugedachten Maske – du gehst aus dem Haus, du bist auf der Straße, schon hundert oder mehr Schritte auf deinem Weg, da fällt dir ein, da blitzt es durch dein Bewusstwerden: du hast die Maske zu Hause vergessen, du musst eiligst zurücklaufen in deine Wohnung und sie holen, anders kommst du nicht durch den Tag, zu viele strenge, erboste Blicke, wütende Zurufe gar, von den vom Staat verhängten Geldstrafen zu schweigen. Wie lange die Pest bei uns bleiben wird, darüber nachzusinnen ist müßig. Ein Virus zählt und misst sich nicht in Zeit, Zeit kennt keine Viren, also tapfer vorwärtsdahin: deine Maske tragend Dich fügend, füge dich!

Der Satz entstammt wohl der Bibel, den Evangelien, aber die Bibel lese ich kaum und kenne ich schlecht, und so genügt mir zu wissen, dass der Satz vom bedeutendsten katholischen Prediger des Barock, dem deutschen Augustiner-Barfüßer jesuitischer Prägung, Johann Ulrich Megerle, Abraham a Sancta Clara genannt und 1709 zu Wien verstorben, den verängstigt Gläubigen zugerufen wurde, der sich 1679 in der Pestzeit und später während der Türkenbelagerung ebendort aufhielt, dieser zutiefst in der memento mori Gestimmtheit des Barock stehende Satz, demzufolge »eine Zeit kommen werde, in der die Lebenden die Toten beneiden würden«. Diesen Zeitgeist teilen wir heute nicht, wir empfinden überhaupt nicht viel, zu unserem Wohlsein oder Schaden.

Der *Freund, unser Freund*, Ulrich, der so rasch wie verfrüht im nordischen Land mit dem Blick auf Wälder und Meer Verstorbene, hat von der Pest unserer Gegenwart nichts mehr erfahren müssen. Er mochte meinen Erstlingsroman »Pest in Siena«, den ich mit vierundzwanzig geschrieben hatte, er lobte ihn oft. Er starb, wie vielleicht so mancher von uns nur zu gern aus der Welt gehen würde, gewiss: zu früh, aber ich empfinde jene Eile seines Fortgehens auch als eine an sein Werk gebundene Gnade. Er hat an der gegenwärtigen Pest nicht mehr teilhaben müssen, aber hat ihn nicht sein nahezu lebenslänglich erfahrenes – falscher Staat, falsches System, quälende Ideologie, Lärm und Gemeinheit hüben wie drüben in jenen beiden einst deutschen Staaten – Leidenmüssen, sich gegen das Pandämonium seiner Zeit Stemmen-Müssen zu unserem Bruder und Mutmacher bestimmt? Er hat keine Maske angelegt, wie es verlangt wurde, wie es Gesetz war, deshalb wurde er zu dem wunderbaren Schriftsteller und Dichter, der er, und gerade in den beiden letzten Jahrzehnten seines Lebens, geworden ist.

Die Poesie des Nicht-Masken-Tragens, also Mut, ist der Boden der Dichtung. Alle Bücher Ulrich Schachts tragen Geheimnis und Klarheit zugleich, und mit den offensten offenen Augen in die Welt. Wie schön die deutsche Sprache, die heute so oft beschmutzte und fühllose, sein kann, zeigt uns jede Seite seiner Prosa, jede Zeile seiner Gedichte. Alles Verzeihen und Vergeben der Welt steckt in schöner Sprache. Sein letzter Roman und zugleich magnum opus, *Notre Dame*, hätte das unüberhörbarste Echo der dankbaren Zustimmung verdient – vielleicht wird es ihm ja noch zuteil werden. Er, der von seiner Geburt an, über Kindheit, frühe Jugend, Erwachsenwerden, Erwachsensein – wie auch seine Mutter – nur Übles erleiden musste, – wer von uns vermag sich einen einzigen Tag in einem DDR-Gefängnis auch nur vorzustellen? –, wurde aller Kälte und Hässlichkeit zum trotz zum Virtuosen des Schönen, zu einem Dichter der tiefgreifendsten Art.

Ich glaube, ich habe alle seine Bücher gelesen, er hat sie mir mit den liebevollsten Widmungen versehen zugeschickt; ich fand mich – und dieses Finden hält an – in jedem seiner Werke getröstet und gestärkt. So fremd sie mir waren, so nahe rückten sie mir. Seine politischen deutschlandbezogenen Gedanken sind mir, dem Nicht-Deutschen, kein Thema geworden; ich entdeckte in allen seinen Äußerungen immer Bereitschaft zum Verzeihen und zur Toleranz. Mich rührte in seinem letzten Roman der Besuch der Abendmesse des doch so überzeugt-aktiven Protestanten Ulrich Schacht in der katholischen Kathedrale von Notre Dame in Paris, diese wenigen Prosaseiten eines Flügel-Ausbreitens und über das Ureigene Hinauswachsens, eben weil es hinter den Masken, die wir tragen, keine Unterschiede gibt für Versöhnung und das Annehmen alles dessen, was »anders« ist, weil wir allesamt hinter unserer Maske, wie oft sie sich ändern mag, immer die gleichen, eben unsere Menschengesichter besitzen. Wer das erkennt, hat alles erkannt und verstanden, ein solcher Mensch ist am Ziel.

Ich weiß nicht mehr, wann und wo und wie ich dem Freund begegnet bin, ich kann keine Fakten dafür nennen, ich erinnere mich nur an jene Wärme, die seit dem ersten Brief und der ersten Begegnung – es gab deren nur wenige, unsere Lebensbahnen und die Geographie standen dagegen – mir vom Autorenkollegen (wie kalt das klingt!) – entgegen strömten. Da wurde ein Gruß ein Gefeiert-Werden, und als ich seinen Roman »Notre

Dame« dann gelesen und betroffen-dankbar in einem langen Brief an ihn mit der Lobpreisung »Du bist am Ziel!« abschloss, dachte ich allein an Ulrichs Ankunft auf der Höhe der literarischen Kunst, ich spürte, er war bereit zu einem neuen Aufbruch. Diesen Aufbruch, der ihm bald darauf zuteil wurde, hatte ich nicht im Sinn, wir hatten mit Datum und Ort unser Wiedersehen bereits bestimmt. Er hatte einen anderen Aufbruch vor sich, er, der in seinem Leben sehr selten Masken trug.

Joachim Steinmann

Die Gnade der Immunität

März 1972. Freund Norbert (alias Robert, der Maler in Ulrich Schachts Roman »Notre Dame« und Torben Berg alias Ulrich Schacht) elektrisierten sich gegenseitig. Im Visier hatten wir den Magneten Leipziger Buchmesse: Als Mecklenburger Provinzler freie Luft schnuppern, schauen, staunen, Notizen machen. Und West-Literatur klauen, am liebsten Kunstbände. Offiziell gab es zwar die Möglichkeit, ausgestellte Messe-Exemplare über die Buchhandlung »Das internationale Buch« in Leipzig zu kaufen. Die Erfolgschancen dafür belächelten wir ohne Aufregung als Illusion.

Mit Ulrich Schacht hatten wir uns im Buchmessehaus am Leipziger Markt verabredet. Für mich war es meine erste Begegnung mit ihm. Es sollte eine von den vielen unvergesslichen bleiben. Eigentlich war ich ja auf Beute aus, vor allem aus österreichischen und schweizerischen Kunstverlagen. Deshalb gab ich mich betont unauffällig. Ulrich jedoch sprach laut und lebhaft. Wie ein Bär reckte er sich auf und begann, sein neuestes Gedicht »Der Tote in der Spree« zu deklamieren. Die Augen blitzten, sein ganzer Körper fieberte als Echolot. Dabei schien es gerade an diesem Ort zu wimmeln von den Kameraden der »unsichtbaren Front«. Ich erstarrte und klaute diesmal nichts. Ulrich hingegen schien regelrecht erquickt, auf der Buchmesse quasi inoffiziell gelesen zu haben.

Im Café »Corso« hockten wir im Klönschnack zusammen. Ich wagte selbstkritische, kirchenmoralische Erwägungen zum Thema Bücherklauen. »Papperlapapp«, polterte Ulrich dazwischen. Nach kaiserlichem Strafrecht sei Bücherklau formaljuristisch seit einhundert Jahren schlicht »Mundraub«, gemäß § 370 Nr. 5. Er dozierte. Es sei doch klar, dass die Entwendung von

Nahrungs- oder Genussmitteln von unbedeutendem Wert oder in geringer Menge zum alsbaldigen Gebrauch und unmittelbarem Genuss kein Diebstahl wäre, sondern als Übertretung maximal mit sechs Wochen einfacher Haft strafbar. »Für uns hier in diesem Lande ist Bücherklau definitiv Mundraub«, beendete Ulrich die Debatte. Mir war ein wenig mulmig. Denn für Nobert als städtischem Bibliothekar und für mich als Kunstlehrer hätte ein Strafverfahren happig ausgehen können.

Erst am 2. Oktober 1990 traf ich Ulrich Schacht wieder. Wir begegneten uns zufällig auf einem Festakt zur Deutschen Einheit in der Berliner Philharmonie. Er als Redakteur der »Welt am Sonntag«, und ich als Abgeordneter der letzten, aber erstmals frei gewählten DDR-Volkskammer. Keine Zeit mit Small-Talk verplempern, war die Devise. Frontal ging Ulrich mich an: »Weißt du, warum du in der DDR gegen die realsozialistischen Bonzen warst, gegen die kommunistischen Ideologeme?« Er antwortete selbst: »Zwischen dir und denen war unvereinbar, dass die Herrschenden sich selbst für Gott hielten, Schicksal spielten, pseudo-religiös sich feierten, gottlose Halbgötter sozusagen ...«

Der dreieinige Gott hatte uns beiden die Gnade der Immunität gegenüber dem gefährlichen Virus innerweltlicher Erlösungsphantasien geschenkt. Ein Dialog zwischen uns war eröffnet. Er fand rege Fortsetzung. Zunächst über den freien Autorenverband und sodann über die Evangelische Bruderschaft St. Georgs-Orden sind wir seit 2004 einander nähergekommen – und geblieben.

Gabriele Stötzer

Mein Knastbruder

Ich schreibe diesen Text in Schwanenwerder, einer Insel zwischen Havel und Wannsee bei Berlin. Hinter einem kurzen Gartenstück liegt vor mir die Havel im Nebel. Auf dem ausgebreiteten Wasser schwingen weiße Segelboote an runden Ballons fest verankert, aber aus dem dichten Weiß schieben sich auch schmetterlingsartige Wind-Surfer hervor, drehen ihre Runden und verschwinden wieder. Es ist Sonntag im Oktober 2020. Den ganzen Sommer war ich hier in dieser Künstlerinnenresidenz[1], die ich bald verlassen werde für eine chinesische Künstlerin, die ich nicht kenne. Ihr wird der Platz genauso guttun wie mir.

Gestern Abend waren Freundinnen und Freunde aus Erfurt da, die es über Gefängnismauern und dann die große deutsche Mauer in den Westen verschlagen hat und die jetzt im freien Berlin wohnen. Kartoffelsalat und Rostbratwurst, da sind sich die Thüringer einig. Das Feuer brannte und Heimat ist da, wo wir uns zusammenfinden.

Als ich den ersten Tag hier ankam mit Sekt und Schlüsselempfang und als alle gegangen waren, saß ich vor dem unendlich schönen Ausblick: Holzsteg ins weite Wasser dessen Horizont von Wäldern umrandet liegt und den im Hintergrund nur der Grunewaldturm als einzigen festen Bau durchtrennt. Ich war noch dabei diese Schönheit abzutasten, da verwandelte sich die Kulisse schlagartig: ich saß in grauen Mauern mit grauem Boden und grauer Decke ohne Aussicht in meinem früheren Gefängnis Hoheneck bei Stollberg, wo in der DDR widerspenstige Frauen landeten. Hoheneck war Ende des 19. Jahrhunderts ein Weibergefängnis, beherbergte danach im 20. Jahrhundert in der Kriegs-

---

1 Cordts Art Foundation.

zeit einige Männer, und wurde ab 1945 mit Tausenden von politischen und kriminellen weiblichen Gefangenen bestückt. Ich war überrascht und vollkommen überwältigt von diesem plötzlichen aussichtslosen Grau, das mir damals jede Zukunft nahm, oder jeglichen Gedanken, das mir jemals etwas anderes als grau passieren könnte. Keinen Raum, keinen Traum oder so einen wunderbaren Ort in Freiheit wie hier hätte ich da jemals zu denken gewagt. Aber mit den herausschießenden Tränen löschte sich dieses graue Bild in mir und ich sitze jetzt schon Monate immer wieder einsinkend und blicktrinkend vor dieser alten und ewigen und nun mir zugänglichen Wahrheit, der sanften Heilung durch Schönheit, dem alten Menschenrecht.

1977 war ich in der Mörderburg Hoheneck zu einem Jahr Gefängnis wegen Staatsverleumdung verurteilt, lebte in überfüllten Verwahrräumen mit dreistöckigen Betten und trat mit Nummer und Arbeitskommandotitel auf, wenn ich etwas zu melden hatte. Hoheneck, der härteste Frauenknast in der DDR, die nicht nur Männern nichts ersparte, sondern auch Frauen und Kindern nicht. Man konnte wegen der einfachsten Dinge im Knast landen, einem Witz, einer Protestunterschrift, einem Fluchtversuch oder auch einem Banküberfall und Mord. Alles im gleichen Arbeitskommando, alles im gleichen Verwahrraum, alles mit gleichen undifferenzierten Paragrafen: kriminell.

Ich war dort mit 24 Jahren und ging nicht wie die anderen politischen Gefangenen in den Westen, sondern blieb in der DDR. Und nahm diese grauen Mauern mit hinaus oder in meine Träume, jahrzehntelang. Dann habe ich darüber geredet und geschrieben, nach dem Mauerfall ein Feature gemacht über die Frauen von Hoheneck und eines über die Zwangsadoption in der DDR.[2] Und da ist mir der Schrei der Frauen begegnet, die in diesem Gefängnis Kinder geboren hatten, diese einige Wochen bei sich behalten durften und denen die Kinder dann wegge-

2 2012 Feature im mdr »Frauenzuchthaus Hoheneck«, 2013 Feature im mdr »Fremde Mutter fremdes Kind«, Zwangsadoption in der DDR.

nommen wurden. Ins Heim, zur Adoption frei gegeben wurden oder – wenn es gut war – bei einer Verwandten unterkommen konnten. Sie haben alle einzeln laut geschrien, wenn die Kinder weggeholt wurden und meist haben die anderen Frauen um sie herum dann alle mitgeschrien. Wie begleitet einem Kind dieser Schrei, der existentiell und unheilbar ist, wenn es aus den Mauern »in die Freiheit« kommt. So war es 1951 mit Ulrich Schacht, der hier in Hoheneck geboren wurde, den seine Mutter liebevoll Uli nennt, als sie ihn noch stolz in ihrem Arm halten kann. Dann wird es einsam und kalt in Hoheneck, diesem Burgenkomplex, dessen Bauch sich die ganze Zeit in der DDR mit Frauen voller und voller schlug. Der Staat war unersättlich mit der Strafe und dem hinterhältigen Hass auf alle, die sich ihr entzogen und dem Geld, das der Westen für Gefangene bezahlte.

Aber wie geht es weiter mit den Kindern und den Frauen, die dem steinernen Schoß der Diktatur entstammen. Stark wurden die Frauen hinter den Mauern, gebrochen sind sie dahinter nicht. Und auch wenn sie draußen sich nicht gleich zur Kenntnis geben, erkennen tun sie sich doch.

Ich hatte Schachts Buch »Hohenecker Protokolle« von 2004 über elf Frauen aus Hoheneck wie Pflichtliteratur zu meinen Features gelesen, und mich wiedererkannt, in jedem dieser Berichte. Schacht selber lernte ich später auf einer Tagung über politische Fragen kennen, da saß ich mit ihm und Jürgen K. Hultenreich, dem Literaten, Musiker, Künstler und auch ehemaligem politischen Gefangenen, am Vorabend am Tisch und wir redeten und tranken und aus einem Übermaß an Mithaltertum glaubte ich, diesen beiden Trinkprofis folgen zu müssen, auch über meine roten Flecken im Gesicht hinweg. Es war diese dunkle Tiefe die uns bannte, die nur wir so entfalten konnten, denn Schacht kam nach den ersten Wochen Hoheneck 1973 noch einmal für dreieinhalb Jahre in den Knast, diesmal in Brandenburg. Zurück an den letzten Ort, an dem existentiellsten und härtesten, da wo die Angst lauert. Als wollte er es wissen, er hat sich nicht gespart. War es ähnlich in die Urgründe abzusteigen um dort Erkenntnis zu finden, wie jener »weg nach innen« von dem Novalis spricht und den er in einem Höhlenlabyrinth[3] beschreibt?

Und das alles nur wegen kritischer Worte, Gedichte, Pamphlete, eigenen Meinungen in Texten. Denn eigentlich war er zu 7 Jahren verurteilt worden, wegen staatsfeindlicher Hetzte und dann nach 3½ Jahren in den Westen Deutschlands verkauft worden. Wie viele andere Gefangene auch. Ich saß ja nur 1 Jahr, das ich mir als bewusstseinserweiternden Lernprozess verschönte und weiß, dass jeder Tag dort zu viel war. Es ist kein Wunder, dass er in der BRD diese Wortmaterie wie einen roten Faden beschwörte, vermehrte, bezwang wie ein Kapitän in die Hand nahm, das sie ihn an die Ufer führen, die er als das Ziel seines Lebens bestimmte. Wo er öffentlich und professionell seinen gesellschaftlichen Standpunkt einnahm, dass solche diktatorischen Übergriffe nicht noch einmal unser demokratisches Leben bestimmen. Das tat er als Journalist bei »Die Welt« und »Welt am Sonntag«, und in den Büchern danach, in denen er seiner zerrissenen Herkunft hinterherforschte, bis er seinem Vater, einem ehemaligen Soldaten der russischen Besatzungsmacht, der anders als seine Mutter nicht mit Knast sondern mit Verbannung nach Sibirien gestraft wurde, in den Armen liegt. Seit 1998 lebte er in Schweden. Seine Texte wurden immer kunstvoller, reiner, als ob er die Dunkelheit ganz überwinden wollte.

Ich habe Ulrich Schacht kraftvoll, humorvoll, bärenstark erlebt, der mit Worten wie Hanteln jonglieren konnte. Er war engagiert und herzensklar. Aber vielleicht wuchs in diesem Körper sein Herz noch größer und größer an allem, was er aufzunehmen hatte – oder wuchs in ihm wieder dieser Schrei aus einer anderen Welt – bis es zersprang. Der unschlagbare Ulrich Schacht, ein Freund, ein Bruder.

Er war auch mein Knastbruder.

---

3 In Heinrich von Offerdingen.

Heiner Sylvester

Angesichts des Äußersten
Ein unvollendetes Filmprojekt

August 2007: Mit meiner Frau Corinna verbringe ich wunderbare Sommertage in Südschweden auf dem kleinen Gehöft Viarpshult bei Ulrich und Stefanie Schacht. Die Welt mit ihren dauerhaften Konfliktstoffen, ihrem Ringen um Wahrheit in widersprüchlichen Lebenswirklichkeiten ist in weite Ferne gerückt. Was da ist, ist wahr: Meer, Landschaft, Wald hinterm Haus. Felsige Hügel am Meer und Gespräche unter Obstbäumen, in der Bibliothek, dem ehemaligen Hühnerstall am Hang, in der hellen Stube am Tisch.

Der wahre, vor den Frauen verborgene Sinn des Besuches, war die Idee für einen gemeinsamen Film. Unsere Gedanken kreisten um ein Thema von großer historischer und geistiger Tiefe wie auch politischer Sprengkraft. Ich versuchte, eine filmische Erzählweise bedenkend, ihm gedanklich zu folgen. Er hatte für den Rundfunk soeben einen großartigen Essay geschaffen, mit dem Titel: »Von der Intelligenz des Bösen oder Die Schule der Gottlosigkeit – Saint-Just, Menshinski, Goebbels«.[1] Schachts analytisches Denken und sein christlicher Glaube, biografisch gewachsen und im Zuchthaus der kommunistischen Diktatur in der DDR in den Jahren 1973–1976 existenziell bestätigt, forderten heraus und verwiesen zugleich in unsere Gegenwart.

»Daß Böses im Namen des Guten oder Besseren geschieht, der Gerechtigkeit oder des historisch Notwendigen, das sich zugleich als das Vernünftige glaubt, ist in seiner radikalen politi-

---

1 Ulrich Schacht, Ein Funk-Essay: *Von der Intelligenz des Bösen oder Die Schule der Gottlosigkeit – Saint-Just, Menshinski, Goebbels*, Arbeitsmanuskript des Autors. Original beim Verfasser.

schen Gestalt ein Phänomen der Moderne.« Dafür stünden, so Schacht, »die Ereignisse 1789 in Frankreich, 1917 in Rußland, 1933 in Deutschland«. Sie zeigten sich in einer »[…] totalitären Gesinnungsverdichtung in menschheitsbeglückender Absicht, auf der Basis einer Philosophie der Selbstvergottung des Menschen und seiner zufälligen politischen Ordnung, die sich als endgültig versteht.«[2]

Wer solche Sätze hört oder zu lesen bekommt, ist erst einmal »platt«, beeindruckt und vielleicht auch irritiert. Aber in einem künstlerisch gestalteten Film muss das, was sich im Leben von Menschen damit verbindet, auch ohne Worte empfindbar und verständlich werden. Im Dokumentarfilm ist das ohne authentische Ereignisse, ohne authentische Orte und ohne authentische Personen und deren Hintergründe nicht darstellbar, nicht erzählbar, nicht plausibel. In den weiteren Gesprächen, unsere Vorstellungen verdichtend, berieten wir diese Bedingtheiten, die ins Bild gesetzt werden mussten: Die Extreme im 20. Jahrhundert, bolschewistischer Gulag und nationalsozialistisches KZ-Lager. Welche Zeitzeugen? Außer persönlicher Betroffenheit und Leiderfahrung sollten sie über besondere Ausdrucksfähigkeiten verfügen, geistig das Erlebte reflektieren und in größeren Zusammenhängen darstellen, um auf diese Weise das »angesichts des Äußersten« Erfahrene emotional identifikatorisch vermitteln zu können. Wie überlebte man die Vernichtungskraft der Lagerwelt und wie überlebt man sie seelisch unbeschadet? Das war für uns eine zentrale Frage. Bedeutsam war sodann: Verbindet sich diese Frage mit Gott, mit Lebenssinn, der aus dem Glauben an den christlich trinitarischen Gott erwächst?

Schacht hat dieses Problem in dem genannten Essay mit fundamentalen Einsichten von Dietrich Bonhoeffer, dessen 100. Geburtstag unsere Georgsbruderschaft im Jahr zuvor würdig mit einem Offenen Konvent begangen hatte, beantwortet:

---

2 Ebd., 1 und 7.

»Schon in der Möglichkeit des Wissens um Gut und Böse [erkenne die christliche Ethik] den Abfall vom Ursprung«, konstatiert Bonhoeffer. Und in dieser Ureinsicht, der »Ursünde«, ersteht der Mensch, der »[…] nur eines weiß: Gott [und] »alles nur in Gott und Gott in allem.« Die Zerstörung dieser bewusstlosen Bewusstseins-Kongruenz, die kein Identitäts-, aber ein Schöpfungs-Status ist, bedeutet deshalb: *»Entzweiung im Ursprung«*:

Im Wissen um Gut und Böse versteht der Mensch sich nicht in der Wirklichkeit seiner Bestimmtheit vom Ursprung, sondern in seinen eigenen Möglichkeiten, nämlich gut oder böse zu sein. Er weiß nun sich selbst neben Gott außer Gott und das heißt: Das Wissen um Gut und Böse ist also die Entzweiung mit Gott. Um Gut und Böse kann der Mensch nur gegen Gott wissen. […] Aus der ursprünglichen Gottebenbildlichkeit ist eine geraubte Gottgleichheit geworden. […] Mit dem Raube des Ursprungs hat der Mensch ein Geheimnis Gottes in sich hineingenommen − die Heilige Schrift beschreibt diesen Vorgang durch das Essen der verbotenen Frucht −, an dem er zugrunde geht. […] Sein Leben ist nun Entzweiung mit Gott, mit den Menschen, mit den Dingen, mit sich selbst.[3] Eine Entzweiung, die in der Perspektive Bonhoeffers allein in der Neuschöpfung, durch den »neuen Adam«, Jesus Christus, aufgehoben werden kann.

Mit diesem geistigen, von Dietrich Bonhoeffer gesetzten theologisch-anthropologischen Untergrund, kamen wir auf den ersten Protagonisten für den Film: Im Februar des Jahres 1945, in dem Dietrich Bonhoeffer als ein inhaftierter Mitverschwörer des 20. Juli 1944 gegen den deutschen Diktator Adolf Hitler in das KZ Buchenwald gebracht und zwei Monate später im KZ Flossenbürg hingerichtet wurde, verhaftete der russische NKWD den Hauptmann der Roten Armee, Alexander Solschenizyn. Er hatte

---

3   Ebd., 24 und Dietrich Bonhoeffer, *Ethik*, München 1998, 302.

in einem Brief den bolschewistischen Diktator Stalin kritisiert. Daraus erwuchsen acht Jahre Lagerhaft im Gulag mit »anschließender ewiger Verbannung«, wie es im Urteil hieß.

Von Solschenizyn sind die schier unglaublichen Sätze hinterlassen:

> Ich habe lang genug im Gefängnis gesessen, ich habe dort meine Seele großgezogen. Ich wiederhole unbeirrt: Sei gesegnet, Gefängnis, dass du in meinem Leben gewesen bist! (Und aus den Gräbern tönt mir die Antwort: Du hast leicht reden, du bist am Leben geblieben!).[4]

Sie verweisen auf den Weg, den Solschenizyn im Gulag gegangen ist, verbunden mit seiner Hinwendung zum Glauben an den Schöpfergott, Christus Jesus, wahrer Gott und wahrer Mensch. Somit wurde Alexander Issajewitsch zwangsläufig unser Wunsch-Protagonist. In der weiteren Folge der Arbeit bauten wir auf die Autoren Imre Kertész und Jorge Semprun. Der Ungar und der Spanier schienen uns mit ihren Häftlingsschicksalen in den Konzentrationslagern Auschwitz und Buchenwald als zwei weitere hervorragende Protagonisten für die angestrebte Form eines essayistischen Dokumentarfilms.

Nach meiner Rückkehr aus Förslöv ging es an die Arbeit: Recherchen zu konkreten historischen Hintergründen, zu den von uns in den Blick genommenen Zeitzeugen, Überlegungen zur Form des Filmes, das Knüpfen von Kontakten zu den berühmten Autoren selbst und und und …

Und der Dichter Schacht schrieb am 27. Oktober 2007, als ahnte er schon Kommendes:

Stilles Sterben: *Herbstlaub, und wie es fällt. Der Wald: Friedhof*

---

4 Alexander Solschenizyn, *Der Archipel Gulag, Folgeband Arbeit und Ausrottung, Seele und Stacheldraht,* Copyright 1974 by Alexander Solschenizyn, deutsche Übersetzung copy 1974 by Scherz Verlag Bern, Umschlagtext Rückseite.

und Geburtsort in einem. Auf einem Stein sitzend, nahm ich die
Wahrheit, die ich sah, entgegen wie einen Beruhigungstrank.[5]

Ich dokumentiere an dieser Stelle die beiden Briefe an Alexander
Solschenizyn und Jorge Semprun. Den an Solschenizyn konn-
ten wir, über Moskauer Freunde vermittelt, mit Hilfe seiner Frau
Natalia in russischer Übersetzung an ihn herangetragen:

Sehr geehrte Natalia Solschenizyn,

wohl wissend, wie kostbar Zeit und Energie für Ihren Mann, Ale-
xander Issajewitsch, in seinem Alter geworden sind, wenden wir
uns trotzdem mit der Bitte an Sie, vermittelnd zu helfen, mit Ale-
xander Issajewitsch Solschenizyn, für ein Dokumentarfilmpro-
jekt Filmaufnahmen zu machen und ein Gespräch führen zu
dürfen.

Wir möchten mit drei der größten Schriftsteller unserer Zeit:
A.I. Solschenizyn, Imre Kertész und Jorge Semprun, einen Film
realisieren, der alle drei in einen fiktiven geistigen und erzähleri-
schen Trialog bringt. Alle drei haben in unterschiedlicher Weise
das Äußerste erfahren und durchlitten, was die menschliche Exis-
tenz im vergangenen Jahrhundert herausgefordert und in Frage
gestellt hat, die Vernichtungslager und Maschinerien zweier tota-
litärer Regime in Deutschland und Russland. Das hat ihr Leben
geprägt, ihr Denken, ihre Haltungen und ihr schriftstellerisches
Werk. Diese drei verehrungswürdigen Persönlichkeiten stehen
mehr oder weniger in einem hohen Lebensalter, was eine auf das
Wesentliche fokussierte Rückschau möglich und sinnvoll macht.
Wir möchten mit ihnen über die »letzten Dinge«, die noch zu sa-
gen sind, sprechen – über das, was mahnend oder ermutigend in
die Zukunft weisen kann, über das Wesentliche in menschlicher
und gesellschaftlicher Existenz. Das alles vor dem Hintergrund
der Erfahrungen des Äußersten: des Lagers, des Gulags. Alexan-

---

5   Ulrich Schacht, *Über Schnee und Geschichte. Notate 1983–2011*, Berlin 2012, 176.

der Issajewitschs Mitwirken wäre für uns von vorrangiger Bedeutung, da er von einer christlichen Grundposition her fühlt und denkt, die auch unserer Grundhaltung entspricht. Wir teilen Anschauungen, die er z. B. 1993 in der Rede vor der Internationalen Akademie für Philosophie im Fürstentum Lichtenstein vortrug: »Durch den Verzicht darauf, uns der unveränderlichen Höchsten Kraft über uns bewusst zu bleiben, haben wir den Raum mit persönlichen Imperativen angefüllt, und plötzlich wurde es entsetzlich zu leben.« Und, möchten wir hinzufügen, entstanden die Lager, der Gulag als äußerstes Ergebnis der Gottesverbannung im menschlichen Sein.

Es mag nicht das Unwichtigste sein, wenn Sie wissen, daß wir, die Unterzeichner und Bittenden, selber die Diktatur kennen: die DDR, die Ulrich Schacht, nach vier Jahren politischer Haft, 1976 verlassen konnte, und Heiner Sylvester, nach staatlichen Repressionen, 1984. Bei Ulrich Schacht kommt hinzu, daß er 1951 in einem DDR-Gefängnis geboren wurde, in dem seine Mutter wegen einer Beziehung zu einem russischen Offizier saß. Sie war 1950 von einem sowjetischen Militärtribunal wegen »Verleitung zum Landeshochverrat« zu 10 Jahren Arbeitslager verurteilt worden, weil sie dem Vater Ulrich Schachts, Wladimir Jegorowitsch Fedotow, vorgeschlagen hatte, gemeinsam in den Westen zu flüchten, um dort heiraten zu können. Schachts Vater wurde arretiert und dann nach Russland zurückbeordert, wo Ulrich Schacht ihn 1999 fand und erstmals sehen und sprechen konnte.

Liebe Natalia Solschenizyn, hochverehrter Alexander Issajewitsch Solschenizyn, wir möchten einen Film gestalten, der aus der Autorität des Erlebten, aus dem Geist tiefster Offenbarung und der Empfindung eines Weltganzen auf viele Zuschauer (von unterschiedlichstem Alter, unterschiedlichster Herkunft und Bildung) identifikatorisch erschütternd und ermutigend zu wirken vermag. Besonders in den Ländern Mittel- und Westeuropas (diese werden das vorrangige Ausstrahlungsgebiet sein, z. B. der deutsch-französische Kulturkanal ARTE) ist eine neue Tendenz zu bemerken: Die zunehmende Sinnsuche, die Frage nach den *inneren Zusammenhängen des Lebens und seiner individuellen Bestimmung und die Frage nach einem ganzheitlichen Weltensinn. Erfreulicherweise schließt das in Deutschland auch die Frage nach dem Glauben, der Religion, nach Gott mit ein. Ein anders laufender Prozeß wird durch die Aufspaltung des Seins und des Denkens und der Zentrierung des Ichs die Archipele des Bösen, dessen Keime in jedem Menschen wirken, in neuer Komplexität und Vernichtungskraft entfalten. Unsere beiden Nationen, die russischen und die deutschen Menschen, sind zuallererst gefordert und berufen, sich der menschlichen Hybris zu verweigern und in Demut den Weg der Wahrheit im Zeichen der »unabänderlichen Kraft des Allerhöchsten« zu beschreiten. Sie, Alexander Issajewitsch, waren und sind ein Vorbild auf diesem Weg. Bitte, machen Sie uns das große Geschenk und opfern Sie für unseren Film, der auch über das Fernsehen, wie wir hoffen, zahlreiche Menschen in Europa erreichen soll, zwei, drei Tage Ihrer kostbaren Lebenszeit. Gottes Segen und alle guten Wünsche für Ihre Gesundheit und Schaffenskraft.[6]*

Der Brief an Jorge Semprun:

Sehr geehrter Herr Semprun,

mit diesem Brief möchten wir, ein deutscher Regisseur und ein deutscher Schriftsteller, Sie freundlichst anfragen, ob Sie bereit wären, im Rahmen eines ungewöhnlichen Dokumentarfilmprojekts ein längeres Gespräch mit uns zu führen. Das Projekt läuft unter dem Arbeitstitel »Angesichts des Äußersten« und greift damit Titel und Thema der Reflexionen des gleichnamigen Buches von Zvetojar Todorov auf, in dem es um die extreme Situation des Menschen in den Vernichtungslagern des 20. Jahrhunderts geht. Unsere Gesprächspartner sollen, neben Ihnen, die

---

6 Absender: *Ulrich Schacht, Förslöv, Schweden und Heiner Sylvester, Berlin, am 10. Februar 2008.*

*Schriftsteller Alexander Solschenizyn und Imre Kertész sein, die,
wie Sie, die totalitäre Doppelsignatur von NS- oder NKWD-
Lagern erfahren haben und ihre ultimative Realität bezeugen
können.*

*Dramaturgisch gesehen geht es um einen Trialog von Men-
schen, die zwar nicht an einem Tisch sitzen, die aber, mit densel-
ben Fragen konfrontiert, zuhören, nachdenken, antworten in einem gemeinsamen fiktiven Gespräch. Es geht bei diesen Fragen
jedoch nicht so sehr um die Repetition der bekannten Fakten, die
die Lagerwelten Stalins und Hitlers ausgemacht haben, sondern
um die letzten Fragen und Einsichten, die sich Menschen stellen
und gewinnen, die solcher Wirklichkeit ausgeliefert sind. Das
heißt: Es geht um die letzten spirituellen Reserven des Individu-
ums angesichts der Bereitschaft von politischen Verhältnissen, die
danach streben oder darauf programmiert sind, es zu vernichten,
ohne dass irgendeine Form von Schuld vorliegt.*

*Sie und die genannten Schriftsteller sind im Kontext unserer
Fragestellung aber nicht nur Zeugen einer solchen Erfahrung, Sie
sind auch Menschen, die in und mit ihren Büchern versucht haben, den dramatischen Stoff der eigenen Biographie, der historisch vergangen ist, haltbar zu machen mit den Mitteln ästheti-
scher Weltaneignung, um ihn insofern über das historische Ver-
fallsdatum hinaus zu transzendieren in das kollektive Bewußtsein
der Menschheit. Eben diese doppelte Zeugenschaft beeindruckt
uns tief. Ihre Motive und Ziele interessieren uns, weil wir glauben,
das mit den möglichen Antworten in diesem Zusammenhang
mehr zur Sprache kommt als »nur« die jeweils individuelle Äußerung eines Schriftstellers: Was wir hören, wenn es gelingt, ist ein
Wort über die Zeit hinaus und hinein in die Zeit anderer, denen
es dadurch Einsicht in eigene wie gesellschaftlich bedrohliche Po-
tentiale werden kann.*[7]

---

7 Die gleichen Absender wie zuvor, am 10. Februar 2008.

Nun blieb uns nur: Warten. Und Hoffen auf positive Antworten. Ulrich Schacht hatte in einem Gespräch mit Imre Kertész zu unserer großen Freude bereits eine zustimmende Antwort erhalten. Das Filmprojekt entwickelte sich rege weiter im Kopf:

Die Gespräche, mit jedem der drei Protagonisten jeweils einzeln, sollten so gefilmt und gestaltet werden, dass sie in der Montage wirken konnten, als würden Solschenizyn, Semprun und Kertész sich in einem fiktiven Raum befinden und miteinander im Trialog sprechen, antworten und zuhören. Die Wirklichkeitsaußenwelten, gefilmt an authentischen Orten wie Buchenwald, Auschwitz und an der Kolyma in Russland, sollten durch Dokumentarfilm- und Foto-Archivmaterialien, Landschaften und Details aus den Lager- und Gulagwelten ergänzt werden. Mit dem polnischen Fotografen Tomasz Kizny, der nach 1990 Gulag-Lager zwischen Workuta und Kolyma besucht und der aus dem Zeitenstrom Überlassenes meisterlich fotografiert hat, nahmen wir auch deshalb Kontakt auf. Seine Fotos und Bewegtbilder aus Archiven, in Verbindung mit Geräusch- und musikalischen Assoziationen, sollten die emotionale und geistige Wirkung der Worte im künstlerischen Sinn mehrdimensional erweitern.

Schacht war ein äußerst kompetenter, idealer Partner für dieses Filmprojekt. Aus dem Sommer 2007 unserer Arbeit am Projekt stammt dieses Notat von ihm:

Regen. *Geräusch wie Gesang, Musik, Gebet von Quellen, die hinter dem Himmel liegen, aus dem er fällt. Wie sie, versetzt er die Seele in Schwingungen, die sie davontragen. Uns erfasst ein Hören, dem keine Grenzen gesetzt sind. Die Nähe, in die wir so geraten, ist die Nähe zum Ursprung von allem. Diesem Ursprung, der eine Quelle ist, entströmen Seelen wie Galaxien und Galaxien wie Seelen. Nichts Geringeres geschieht, wenn Regen fällt.*[8]

---

8 Schacht, *Über Schnee und Geschichte*, a. a. O., 172.

Im April 2008 erreichte uns ein Anruf aus Moskau. Uns wurde übermittelt, dass Alexander Solschenizyn, nunmehr im 90. Lebensjahr, sich leider nicht mehr in der Lage fühle, uns zu empfangen. Er danke für die Anfrage, benötige jedoch die noch verbliebenen Kräfte, um seine »letzten Dinge« zu bewältigen. Wenig später kam eine Absage von Jorge Semprun, der an einem wichtigen Buch arbeite und deshalb bis auf weiteres unabkömmlich sei.

Besonders mit Solschenizyns Absage und der drei Monate darauf folgenden Nachricht von seinem Tod, am 3. August 2008, war für uns die notwendige geistige und erzählerische Balance zu unserem Filmprojekt unersetzbar zerstört. Der Film blieb in unseren Köpfen. Wir waren zu spät. Herbststimmung:

> Die Wahrheit des Herbstes *besteht nicht darin, dass wir wissen, im Sinne von Wissenschaft, warum die Blätter fallen, sondern darin, dass wir, im ganzen Sinne des Wortes, begreifen, dass sie fallen* müssen.[9]

---

9 Ebd.: 15.Oktober 2008, 197.

Uwe Tellkamp

Brief an Ulrich Schacht

2018, die »Erklärung« war veröffentlicht, die Empörung walzte
darüber hin, in der Sächsischen Zeitung meldete sich das Akademie-Mitglied P.G. zu Wort, sprach dieser Erklärung jedes Recht,
zu sein, ab, griff besonders die Initiatorin der »Charta 2017«, Susanne Dagen vom BuchHaus Loschwitz, an – 2018 hatte ich das
Erlebnis einer Begegnung mit Ihnen, in Form einer Antwort auf
P.G.; in dieser Antwort stellte ein scharfer Geist sich den Verdre-
hungen, blinden Flecken, der herablassenden und wohlfeilen
Arroganz entgegen, mit der P.G. uns, die wir die »Erklärung« zur
Wiederherstellung des Rechts an unseren Grenzen unterzeichnet
hatten, schulmeistern zu müssen glaubte, P.G. hatte auf seine
Berliner Gesellschaftserlebnisse verwiesen, in denen keins der
Probleme, die wir ansprachen, zu sehen sei, hatte das Leipzig der
Vorwende als Beispiel für Welt- als Erlebnisoffenheit, ja, Bildungs-
Buntheit geschildert, was wir denn eigentlich wollten, und wie
wir denn eigentlich dächten in unserem Wahn, unserer Anma-
ßung, Begriffe wie »Charta« zu benutzen, noch dazu für Probleme, die eigentlich gar nicht existierten, weil doch alles längst ge-
klärt und vielfältig und demokratisch sei, und jeder in diesem
Lande seine Meinung doch frei äußern könne, man müsse dann
nur mit Widerspruch rechnen – dagegen nun, aber, Ihr Artikel,
mit Zorn und Wissen gegen das Akademie-Mitglied P.G., gegen
das Jakobinertum, das Denunziatorische, das Instrumente-An-
spielen in bekannter Tradition, und Ihr Artikel allerdings ebenfalls in der Sächsischen Zeitung (womit ja, weiß die Sächsische
Zeitung, schon bewiesen wäre, dass jeder überall und gerade
heute seine Meinung äußern darf, nur muss er dann … usw.), die
Sächsische Zeitung, die personell wie ideell so konsequent rund-
erneuerte, fairnesstrunkene und maßstabstreue Wasserwaage

des Qualitäts-Journalismus, unser Blatt für die humanistischen Dresdner Stände, das früher, war's vor Zeiten?, die Proletarier aller Länder vereinigt wissen wollte und heute gerne die, die auf der richtigen, der Seite von »Wir sind mehr« und »unteilbar«, der Seite der Progressiv-Kulturschaffenden, der Seite des Akademie-Mitglieds mit tiefenmarxistischer Harmonielehre, P.G. nämlich, stehen; Sie verteidigten die »Erklärung« und die Gründe, die es dafür gibt, mit Wut über die uns so vertrauten Töne, die scheinheilig betriebene Verständnislosigkeit des Akademie-Mitglieds P.G., verteidigten gegen die Heuchelei der Ausgrenzer, die beim Ausgrenzen die Ausgegrenzten als Ausgrenzer bezeichnen, Sie unternahmen es, den Zweifel an den Herrschaftserzählungen und die Kritik daran mit dem Ideal des Intellektuellen zu konfrontieren, vergeblich, wie wir wissen in einer Zeit, die auf den Bildern des Malers Balthus nur Unmoral findet, in der Gedichte entfernt und Romane umgeschrieben werden, weil sie empfindsame Studentenseelen kränken könnten, in der Schriftsteller ihre Kollegen, wieder einmal, öffentlich denunzieren, mit Lügen überziehen im genauen Wissen um deren Beschädigungsmacht, in der Politikschaffende, Irgendwas-mit-Medien, Recherchekollektive gegen rechts, Zentren für politische und verlegerische Schönheit, Haltungs-Journalisten und die sogenannte Zivilgesellschaft, die sich gerne und ganz herrlich herrschaftskritisch wähnen, dem Staat als Narrenschiff Deutschland gegen die Abweichler von der Nachtseite zuarbeiten – ich las dann mehr über Sie, Ihre Biographie, dass Sie Mitglied der Evangelischen Bruderschaft St. Georgs-Orden waren, Großkomtur gar, las einige Ihrer Gedichte, Ihre Texte auf der Website des Ordens, sah Sie auf Youtube disputieren, einen entschiedenen, überaus kenntnisreichen, bärenhaft und aufbrausend wirkenden Mann, zu dem aber dennoch der schwedische Außenposten, auf den er sich zurückgezogen hatte, zu passen schien; Verletzlichkeit, angedeutet in Nebenaugenblicken, war zu spüren, Aufmerksamkeit für Stille, Lauschen, für die Unerkennbarkeit, die Unauslotbarkeit des Menschen, die Existenz der anderen, uns übersteigenden Zeit. | Salute. Ihr UT

Lutz Vogel

Der Stadtschreiber

Ulrich Schacht hat die Monate von April bis September 2007 als
eine gute Zeit erlebt und in Erinnerung gehalten. Nach langer
Enttäuschung über den Kulturbetrieb in Deutschland empfand
er die Berufung zum Dresdner Stadtschreiber dankbar als unerwartete Anerkennung. Am Beginn jenes Dresdner Jahres schien
es zunächst so, als sollte jene Enttäuschung erneut bestätigt werden. Schacht war von einer unabhängigen Jury unter 60 Bewer-
bern für das Stipendium ausgewählt worden. Nach Bekanntwer-
den dieser Entscheidung äußerten einige Dresdner Stadträte indes öffentlich Bedenken. Herr Wilm Heinrich, kulturpolitischer
Sprecher der SPD-Fraktion, bekannte gegenüber einer Dresdner
Zeitung, ein »mulmiges Gefühl« angesichts von Schachts politischer Haltung zu verspüren, da diese rechtem Gedankengut na-
hestehe. Schon die Verwendung des Begriffs mulmig, also Ungu-
tes, wenn nicht das Schlimmste befürchtend, war bezeichnend
für die gedankliche Unschärfe des Kommunalpolitikers. Mit der
Anschuldigung, der Autor stehe politisch rechts, folgte dann die
schlimmstmögliche Form der Vorverurteilung. Ohne Belege zu
nennen, ohne jegliche Begründung, konnte eine derartige öffentliche Äußerung nur als denunziatorisch bezeichnet werden.
Der Dresdner Journalist Michael Bartsch titelte seinen Artikel in
der Berliner »Tageszeitung« eilfertig »Dresdner Stadtschreiber
schreibt rechts«, verwies aber immerhin auf die Jury, deren Mitglied Norbert Weiß sich derartige politische Einmischung ver-
bat. Dass der Dresdner Stadtrat Heinrich die Entscheidung einer
unabhängigen und in jeder Hinsicht integern Jury ignorierte,
kann als charakteristisch für dessen Demokratieverständnis gewertet werde. Der ehemalige Sächsische Innenminister Heinz
Eggert bezeichnete das Auftreten Heinrichs als »parasitäre Publi-

zistik«, quasi als Trittbrettfahrerei eines Selbstdarstellers auf Kosten eines Prominenten.

Angesichts solcher eklatanten Verletzung der Gewaltenteilung, solchen versuchten Eingriffs eines Politikers in die Kunst meldeten sich zahlreiche Autoren und Persönlichkeiten des öffentlichen Lebens zu Wort: Hans Christoph Buch, Sarah Kirsch, Hans Joachim Schädlich und Richard Wagner empfahlen der Dresdner SPD-Fraktion statt haltloser Anschuldigungen die Lektüre von Schachts Texten; Reiner Kunze sprach von einem »denunziatorischen Exzess«; Joachim Walther, Lutz Rathenow, Bernd Wagner und Joachim Gauck baten den Oberbürgermeister, der Juryentscheidung zu folgen. Auch in überregionalen Medien wie der FAZ und dem Focus wurde der Vorgang kritisch reflektiert. Als damaliger Kulturdezernent und amtierender Oberbürgermeister von Dresden fiel die förmliche Berufung des Stadtschreibers in mein Ressort. Ich sah keinerlei Veranlassung, dies nicht zu tun.

Der öffentlichen Begrüßung des Stadtschreibers und der anschließenden Lesung – bislang eine Veranstaltung ohne besondere Publizität – sah ich aber gespannt entgegen. Ich sprach in meiner Begrüßung bewusst nur von »vorauseilender Empörung« einiger Stadträte, in der Hoffnung, einen öffentlichen Eklat zu vermeiden. Das besonders zahlreich erschienene Publikum, darunter viele Journalisten sowie prominente Autoren und Landespolitiker, wirkte wohl auf die potentiellen Kritiker einschüchternd, so dass die Veranstaltung friedlich verlief. Ulrich Schacht ging in seiner kurzen Rede auf die Diskussion nur indirekt ein und so stand die Lesung seiner Erzählung »Bildnis eines venezianischen Mönchs« im Zentrum des Abends. Nachdem auch die übliche Vorstellung des Stadtschreibers im Kulturausschuss der Stadt ohne Dissonanzen verlaufen war, verstummte die öffentliche Diskussion. Auch vom Thersites, der den Anstoß gegeben hatte, war nichts mehr zu vernehmen.

In der FAZ sprach Reiner Burger später von einer »Philister-Posse«, durch die nun immerhin auch überregional bekannt geworden sei, dass es in Dresden ein Stadtschreiber-Stipendium gebe. Eine Posse, gewiss, und im Rückblick harmlos. Schacht sagte in einem Interview später, es sei »ein blöder Auftakt« gewesen. Er wertete es als Beispiel für die reflexartige Reaktion eines links dominierten Journalismus gegenüber Andersdenkenden, ein Thema, das er stets leidenschaftlich verfolgte. Als Politiker kannte ich solche Eruptionen der Empörung, verkündet vom Hochsitz moralischer Überlegenheit. Sie haben mich sehr geärgert. Ich habe aber, im Unterschied zu Ulrich Schacht, stets mühevoll versucht, mit ostentativer Gelassenheit darauf zu reagieren.

Schacht bezog seine Wohnung im Dresdner Stadtteil Pieschen, in der Nähe des Ballhauses Watzke an der Elbe, er erkundete als Spaziergänger die Stadt, arbeitete, besuchte Kulturveranstaltungen – kurzum, er waltete seines Amtes. Ich hatte ihn bis dato nicht gekannt. Der ganze Rummel um ihn, erst recht aber sein öffentlicher Auftritt machten mich neugierig, so dass ich ihn im Mai zu einem Abendessen einlud. Er erzählte in seiner eloquenten und mitreißenden Art viel aus seinem Leben, vor allem seinen politischen Werdegang und seine Beurteilung der deutschen Medienlandschaft. Natürlich schilderte er mir auch seine ersten Beobachtungen und Entdeckungen in Dresden. Schnell merkten wir, dass uns viele gemeinsame Überzeugungen und Interessen verbanden. So folgten mehrere Begegnungen, meist im Gasthaus »Lindenschänke«, zu dem wir entlang der Elbe spazierten. Im fünften seiner Dresden-Gedichte findet dieser Ort seine poetische Beschreibung.

Ich verdanke Ulrich Schacht interessante Lektüreempfehlungen und Einsichten in seine Weltsicht. Als leidenschaftliche Leser redeten wir viel über unsere Lieblingsbücher und ich wurde neugierig, als er mir von einem mir unbekannten Buchantiquariat berichtete, in dem er wahre Schätze entdeckt hatte. Natürlich erfuhr ich auch von seiner momentanen Arbeit, dass er an Gedichten über Dresden arbeitete und an einer Novelle, die er »Die Insel der toten Vögel« nennen wolle. Sie erschien später unter dem Titel »Grimsey« und ist für mich seine künstlerisch überzeugendste Arbeit. Im Gedichtzyklus »Abend Landschaft Dresden«, der noch im selben Jahr in Dresden in einem Sonderdruck erschien, erinnert mich vieles an unsere gemeinsamen Abende. Das vierte dieser Gedichte lautet:

Vom Watzke aus, abends, liegt
Dresden am Ende des Flusses, so
schön, daß man wartet wann denn der
Schnürboden des Theaters seine
Effekte zeigt. Aber die Türme

bleiben. Selbst wenn das Feuer
Werk dazwischenfunkt und ein riesiger roter
Lampion die Apokalypse beschwört: Dreißig
Minuten später ist er nur noch der alte
Mond, wie eh und je bleich, allenfalls
sehr romantisch was auch nicht
zu verachten ist dazwischen

unter den Bäumen an
langen Tischen Gebrodel die
Menschen sprechen sich aus alle
Heiterkeit dieser Welt läßt sich
vernehmen: Prosit Neujahr! schreit
einer weil das Raketengedröhn näher
kommt andere lachen sich

krank. Mehr wird nicht
befürchtet. An diesem ersten
Juni Zweitausend
Sieben[1]

---

1   Ulrich Schacht, *Platon denkt ein Gedicht*, Edition Rugerup, Berlin 2015, 119.

Am Ende der sechs Dresdner Monate fühlte sich Schacht wohl in der Stadt, er war – wie der Gedichtzyklus zeigt – berührt. Er hatte neue Freunde gewonnen und bekannte den *Dresdner Neuesten Nachrichten*: »Diese menschliche Gegen-Praxis gegen solche Angreifer ist das schönste Ergebnis meines Aufenthalts …«

Tomas Gärtner, der Verfassers dieses Artikels resümierte: »Vorsicht vor dem Reinstopfen von Menschen in Schubkästen – dies wäre eine mögliche Lehre für Dresdner Politiker und auch für uns Journalisten, die aus dem unschönen Lärm zu ziehen wäre, der seinen (Ulrich Schachts, L.V.) Amtsantritt begleitete. Er jedenfalls hege keinen Groll, weiß zu unterscheiden zwischen Einzelnen und einer Stadt, deren offenes und freundliches Klima er zu schätzen gelernt hat.«

Schachts Beitrag für die Sächsische Zeitung vom 26. September 2007 wurde zu einer wahren Liebeserklärung an Dresden. Er schwärmt von den zahlreichen Begegnungen mit Menschen und Orten, so von seiner Teilnahme an Lesungen des Poetenfestes Bardinale oder vom wiederhergestellten Festspielhaus in Hellerau.

Bis zu seinem Tode schickte Ulrich Schacht mir regelmäßig seine neuen Publikationen, mehrmals trafen wir uns wieder. Immer erinnerte er in seinen Briefen an unsere ersten Begegnungen in Dresden. Ich werde mich stets und gern an den leidenschaftlichen Verteidiger der Freiheit, an den inspirierenden Intellektuellen und den sinnenfreudigen Gourmet erinnern.

Manfred Wegener

Jugend-*Widerstand*
und Häftlings-*Ergebung*

Ich war sechszehn Jahre alt, als ich bei einer Zusammenkunft der
Jungen Gemeinde im Wohnzimmer des Pastors Hachtmann in
Wittenburg den ein Jahr älteren Ulrich Schacht kennenlernte. Er
war groß und schlank und trug das dunkle Haar länger, als es
mein Vater je erlaubt hätte. Er war mit Norbert Behnk befreundet und kam aus Wismar. Ich spüre noch heute die große Übereinstimmung zu vielen seiner revoltierenden Ansichten. Wir
organisierten einen Leseabend, der im Gemeindesaal der Kirche
stattfand. Dort hörte ich zum ersten Mal Texte und Gedichte von
Wolfgang Borchert, die mich tief in meinem Inneren anrührten.
An diesem Abend gründeten wir, im Vollbewusstsein einer
wichtigen Tat, den AKG, den »Arbeitskreis kritische Gemeinde«.

Nun trafen wir uns regelmäßig im Zimmer von Norbert
Behnk, auf dem Dachboden seines Hauses. Dort wohnte er mit
seiner Mutter und seiner Schwester auf engem Raum. Ulrich
Schacht verordnete uns einen Crashkurs in moderner Theologie, so nannte er das. Ich erfuhr hier Erstaunliches von Rudolf
Bultmann, Martin Metzger, Jörg Zink oder Dorothee Sölle. Wir
fassten den Plan, eine kleine monatliche Zeitschrift herzustellen
und zu verteilen, um moderne Theologie, aber auch eigene Texte,
klassische Prosa und Gedichte, vorbei an SED-staatlicher Zensur,
zu verbreiten. Norbert, der sehr gut zeichnen und malen konnte,
war für das Design zuständig. Der Umschlag jedes Heftes wurde
aufwändig als Linolschnitt angefertigt und dann per Hand 50
Mal abgerieben. Die Themen des Heftes kamen immer von Ulli,
der nur so vor Ideen sprudelte. Als im 3. Heft einige Gedichte
und ein Foto von dem damals bereits von stalinistischen No-
menklatura fallengelassenen Reform-Kommunisten Wolf Bier-

mann erschienen, gelangten wir in das Visier des Ministeriums für Staatssicherheit. Die Stasi war, wie aus meiner Akte, die sie über mich angelegt hatten, hervorgeht, schon am Gründungsabend unseres AKG in Form von IM's (Informellen Mitarbeitern) anwesend. Doch das ahnten wir aber zu jener Zeit noch nicht.

Voll jugendlicher Unbefangenheit verteilte ich gebrauchte Impfnadeln, die mir eine Freundin aus dem Krankenhaus mitbrachte. Diese trugen wir am Revers. Ein Zeichen, das verstanden wurde: Wir lassen uns den Sozialismus nicht einimpfen. Ulli war ein begeisterter Symbol-Träger. An seiner Jacke prangte die Impfnadel, aber auch das Anti-AKW-Zeichen und, ab August 1968, nach der Niederschlagung des Prager Frühlings: die tschechoslowakische Nationalflagge, mit Trauerflor! Das trauten wir uns nun doch nicht. Ich war zu dieser Zeit Lehrling für Elektromaschinenbau. Norbert Behnk war Dreher in dem Betrieb, der früher meinem Großvater gehört hatte und den mein Vater in eine sozialistische PGH (Produktionsgenossenschaft des Handwerks) umwandeln musste. Schacht hatte in Wismar gerade eine Bäckerlehre hinter sich gebracht und wollte nun Theologie studieren.

Schacht war im August 1968 nach Prag gereist. Er hat den Prager Frühling und seine brutale Niederschlagung durch die sowjetischen Panzer persönlich miterlebt. Als er wieder zurück war, planten wir, noch einen »Rundbrief«, so nannten wir unsere Zeitschrift, zum Thema Tschechoslowakei zu machen, der den Widerstand gegen diesen politischen Terror kenntlich machen sollte. Doch dazu kam es nicht. Ulli war – und blieb verschwunden. Ich hörte von Norbert, dass er nach Rostock zum Studium gegangen wäre, und dass er wohl in Schwierigkeiten sei. Norbert zog mit seiner Frau nach Hagenow und ich ging zum Studium nach Leipzig.

In meiner Stasi-Akte heißt es an dieser Stelle ganz lapidar, dass der Operativvorgang »Garage« abgeschlossen sei und die Gruppe erfolgreich zerschlagen wurde. Der Versuch der Stasi, mich in Leipzig aufzuspüren, misslang. Das lag schlicht daran, dass ich in keinem Melderegister zu finden war. Ich bewohnte in jener Zeit nur einfachste Messequartiere, da die Ingenieurschule nicht genug Internatsplätze für ihre Studenten zur Verfügung stellen konnte. Norbert Behnk ging mit seiner Familie »in den Westen«, nach Hamburg. Schacht hatte nach einer leidvollen Zeit in DDR-Gefängnissen das Glück, »vom Westen«, von der BRD, freigekauft zu werden. Er war schon in Hamburg als Norbert mit seiner Familie eintraf. Auch ich gründete eine Familie und blieb »im Osten«.

Doch diesen Teil der Geschichte erfuhr ich erst viel später, lange nach der Friedlichen Revolution und Wende, im März 2002. Ich stolperte in einem Buch mit Bilderrezensionen zu dem Maler Johannes Helm über einen Beitrag von Ulrich Schacht. Plötzlich war die gemeinsame Zeit wieder hellwach. Ich kaufte das Buch und fuhr zu dem Maler. Vor allem, um die Adresse von Schacht zu erfahren. In der gastlichen Atmosphäre von Familie Helm verbrachte ich einen buchstäblich bildreichen Nachmittag mit interessanten Gesprächen. Ich bekam eine Telefonnummer, eine schwedische Nummer. Einige Tage darauf rief ich an. Er konnte sich an alle unsere »Rundbrief«-Aktionen erinnern und lud mich mit warmen Worten sofort zum »1. Neudietendorfer Gespräch zur geistigen Situation der Zeit« vom 25.–28. April 2002 nach Thüringen ein. Das Thema der Tagung lautete: »Gottlos, Wertlos, Sinnlos? Die Krise der materialistischen Gesellschaft des Westens und die Antwort des Christentums«. Er sagte, herzhaft lachend durchs Telefon, es wäre fast so wie früher in unserem Arbeitskreis kritische Gemeinde. Wenige Tage später bekam ich Post aus Schweden. Sie enthielt das vom Autor signierte Buch, »Gewissen ist Macht«, mit einem Hinweis auf eine Passage, in der er unsere gemeinsamen Aktivitäten im AKG reflektierte. Dort las ich, entsetzt und berührt, dass der AKG eine der Ursachen für seine lange und schwere Haftzeit in den DDR-Gefängnissen gewesen ist.

Ende April 2002 fuhr ich nach Neudietendorf. Da ich Ulli seit zweiunddreißig Jahren nicht mehr gesehen hatte, war ich vor dem ersten Wiedersehen ziemlich aufgeregt. Wir fielen uns in die Arme und alles ging ganz leicht und heiter, als hätte es diese lange Abwesenheit nicht gegeben. Unsere Fragen und unsere Anschauungen über Gott und die Welt, über Kirche und Politik, über Sinn und Sein, hatten sich in ähnlicher Richtung weiter entwickelt. So wurde dieses Wiedersehen zu einem der einschneidensten Ereignisse meines Lebens. Von nun an besuchte ich alle Konvente seiner sichtlich älter gewordenen »Jungen Gemeinde«. 1987 hatte er die Bruderschaft Sankt Georgs-Orden in Dänemark gegründet. Am 17. November 2007 wurde ich, nach einem zweijährigen Noviziat, als Bruder Manfred von Wittenburg in den Orden aufgenommen. Ulrich sagte mir bei unserer Wiederbegegnung, dass er die notwendige Kraft zum Überstehen seiner Zeit im Knast aus dem Buch »Widerstand und Ergebung« von Dietrich Bonhoeffer geschöpft habe. Bonhoeffer zähle, neben Luther, zu den »Zentral-Heiligen« des Ordens. So wurde mein Jugendfreund Ulli für mich zum Großkomtur. Und zu meinem Bruder Ulrich von Wismar. Und letzteres bleibt er auch.

Sebastian Wohlfarth

Fuge und Fügung

Erstmals begegnete ich Ulrich Schacht 2011 bei einer Lesung im Erfurter Augustinerkloster. *Vereister Sommer* war gerade erschienen, sein Autogramm schmückt das dort erworbene Exemplar. Damals veröffentlichte die *FUGE* auch Abschnitte aus meinen Hermannstädter Notizen, die während eines Jahres in Siebenbürgen entstanden waren. Ob nun Zufall oder Fügung – Ulrich Schacht bekam den Band in die Hände und ahnte gleich, dass das *Journal für Religion und Moderne* für ihn auch als Autor interessant sein könnte … »Umso größer war die Überraschung, als ich das Heft ›wahllos‹ aufschlug […] und sofort auf meinen eigenen Namen stieß, vorangestellt einem Zitat von mir in dem Hermannstädter Tagebuch von Sebastian Wolhfarth (!). Verblüffter habe ich lange keine mir unbekannte Drucksache mehr angestarrt.« (Aus einem Brief von Ulrich Schacht an die Herausgeber Martin Knechtges und Jörg Schenuit.) Der Überraschung folgte im nächsten Band sein Essay »Unterricht von Göttlichen Sachen«; weitere Texte kamen später hinzu.

Hier nun »sein eigener Name«, eingegraben, glimmend in einem europäischen Ereignis- und Gedächtnisfeld, aus meinen rumänischen FUGE-Notizen.

Hermannstadt, 11. März 2004

Attentat in Madrid mitten im morgendlichen Berufsverkehr. Die Zahl der registrierten Todesopfer steigt von Stunde zu Stunde. Die Regierung beschuldigt die Eta, aber der reflexartige Verdacht könnte diesmal in die Irre führen. Ein derartig monströses Verbrechen können sich die baskischen Kommandos eigentlich nicht leisten. Die Ausmaße lassen eher an Al-Qaida denken, die nicht irgendeine regionale Autonomie, sondern die globale Herrschaft wenigstens in der Rolle des weltpolitischen Taktmeisters anstrebt und auf keine gesellschaftlich integrierte Sympathisanten- und Einfühlungsszene in Europa angewiesen ist. Oder sollte die isolierte und geschwächte Eta nun auch zu Mitteln (noch) begrenzter Massenvernichtung gegriffen haben, weil der überschaubare klassische Terror seit dem Augenblick, da auf den Bildschirmen die Jets in die Türme eintauchten wie heiße Messer in die Butter, wie eine böswillige, doch kaum noch ernstzunehmende Kinderei erscheint?

Hermannstadt, 12. März 2004

Gott, sei mir gnädig nach deiner großen Güte und tilge meine Sünden nach deiner großen Barmherzigkeit! – Psalm 51,3

Immer mehr deutet darauf hin, daß nicht baskische, sondern islamische Terroristen die Bomben gezündet haben, was nicht »schlimmer« aber schwerwiegender wäre, weil der 11. März 2004 dann als der Tag in die Geschichte einginge, an dem der latente Weltkrieg auf Westeuropa übergriff. Die Eta streitet auch jede Beteiligung ab.

Klasse 5C. Große Erregung über die Nachrichten aus Madrid. Das Fernsehen steigert die Intensität der Wahrnehmung bis ins Maßlose. Baudrillard: Die Bilder sind mächtiger und wirklicher geworden als die Wirklichkeit selbst. – Insofern bin ich außen vor, weil ich ohne Fernsehen nicht wirklich im Bilde bin. Und erst die Bilder brennen sich ein.

Hermannstadt, 13. März 2004

Herr, du dämpfst der Tyrannen Siegesgesang. – Jesaja 25,5

Lektüre: Emil Sigmeth, In Krieg und Frieden; Erlebnisse eines Journalisten aus Siebenbürgen. In Paris sieht er Picassos *Guernica*; der starke Eindruck treibt ihn weiter nach Spanien, nach Barcelona zunächst, wo George Orwell von Massengräbern berichtet, gefüllt mit Interbrigadisten, die nicht an der Front, sondern in NKWD-Kellern gestorben waren. Der Antifaschist begegnet auch dem Putschistenheer, das sich gemeinhin als graubraune bestialische Masse durchs linke Kollektivgedächtnis wälzt, nicht mit Nachsicht, aber mit Gerechtigkeit. Er vermerkt die Empörung von Offizieren über die Mitleidlosigkeit der deutschen und italienischen Verbündeten gegenüber den besiegten Landsleuten; er notiert die Hoffnung eines Falangisten, der nach dem Sieg über die Roten von einer sozialen Revolution träumt …

Hermannstadt, 14. März 2004 / Oculi

Wollen habe ich wohl, aber das Gute vollbringen kann ich nicht. – Römer 7,18

Madrid 1936. Madrid 2004. Die Zeit ist gekippt. Nicht mehr um den Besitz, sondern um die Existenz des Prados wird gekämpft. Möglicherweise sehen zukünftige Generationen nicht 1945 oder 1989, sondern 1979 als den archimedischen Punkt: das Jahr der Islamischen Revolution im Iran und des Heiligen Krieges gegen die Sowjets am Hindukusch.

Hermannstadt, 15. März 2004

Aus der Tiefe rufe ich, Herr, zu dir. Herr, höre meine Stimme! – Psalm 130,1–2

Klasse 5B. Thema »Terror«. Verwandte eines Schülers sind beim Anschlag verletzt worden. In Spanien leben viele Rumänen. Wir beten den 121. Psalm.

Madrid muß erst einsickern. Am Freitag war es bereits Thema, aber noch nicht Topthema, vielleicht auch wegen der Eta-Hypothese. Die Bedeutung einer Katastrophe erschließt sich nicht allein aus ihrer Größe, sonst müßte der Elfte September gegen jeden x-beliebigen afrikanischen Krieg verblassen.

– Warum haben sie das getan?

Nach dem Krieg verschwand Sigmeth im Lagerkomplex an den Baustellen des Donau-Schwarzmeer-Kanals. Die Kapos führten ein Schreckensregiment. Ehemalige Legionäre der Eisernen Garde lebten ihre sadistischen Neigungen nun zum Wohle der Partei aus, als Aufseher und Schinder der Schwächlings-, der Priesterbrigade, einer Notgemeinschaft aus Pfarrern, Predigern, Popen und Rabbinern. Die griechischen Katholiken hatten besonders zu leiden. Ein Kapo fragte bei der Essensausteilung einen, der vor Hunger schon dem Wahnsinn nahe war:

- Sag, gibt es einen Gott?
- Keine Reaktion.
- Gibt es einen Gott, oder nicht? Antworte!
- Es gibt keinen.
- Dann hast du allen etwas vorgelogen?
- Ja, ich habe mich geirrt.
- Na endlich. – Der Kapo gab ihm einen Nachschlag, und der Priester begann hastig zu essen, erbrach sich aber und schleppte sich hinaus. Am nächsten Morgen fand man ihn, von MG-Salven durchlöchert, vor dem Stacheldrahtverhau. Und am Morgen darauf fand man die Leiche des Schergen, der ihn gezwungen hatte, Gott zu verleugnen.

Ulrich Schacht: »Es gibt einen furchtbaren, aber logischen Zusammenhang zwischen der Leugnung Gottes und der Vernichtung des Menschen in Auschwitz und Kolyma.«

Uwe Wolff

Herr, gib mir Geduld, aber zackig!
Der letzte Besuch in Förslöv

Undine und ich verbrachten ein Sabbatjahr in den Wäldern Små-
lands. Ende September 2017 fuhren wir an die Westküste Schwedens, um Stefanie und Ulrich Schacht zu besuchen. Die beiden
waren von den Färöer-Inseln heimgekehrt. Ulrich hatte noch Lesungen in Hamburg, Eisenhüttenstadt und Berlin absolviert und
bereitete sich auf ein Treffen mit dem Deutschen Botschafter
auf der Buchmesse in Göteborg vor. »Wer 'ne Bude auf'm Markt
hat, muß eben schreien!«, sagte Arno Schmidt. Ulrich Schacht
machte immer mit lauter Stimme auf seine literarischen Kinder
aufmerksam. Keine Reise nach Förslöv ohne konkrete Aufträge
für Wein, Leckereien und deutsche Tageszeitungen als Mitbring-
sel, keine Abreise ohne Rezensionsauftrag. Ulrich wusste, was er
wollte. Doch akzeptierte er, wenn sich der Gast seinem Willen
nicht beugen wollte oder konnte.

Ulrich wollte immer hoch hinaus, in den äußersten Norden
von Franz-Joseph-Land, das wir 1995 gemeinsam besuchten,
oder zur Nobelpreisverleihung für sein lyrisches Werk. Glaubte
er ernsthaft daran, dass er den Nobelpreis erhalten würde? Aufgewachsen war er unter Frauen. So fehlte ihm in seiner Entwicklung ein Vater, um Grenzen auszutesten und in Schranken verwiesen zu werden. Ulrich war ein Machtmensch und zugleich
ein feinfühliger Freund mit einem großen Herzen für die, die
ihn liebten. Er hätte als barocker Fürstbischof eine gute Figur
gemacht. Aber diese Zeiten sind längst vorbei. Ulrich passte eigentlich nirgendwo hin. Dafür hat er es weit gebracht in einer
Zeit, die nicht seine war.

Ulrich liebte Tiere. Die Katzen auf seinem Hof mögen es bezeugen. Wir standen am weiß gestrichenen Hoftor, sahen auf

schöne Stockrosen. Ulrich hatte uns kommen hören und trat aus der Veranda seines kleinen roten Schwedenhäuschens. Da verließen acht Katzen die anliegende Scheune und strömten an der Kletterrose und den Lavendelbüschen vorbei auf Ulrich zu. Schnurstracks aber machten sie kehrt, als unser Hund Tobit auf den Rasen trat und sich von Ulrich kraulen ließ. Es war Mittagszeit. Wir nahmen ein zweites Frühstück im Garten ein. Tobit wurde mit Gänseleberpaste und Parmaschinken gefüttert.

Dann führte uns Ulrich am Katzenfriedhof unter der Weißbuche mit seinen fünf Gräbern vorbei in sein weiß gestrichenes Arbeitshaus. Es besteht aus einem großen Raum, vollgestopft mit Büchern ohne für den Fremden erkennbare Ordnung. Doch Ulrich hatte den Überblick. Wir sprachen über Lochsteine, die wir am Strand von Vesterhavet gefunden hatten. Ob wir Jewgeni Jewtuschenkos Erzählung über die Hühnergötter kennen? Nein? Schon hatte Ulrich aus einem Stapel Bücher ein Büchlein gezogen und machte es Undine zum Geschenk.

Eine Couch von Büchern bedeckt. Davor ein Tischchen mit einem Schachspiel. Dann zwischen Büchern eingemauert der Schreibtisch. Zur Linken an der Wand ein Bild Friedrich Schillers, eine Ikone mit der Darstellung der Ankündigung der Geburt Jesu, ein schlichtes Holzkreuz, Rubljovs Dreifaltigkeitsikone. Im Bücherregal hinter dem Schreibtisch Bilder und Postkarten: Die Sixtinische Madonna, Uta von Naumburg, Cranachs junger Luther, daneben Papst Benedikt XVI., weitere Marienbildnisse. Ulrich träumte von einer evangelischen Katholizität, aber so, dass er als Großkomtur eine Sonderstellung besaß. Ulrich war demütig aus Übermut wie nur Katzen es sein können. In seinem schwedischen Katzenreich war er der große dicke Kater. Nach innen zärtlich schnurrend, wenn er gekrault werden wollte, nach außen übergriffig, wenn er meinte, sich behaupten zu müssen. Eine grüne Postkarte im Regal hinter dem Schreibtisch bringt den character indelebilis unseres Freundes wunderbar auf den Punkt: »Herr, gib mir Geduld, aber zackig!«

Draußen auf der Bühne der Eitelkeiten war Ulrich gerne ein Querdenker. So hatten wir ihn beim Katholischen Forum Niedersachsen an der Seite von Jens Lüpke erlebt. Der katholische Kumpel mit der dicken Zigarre wusste genau, auf welchen Knopf er drücken musste, damit Ulrich den Saal aufmischte. Wenn der große alte Kater fauchte, gab es niemanden mehr, der sich vor ihm rühmen konnte. Ulrich las die Leviten wie es einstmals die alten lutherischen Prediger getan hatten. Dieses prophetische Donnerwort konnte sich heute nur noch Ulrich Schacht leisten. »Kennst du das?«, fragte er Undine. »Was, das kennst du nicht?« Er, der eifrigste Leser seiner eigenen Bücher, hatte nach den Notaten »Über Schnee und Geschichte« gegriffen und las uns diesen herrlichen Gottesbraus vor:

»Übrig ist eine Art Kirchenruine, in der jeder Pastor Papst ist, Bischöfe machtlose Grüßauguste und synodale oder kirchenamtliche Verlautbarungen sich kaum noch von politischen unterscheiden, vor allem in ihren politisch-korrekten Absurditäten und linksseligen Verstiegenheiten. [...] Der *nicht*-häretische Teil des deutschen Protestantismus könnte, mit der entsprechenden »Melanchthon«-Formel und in eigener Gestalt, unter die Fittiche Roms zurückkehren, wie Teile der Anglikanischen Kirche es gerade zu vollziehen beginnen, und das Zentralkomitee der deutschen Katholiken, *nomen est omen*, sowie die Riege der zeitgeisttrunkenen Priester, Bischöfe und Theologieprofessoren blieben Rom zukünftig erspart. So könnten die einen dann weiterhin konzentriert Gott dienen und dadurch der Welt ein normatives Beispiel geben, die anderen aber unentwegt die Welt retten und dabei Gott links liegen lassen oder überholen, bis sie ein weiteres mal des Teufels ist.«

Ulrich wäre in jedem System in den Knast gekommen, sagte einmal unser gemeinsamer Freund Heimo Schwilk. Im Gefängnis kann ein Mensch zugrunde gehen, oder er reift zu seiner wahren Gestalt. Ulrich hat das Martyrium der Zelle geprägt. Er hatte keine Angst vor niemandem. Aber er freute sich über Anerkennungen wie die Ernennung zum Berater einer von Frank

Böckelmann herausgegebenen »Vierteljahresschrift für Konsensstörung«. Sie trägt den programmatischen Titel »TUMULT«. In Ulrichs schwedischem Katzenreich herrschten Frieden und Eintracht. Doch wenn der Großkomtur in Kopenhagen das Flugzeug bestieg, dann flog er gerne manchem Tumult entgegen.

Vom Arbeitsraum führt eine ungesicherte Treppe auf den nicht gegen Kälte isolierten Dachboden. Im Mittelgang befindet sich ein sehr langes Regal mit Aktenordnern. Rechts und links des Mittelganges stehen Bücher wie in einem Antiquariat. Ein Halfter ohne Revolver. Ulrich ist ein sehr guter Schütze, wie ich in der russischen Arktis sehen konnte. Dann auf großen Kartons Photos aus Paris zu seinem letzten Roman »Notre Dame«: Der junge Schacht in Weimar. Sieht er nicht aus wie Lenin? Ein Drehplan zu dem Film »Eine Heimkehr«. »Ferien, Freizeit, Frohe Tage« steht auf dem Hausprospekt des »Hotel Stadt Schwerin«. Ulrich war ein Ergriffener. So viele Bücher und Aufsätze er schrieb –: die Vergangenheit ließ ihn niemals los. Auch nicht seine Ordensbrüder.

Am Nachmittag fahren wir mit Stefanie und Ulrich ans Meer nach Hovs Hallar. Birgit Nilsson lebte hier. Es gibt auch ein kleines Museum. Aber die Saison ist schon vorbei. Wir gehen hinunter an die Steilküste. Die stark zerklüfteten Felsen erinnern an die Steinwüste von Franz-Joseph-Land. Ulrich herzt den Hund und bleibt auf einem dicken Felsbrocken sitzen, während wir weiter durch das unwegsame Gelände steigen. Hier auf der Halbinsel Bjäre drehte Ingmar Bergman im Sommer 1956 den Film »Das siebente Siegel«. In Hovs Hallar, erzählt Ulrich, wurde auch die Szene aufgenommen, in der Max von Sydow mit dem Tod Schach spielt. Ich habe Ulrich nie gefragt, ob er das Schachspiel in seinem Arbeitszimmer nutze. Ich kann es mir nicht vorstellen, dass er mit dem Tod Schach gespielt hätte. Viele seiner wunderbaren Gedichte aus den hohen Breitengraden erzählen von seiner mystischen Naturerfahrung. Von Stille und Schweigen, von einer tiefen Verbeugung und großen Dankbarkeit. Ulrich hatte ein gesegnetes Leben bis zum letzten Atemzug.

»Ulrich kann alles!«, sagte Stefanie einmal zu Undine. Das stimmte! Während wir nach dem Gang ans Meer im Wohnzimmer saßen, bereitete er ein leichtes italienisches Nachtessen vor. Der Tisch war liebevoll gedeckt, die Gläser mit Rosé gefüllt. Wir speisten im romantischen Kerzenlicht. Am späten Abend traten wir die lange Fahrt durch die schwedischen Wälder an. Ulrich gab uns eine Lektüreempfehlung mit auf den Weg in unser Ferienhaus am See Lunden. Eine Liebesgeschichte zwischen einer jungen Frau und einem älteren Mann. Geschrieben hat sie Hiromi Kawakami. Der Titel ihres Romans »Der Himmel ist blau, die Erde ist weiß«.

Thomas A. Seidel

Im schwedischen Paradies

Alle Jahre wieder kommt der Stollenexpress von Viarpshult nach
Ramsebo ... oder Geheimnisse im schwedischen Paradies.

Ein schwungvoller Eintrag von Ulrich Schacht vom 4. Januar
2016 ins Gästebuch unseres »Hus Walden« in Småland. Ich höre
ihn laut und herzhaft lachen. Stefanie schaut schmunzelnd in
die fröhliche Frühstücksrunde. Wir sitzen im »Blauen Salon«,
unserem Esszimmer, mit Blick auf den Ramsebo-See. »Alle Jahre
wieder...«, das war natürlich übertrieben. Manchmal kamen sie
nicht zu uns, sondern wir machten bei ihnen Station, »auf dem
Hof«, wie er zu sagen pflegte, jenem Traumort am Südhang der
Hallandsåsen, einem vor Jahrtausenden abgeschliffenen Mittel-
gebirgszug zum Meer hin, knapp einhundert Meter oberhalb
von Förslöv in Skåne. Mit einem weiten, märchenhaft schönen
Blick über die Skälderviken und den Kullaberg hinaus aufs Kattegat.

Jene poetische Redewendung von geheimnisvollen schwedi-
schen Paradiesen war mir nicht neu. Er hat sie gern verwendet.
Sie bezeichnet einen besonderen, äußerst beziehungsreichen
Erfahrungshorizont, der uns beide, Ulrich Schacht und mich,
verbindet, seit vielen Jahren und noch immer, Raum- und Zeit-
grenzen übersteigend. »Geheimnisse im schwedischen Paradies«
ruft in mir einzigartige skandinavische Landschaften wach:
Lautlose Morgennebel über Seen und Waldwiesen. Goldenes
Abendlicht, von Kranichen gravitätvoll durchmessen. In zartes
Weiß und kräftiges Grün, Blau und Gelb getauchte Frühlingstage
im Wonne- und Marienmontag Mai, deren Höhe- und Kipppunkt an Midsommar ausgelassen gefeiert wird. Die graublaue,
dunkelgrüne und ockergelbe Wärme und bräsige Lässigkeit eines Schwedensommers. Die heitere Melancholie verschwende-

risch bunter Herbstwälder. Klirrende Eiswellen am Ostseestrand und hell strahlende Schneewehen zwischen den grauen Findlingen auf ausgedehnten Stoppelfeldern. Schweden-Landschaften, einzigartig, unverwechselbar, die uns träumen machen und Geheimnisse hüten helfen.

Ausgelassen und lustvoll doziert der deutsche Dichter in seiner neuen Wahlheimat Schweden, als wir das junge Paar im Sommer des Jahres 1999 zum ersten Mal besuchten.

Es war wohl eine der besten Entscheidungen meines Lebens, hierher geflohen zu sein. Hier kann ich sein, kann sehen, hören, lesen, schreiben, herrlich! In Hamburg, so meinte er, wäre er wohl vor Zorn verrückt geworden. Es folgte eine seiner temperamentvollen Schimpfkanonaden. *Deutschland ist nicht mehr das Land, das ich kennenlernte, als ich Mitte der 70er aus dem DDR-Knast kam! Die Generation Brandt ist endgültig abgetreten. Leider. Die Generation Fischer-Trittin ist dabei, die geistigen Wurzeln zu kappen, die ein vitales Gemeinwesen tragen. Geschichtsvergessenheit, die als Fortschritt daherkommt. Umbau von Sprache, Kultur und Tradition als pseudolinkes Heilsprojekt, von weiten Teilen der EKD-Führung orchestriert. Selbstsäkularisierung und Selbstzerstörung, die gänzlich ohne SED-Zentralkomitee oder Politbüro auskommen. Das halte ich nicht aus...!*

An ihrem ersten Zufluchtsort in Skåne, einem kleinen Haus im Talgrund bei Förslöv erwacht die zärtliche Aufmerksamkeit und kraftvolle Sprachgewalt des begnadeten Dichters neu. Die schwedische Ruhe schuf Räume, die die spirituelle Tiefe, die analytische Klarheit und die selbstbewusste Demut des bekennenden Lutheraners reifen ließen. Hier empfängt und erfreut uns der mecklenburgische Seebär mit Kostproben genussvoller Lebenslust. Hier legte er weitere Bausteine für sein großartiges lyrisches Werk, schrieb etliche Essays und die Vorstudie zur Novelle »Die Insel der toten Vögel«, die 2015 unter dem Titel »Grimsey« veröffentlicht wird. Ulrich Greiner (DIE ZEIT vom 19.11.2015) attestiert diesem kleinen Stück große Literatur: *Für die Zeit der Lektüre genießen wir ein zeitloses Glück.* Hier entstehen zahlreiche weitere Texte. Der Erzähl-Band (den ich im November 2018 am Rande des Abendempfangs im Anschluss an die Stockholmer Lutherkonferenz Königin Silvia von Schweden überreichen konnte) trägt den beziehungsreichen Titel: »Kleine Paradiese«. Das Coverbild lenkt den Blick auf eines jener Arkadien: strahlend weiße Gartenmöbel vor einer niedrigen Feldsteinmauer im bunten Herbstlaub der Kastanien. Den Einstieg ins Bild eröffnet der Schriftsteller dann selbst:

> *Wir leben still. Zu still, meinen einige Freunde, die von weither anreisen müssen, wollen sie uns besuchen. Sind sie da, schwärmen sie aber bald von der Ruhe, in der wir leben, vom Blick auf den kleinen Höhenzug aus dem bis zum Boden verglasten Wohnzimmer, durch den gelegentlich ein Herde falber Pferde galoppiert oder vor sich hin grast, von mit Moos und Flechten überzogenen Steinmauern, die sich durch Wiesen und über Hügel ziehen, und von der Luft, die so salzig sei. [...] Der Unterschied zu ihren Träumen bestünde darin, daß wir in unserem lebten.*[1]

Ich bin dem dreieinigen Gott dankbar für die Begegnungen mit Ulrich Schacht, bei Lesungen in Deutschland, in diversen Diskussionsrunden oder bei einigen Reisen. Beispielsweise zu Peter Gauweiler, Dirk Ippen und Michael Klonovsky im Herbst 2016 nach München. Ich bin dankbar für die vielen gemeinsam konzipierten und organisierten Konvente der Georgsbruderschaft. Und ganz besonders dankbar bin ich für das gemeinsame Erleben kleiner und mittlerer schwedischer Paradiese. Sie sind und bleiben Perlen der Erinnerung, kostbare Lebensgeschenke. Unvergessen die Nachtstunden in den ersten Tagen des Jahres 2016, als er uns im »Roten Salon« unseres Sommerhauses, auf dem

---

1 Ulrich Schacht: *Kleine Paradiese. Erzählungen,* Berlin/Hörby (Schweden) 2013, 9.

Carl-Malmsten-Sofa sitzend, das Schlusskapitel seines, zu dieser Zeit noch unfertigen Romans »Notre Dame« vorlas. Wir drei waren still und tief bewegt, zu Tränen gerührt.

Anfang August 2018, inmitten eines großen Sommers, wenige Wochen vor seinem Tod, kamen sie, Ulrich und Stefanie, zu uns an den Ramsebo. Wie Kinder plantschten und lachten die beiden Wasserscheuen im lauwarmen flachen Wasser des Sandstrandes. Einer jener großartigen farbprächtigen Sonnenuntergänge über dem See verzauberte und krönte einen wunderbaren Tag. Als die Frauen zu Bett gegangen waren, saßen wir beide noch bei einem Glas Rotwein. Ulrich zeigte mir mit deutlichem Großvater-Stolz einige Fotos seiner kleinen Enkeltochter Svea. Wir beratschlagten die Weiterarbeit am dritten Band von »GEORGIANA. Neue theologische Perspektiven«, der 2019 unter dem Titel »Würde oder Willkür« erscheinen sollte. Kurz bevor wir uns schlafen legten, sagte er:

> *Ich habe mir übrigens angewöhnt, nachts, als Letztes, bevor ich mich aus meinem Dichterhaus aufmache in Richtung Bett, die Komplet aus unserem Stundenbuch zu beten. Von vorne bis hinten. Und ich merke, dass mir etwas fehlt, wenn dies nicht möglich ist. […] Und manchmal hänge ich danach noch einen kleinen Schnaps aus dem Dichterhaus-Sortiment mit an.*

»Gebet und Genuss« könnte man dieses Programm nennen, eine gute, segensreiche Schacht'sche Mischung. Nahrung für Seele und Leib. Zum Nachahmen empfohlen. Eine solche Übung kann dabei helfen, Geheimnisse zu erschließen. Und kleine Paradiese. Nicht nur in Schweden.

oben: Blick von Ulrich Schachts Dichterhaus auf die Skälderviken.
darunter: Ulrich und Stefanie Schacht, an einem Sommerabend
am Ramsebo-See in Småland.

Ulrich Schacht und Thomas Seidel vor »Hus Walden« am
Ramsebo

Pontus Carle

ohne Titel, 2020

Für Ulrich, 2020

Stefanie Schacht · Ulrich Schacht

... So sind wir wenn die / Finsternis kommt im / Hellen bei uns

Billet an St.

Jetzt habe ich genau so ein Gefühl wie in New York. New York? rief sie ungläubig, das kann doch nicht dein Ernst sein, der Mond ist doch nicht die Erde! Natürlich nicht, gab er zu. Aber in New York gehst du nie durch New York, du gehst immer nur durch einen Film, den du gesehen hast, der New York heißt oder dort spielt. Wie in Venedig. Ich war noch nicht in New York, sagte sie, aber in Venedig geh ich nur durch meinen eigenen Film. Wie wäre es mit unserem? fragte er. Na gut, sagte sie und lachte, weil du es bist!

Bildnis eines venezianischen Mönchs

Ich komme, wenn überhaupt aus dem Norden, aus dem Süden des Nordens, also beneiden Sie mich bitte nicht um den Schnee, davon liegt bei uns auch nicht viel mehr herum als bei Ihnen, mein Traum sind die Lofoten...

Die Verwandlung

Es war, ein weiteres Mal, die magische Kontur des Anfangs von allem, über die, wie ein Scheinwerferstrahl, das Sonnenlicht strich und eine grüngoldene Farbschneise in die schwarzen und grauen Flächen schlug.

Grimsey

Langsam fällt / auf den Fels, das Grün ein / Schatten: Es wird dunkel, schwarz. Die / Boote kehren zurück in die Häfen

Im Blick Sark

Mit Venedig begann unsere gemeinsame Reise
zu Inseln – und durch das Leben.

Fotos: Stefanie Schacht · Venedig, Lofoten, Färöer, Herm

Zitate: Ulrich Schacht
Billet an St. aus: Zweiwas, Edition Toni Pongratz, Hauzenberg 2014
Bildnis eines venezianischen Mönchs aus: Kleine Paradiese, Edition Rugerup, Berlin/
Hörby 2013; zuvor bei: Edition Toni Pongratz, Hauzenberg 2007
Die Verwandlung aus: Kleine Paradiese, Edition Rugerup, Berlin/Hörby 2013
Grimsey: Aufbau Verlag, Berlin 2015 und 2017
Im Blick Sark aus: Schnee fiel in meinen Schlaf, Edition Rugerup, Berlin 2021;
zuvor in: Bashô sagt, Hamburg 2016

Jürgen K. Hultenreich

Stubaier Alpen, 2012

Färöer-Inseln, Nólsoy, 2010

Lofoten, Norwegen, 2012

Torres

Erfurt, Augustinerkloster, 2010

Erfurt, Dom und Severi, 2010

Das Schicksal, 2018

VII Kreuzigung, 2010

Der Prozeß III, 2019

Venedig, Seufzerbrücke, 2019

Fassaner Dolomiten, 2012

Voralpen, Rofangebirge, 2012

Kap Flora, Franz-Josef-Land, 2021

Spitzbergen, 2012

Bell Island, 2011

Jürgen K. Hultenreich

Zigarre, Eis und Aquavit
Zu den Tuschezeichnungen in diesem Band

1992, während der ersten Reise mit dem Eisbrecher »Professor Molchanov« zum Franz-Josef-Land, zückte ich seit langem wieder einmal Pinsel und Feder, um im Vorbeifahren die Motive der Arktis mit Tusche oder Aquarell festzuhalten. Meist gesellte sich nach getaner Arbeit unser Expeditionsleiter Ulrich Schacht dazu und rauchte eine Zigarre. Vor uns standen auf der Reling kleine Gläser mit Aquavit. Es war auch in den Nächten taghell, denn die Sommerzeit war angebrochen. Von Blatt zu Blatt verbesserte sich mein Tun. Da ich keinen Wert darauf legte, die Bilder zu sammeln, gingen sie nach der Reise in Freund Ulrichs Besitz über.

Etwa 15 Jahre später fing ich während einer Wanderung im Hessischen und nach langer Malabstinenz erneut mit dem »Tuschieren« an. Diesmal auf Blättern der Größe 12 x 17 oder 13 x 18 cm. Das Format entsprach, wenn ich mich so ausdrücken darf, meinem Wesen, das eher dem Knappen, Konkreten, in der Literatur dem Aphoristischen zugeneigt ist, als Überbordendem.

In seinem Essay über mein inzwischen über 4.000 Bilder umfassendes künstlerisches Werk *Metamorphosen oder Die Anschauung Gottes* zitiert Ulrich mich: »Der heutigen Kunst mangelt es am Aspekt des Ganzen, das wir mit dem Wort Schöpfung umreißen. Man ergeht sich in Relationen. Auch aus diesem Grund werden die Bilder vom Maßstab her immer größer. Wer nur Details zu sehen vermag, bauscht sie auf. Wer sie zusätzlich abstrahiert, gerät in einen malerischen Ausnahmezustand, eine Riesenbild-Performance, die eher einem Bombenanschlag gleicht. Die meiste Malerei ist heute ohne Theologie, ohne Summa.«

Er selbst schreibt abschließend: »Und was die Farbgebung dieser Bild-Welten betrifft, geht Hultenreich noch einen Schritt weiter. Farbe lenke ihn vom Wesentlichen ab, er verwende sie nur, wenn das Bild danach lechze. Was das praktisch bedeutet, kann man an seinen »vertuschten« Arbeiten sehen: Sie haben den überwältigenden *Tuschör* Hultenreich in ihrer motivischen Kraft und ihrem formalen Stringenz-Verlangen offenbar immer wieder selbst überwältigt, in Sepia-, Umbra-, Siena- oder Türkis-Exzessen zu schwelgen, als gäbe es keine Begrenzung. Auch Aquarell-Farbstriche lassen sich entdecken. Sie alle zusammen sorgen dafür, dass das Schwarz in diesen Bildern, so stark es wieder und wieder auftritt, das Licht in ihnen nicht dominiert und damit die Farbigkeit der Welt, die diesem Maler aus der Essenz Gottes selbst entstiegen zu sein scheint, unbestreitbar bleibt.«

Harald Seubert

Ulrich Schacht – Werk und Wirkung
Das Œuvre

Für Stefanie Schacht, seine Weggefährtin auf vielfachen Pfaden

»… was bleibet aber stiften die Dichter« – ein Grund gebender
Hölderlin-Satz, dem Ulrich Schacht unter allen Umständen zu-
gestimmt hätte und dessen unbedingte Wahrheit er festhielt.
Ihm ging es darum, dass dieses Bleibende in den Wirbeln und
Zerstörungsmaschinerien des 20. Jahrhunderts nicht preisgege-
ben würde. Und dieses Bleibende der Autorschaft bleibt auch
nach dem viel zu frühen Tod des Autors präsent: Als lebendig
gebliebenes, Schrift gewordenes Wort und als großer Beitrag zur
Kultur der eigenen Zeit.

I Sprache der Erstheit und Pathos der Präzision: Welt-Lyrik

In einem eminenten Sinn war Ulrich Schacht Lyriker, mit der
Kraft zur evozierenden Beschwörung des Seienden und zugleich
einer unendlich zarten Fähigkeit zur sinnlichen Vergegenwärti-
gung von Dingen und Atmosphären. Wenn man einmal aus
dem Abstand auf die literarischen Landschaften der Gegenwart
und jüngeren Vergangenheit blicken wird, wird Ulrich Schachts
lyrisches und episches Werk eben aus diesem Grund bleiben.
Daran besteht kein Zweifel. Metaphysische Tiefenschwingung,
höchste Lebendigkeit und geprägte Form: Ulrich Schacht verband in seinen Gedichtzyklen diese Dimensionen.

Vor allem machte er die Eigenmacht und -gesetzlichkeit der
Natur dort lesbar, wo sie sich menschlicher Hybris entzieht und

in ihrer Erst-und Letztheit erscheint. Immer wieder zog es ihn in die Eisregionen des Nordens, dorthin, wo diese Entzogenheit an den gezackten Rändern der Erde unübersehbar ist. Paul Celans Diktum von den Liedern, »zu singen jenseits der Menschen«, wurde bei Ulrich Schacht zur poetologischen Maxime. Dies bedeutet keinesfalls, dass er sich dem Menschlichen und Allzu-Menschlichen, das kein allgemeines ist, verschlossen hätte. Er hat es gerade dort zum Klingen gebracht, wo es sich in ein Absolutum hinein überschreitet: In der Intimität des Liebesgedichts und der Annäherung an das Gebet im Psalm.

Ein Lyriker von seinem Rang ist von den Anfängen her ganz, in voller Präsenz da. Es gibt keine Übungs- und Anlaufphase. Und dennoch durchläuft sein lyrisches Werk vielfache Transfigurationen und Variationen; es ist mit Goethe »Form, die lebend sich entwickelt«. Die frühe Sammlung ›Traumgefahr‹ lässt bereits die formale Meisterschaft erkennen.[1] Stärker als danach sind jene Gedichte Zeitgedichte. Dabei zeichnet sich ein Verfahren ab, das auch in Schachts Prosa begegnen sollte: Die poetische Topologie. Es sind *Orte*, an die sich Evokation, Erinnerung und Verwindung des Erinnerten, ein Ausgang ins Weite, anschließen. Seinerzeit waren es erkennbar die Topoi der prägenden Jugendlandschaften, enger oder weiter gefasst. ›Wismar‹, ›Nordsee‹, ›Küste bei Hubertsberg‹ lauten sprechende Gedichttitel. In den Meridianlinien zwischen den Orten verbindet sich Eigenes und nächstes Fremde. ›Prag. Unvernichtbar‹ leuchtet als überzeitliche Inkunabel auf, ebenso wie ›Erfurt. Augustinerkloster‹: ein Ort, der sich mit Schachts weiterem Schicksal verbinden sollte. Auch Personen werden zu Codierungen und Verdichtungen der Zeit. Die Spanne reicht dabei von Kafka über die Zwetajewa bis zu Brecht. In der zentralen Metapher des Käfigs verdichtet sich die finstere Zeit. In den Licht-, Himmels- und Pflanzensinnbildern wird ein Ton von Heiterkeit ahnbar: das Entronnensein in ein mögliches anderes Leben.

---

[1] Ulrich Schacht, *Traumgefahr*, Pfullingen 1981.

Der nächste größere Gedichtband ›Scherbenspur‹[2] nimmt den unmittelbaren Anklang an die Ereignisse zurück; die Codierung überführt Zeit in Raum. In der Dynamik von Nebel, Lichtstrahlen, Tieren, die einen Raum durch ihre Bewegung öffnen, erschließt sich jeweils Wirklichkeit. Mit den Räumen wächst die Wahrnehmung (Aisthesis) in einer differenzierenden Perzeption, dem von der Antike her begegnenden Konditionalis, dass die Seele alles sein kann, was sie berührt:[3] »Stille ist / wenn wir sie / hören: Das Geräusch / durchs geöffnete Fenster«,[4] so in einem Gedicht mit dem anspielungsreichen Titel ›Nachtstück‹.[5] Schacht vermag aus der Wahrnehmung von Weltzugängen und -bewegungen mythologischen Sujets neue, kraftvolle Valeurs abzugewinnen, pars pro toto in dem ›Sisyphos‹-Gedicht: »Leben / täglich / um den Schluß /Strich ziehen / zu können: // täglich. / Und ihn so / verlängern // täglich.«

Die Eigenmacht von Städten und Landschaften schreibt sich in die Dänemark- und Schweden-Gedichte besonders kraftvoll ein:[6] Nennkraft der Sprache, in der Ich und Du in den Sichtachsen der Landschaft zueinander stehen, zueinander finden und von ihr gesehen werden. Nietzsche formulierte einmal die Sentenz: »Werden und Sein: Es ergibt sich die volle Differenz« – in dieses elementare Grundgeschehen, als sehe Heraklit über die Schulter, führen Ulrich Schachts Naturgedichte hinein.[7] Es ist

2 Ulrich Schacht, *Scherbenspur*, Zürich 1983.

3 Vgl. dazu Wolfgang Welsch, *Aisthesis. Grundzüge und Perspektiven der Aristotelischen Sinneslehre*, Stuttgart 1987, 12 ff.

4 Schacht, *Scherbenspur*, a. a. O., 68.

5 Man kann an die musikalische Realisierung dieser Gattung bei Field und Schumann ebenso denken wie an E. T. A. Hoffmanns ›Nachtstücke‹, Paradigmen einer ›schwarzen Romantik‹.

6 Ulrich Schacht, *Dänemark-Gedichte*, Edition Toni Pongratz 21, Hauzenberg 1986; *Die Treppe ins Meer. Schweden-Gedichte*, Edition Toni Pongratz 74, Hauzenberg 2003.

7 Vgl. die soeben genannten kleinen Sammlungen und Ulrich Schacht, *Weißer Juli. Sechsunddreißig Gedichte und ein Essay*, Edition Toni Pongratz 89, Hauzen-

kein Zufall, dass er in nicht wenigen seiner Gedichte an Heraklit-Fragmente, die Thematisierung der Grundformen der Welt, anschließt.

In der schmalen Sammlung ›Weißer Juli‹ changieren die Grundformen der Natur in einer Eigendynamik, die man mit Heinrich Rombach hermetisch nennen könnte.[8] Im Werden und Vergehen, in der Wandlung der Jahreszeiten vom Winter zum Juli zeichnet sich das bleibende Sein ab.[9] In dem Gedicht ›Das Prinzip Herbst‹ bringt Schacht dies unmittelbar in den Seelenblick: »Vergiß die zerstörten / Rosen, trockne sie, das / Rascheln der Blüten, blasser und / blasser, läd ein ins // Schweigen: So // kehren sie wieder die / Farben. Hörbar, ein / Leben lang, der / Duft unserer Sommer«. Jenem Gedichtband ist ein wunderbarer Essay beigegeben: »Die Wiederentdeckung der Geschichte der Sonne«, den Schacht unter ein Wort von Schelling stellt: »Wir haben eine ältere Offenbarung als jede geschriebene, die Natur«. Naturdichtung und die genaue Spurensuche, die ihre Voraussetzung ist, ist eine Heimkehrbewegung zum Idyll, dem Asylon einer Unberührtheit. Eine solche Idyllik berechtigt zu dem »irdischen Vergnügen in Gott«, von dem Barthold Hinrich Brockes sprach. Sie etabliert einen Frieden in Seele und Welt, der sich in der Geschichte nicht finden lässt. Es ist ein Frieden des Ganzen, »den seine Teile nicht hergeben«. Dieses Ganze (synholon) bringt das Gedicht zur Form und Darstellung. Es materialisiert, »was an unsichtbarer Kraft in Tönen, Farben und Düften zur Geltung kommt, in Bewegung, Geräusch, Gezeiten«. Die Elemente des Prozesses sind dadurch aufgehoben, die Stürme in die dauerhafte Form der Windstille gebracht.[10]

berg 2006.

8 Heinrich Rombach, *Phänomenologie des gegenwärtigen Bewusstseins*, Freiburg/Br., München 1980.

9 Schacht, *Weißer Juli*, a. a. O., vor allem die Gedichte ›Nach einem Winter‹, ›Knospe und Schnee‹.

10 Vgl. den Essay ›Die Wiederentdeckung der Geschichte der Sonne‹, jetzt auch in: *Im Schnee treiben. Essays zum poetischen Weltverständnis*, Dresden 2021, 32–46.

Ulrich Schachts lyrisches Werk geht konsequent den Spuren des Anfänglichen nach. Der Naturbegriff verweist, wo er phänomenal evident wird, auf jene Anfänglichkeit und Erstheit, die in der Kunst, im besten Falle, zur Präsenz zu bringen ist. Schachts Gedichte, die sich zumeist nördlichen Landschaften, Landschaften des Extrems zuwenden, zeugen von jener Präsenz, auch dort, wo sie durch Abwesenheitserfahrung gebrochen und im Ruinenfeld der Realgeschichte zerbrochen ist. Die Kraft seiner Sprache entzündet sich nicht an der geglätteten Schönheit, sondern im Hallraum zwischen Schönheit und Erhabenheit. Selten nur ist dabei in expliziter Weise von Gott die Rede. Kultische oder religiöse Sprache, die nicht Eigenrecht und -macht der Kunst wahren würde, kann es ebenso wie eine von der Grammatik der Schöpfung getrennte Virtuosität auf der Höhe von Schachts Sprachmeisterschaft nicht geben. Kitsch und Betulichkeit wären für ihn, wie einst für Hermann Broch, auch sittlich verwerflich. In den Wortfugen leuchtet nicht nur Naturpräsenz, sondern auch ein *vestigium aeternitatis* auf.

Die Affinität zu den japanischen Rätseln (Kōans) die in den Mottozeilen mancher seiner Gedichte abzulesen ist, wird in einer späten kleinen Veröffentlichung noch einmal thematisch aufgenommen: ›Bashô sagt‹.[11] Die Nähe zu dem Meister des Haiku ist keinesfalls zufällig. Sie erinnert an ein dichterisches Wort, das unprätentiös anzeigt, was ist, dessen Gültigkeit in hermetischer Weise selbst erklärend ist. Dieser Dimension scheint sich Ulrich Schacht ebenso genähert zu haben wie der späte Martin Heidegger.

In einem schmalen Band der ›Edition Toni Pongratz‹ sind vor wenigen Jahren ›Zweiwas. Liebesgedichte‹ zugänglich gemacht worden.[12] Sie machen geradezu süchtig, und man läse gerne weiter, um diese Sogkraft in allen Facetten zu spüren. In

---

11 Ulrich Schacht, *Bashô sagt*, Gedichte, mit Zeichnungen von Carl-Walter Kottnik, Hamburg 2016.

12 Ulrich Schacht, *Zweiwas. Liebesgedichte*, Edition Toni Pongratz 118, 2014.

den Liebesgedichten öffnet sich die Strenge der lyrischen Form in einen freien Fluss. Sie gibt sich preis. Ob Liebe, mit Hegels Definition, »sich selbst-Finden im Anderen seiner selbst« ist, oder eben vielmehr eine Reise ohne anzukommen, diese Frage gerät in den rhythmischen Freiheiten in einen faszinierenden Schwebezustand, eine Schwindel erregende Schaukelbewegung. Es legt sich der Eindruck nahe, dass es sich um zweierlei, oder mehrere Liebesbegegnungen handelt, suchend teilweise, dissonant, in der Tonlage der Verzweiflung, ausmündend in einen Lichtraum, in dem sich Selbst und Andere, gegen alle Wahrscheinlichkeit doch finden und verstehen können: »Könntest du mir / werden werde mir was / du kannst: Ein Gesicht dem / das Eigene bleibt. Ich sah ein / Gesicht das mir bleiben / könnte hinter dem Licht darin das / ich sah. So sind wir wenn die / Finsternis kommt im / Hellen bei uns«.[13]

Von realer Gegenwart handelte der große Philologe George Steiner in den frühen neunziger Jahren. Dies schloss für ihn die Frage ein, ob das Sprechen Inhalt habe[14] und ob in den Sprachgittern Welt erreicht werde. Dies ist die Frage, die Ulrich Schachts große Zyklen der späteren Jahre eigentlich in Gang setzt.

Mit ›Bell Island im Eismeer‹ erreichte die Dichtung des gerade sechzigjährigen Ulrich Schacht einen neuen Höhepunkt und sie kam zu neuer Kenntlichkeit.[15]

So wenig und so selten er auch in diesen Gedichten explizit von Gott spricht (was nicht heißt: dass er ihn nicht implizit anriefe und präsent sein ließe),– so wenig ist Schacht überhaupt von den vermeintlichen Alternativen eines monologischen oder dialogischen Sprechens tangiert, wie sie in der Lyrik der Moderne in der Differenz zwischen Gottfried Benn und Paul Celan markiert werden. Selbstgegenwart und Geschöpflichkeitsbewusstsein

---

13 Schacht, *Zweiwas*, a. a. O., 32.

14 George Steiner, *Von realer Gegenwart. Hat unser Sprechen Inhalt?*, mit einem Nachwort von Botho Strauß, München, Wien 1990.

15 Die folgenden Seitenzahlen beziehen sich durchgehend auf: Ulrich Schacht, *Bell Island im Eismeer*, Edition Rugerup, Berlin/Hörby (Schweden) 2011.

fließen in Evokationen ein, in denen Stein, Licht, Schattenwürfe, das Wechselspiel von Tag und Nacht den Hauptpart einnehmen. Von Südschweden aus öffnet sich ein geographischer Raum, in dem sich Mythos und Schrecken mit Verheißungen verbinden: Fluchtpunkt ist ein ›Ultima Thule‹, das in Tiefen der Vergangenheit liegt und zugleich in eine Zukunft hineinragt, die nicht utopisch, sondern von den Schichten des seit jeher Gewesenen durchdrungen ist.

Die Dichtung der Erstheit nimmt in Resonanzen und Spiegelungen auf andere Dichtung Bezug. Eine wichtige Spur führt auf den Nobelpreisträger des Jahres 2011, den Schweden Tomas Tranströmer, und dessen lyrische Sprache von Genauigkeit und Verknappung; eine andere immer wieder auf Paul Celan, dessen immer stärker in Verknappung und Schweigen führende Dichtung bei Schacht als Rühren an das Unbedingte aufscheint. Celans genaue Topographien, die alte und älteste, volksetymologische und lateinische Namengebungen für Gesteine, Flora und Fauna in den Gedichttext komponieren, als Antidotum zu der unifizierenden Maschine der Weltgeschichte sind Ulrich Schacht in tiefem Sinn wahlverwandt.

»Flüssiger Geist am Weltrand«, diese Celan-Verse nimmt Schacht am Beginn des Bandes auf. Sie umschreiben, was in seiner Dichtung geschieht. Verflüssigungen des Gewussten, Entdeckungen und Rückkehrbewegungen geben den Gedichten Rhythmus und dynamische Form. Sie fügen, wie die Beschreibung, ja Beschwörung des »Dorfes Kulusuk in Ostgrönland« immer wiederkehrende Geschichten in ein bleibendes Bild. Man geht in Spuren, dort oben. Identitäten verwischen sich. Es findet sich aber auch, wie in ›Mit Einar Már Guðmundsson durch Rejkjavík‹ die Epiphanie: die alten Götter, die Engel und das All leuchten plötzlich, an einem ansonsten wenig spektakulären Tag mitten im Alltag, auf.

In dem »Zyklus in sechs Tafeln« – ›Svalbard‹ findet der Stein zur Sprache: Welt-Grund, der seine vielfachen Facetten zeigt. Die empiristisch reduzierende Vorstellung, dass er tot wäre und unbewegt, erweist sich als ein zu kurz greifender Irrtum. Vielmehr nimmt der Stein alle Oszillationen, Farben, alles Leuchten der anderen Elemente auf. Er bleibt, wenn die belebte Welt ihren Glanz lange verströmt hat. Der Stein vermag den Wechsel der Zeiten abzuwarten. Er hat Zeit.

Wo sich die Elemente in Mächtigkeit selbst ereignen, überspielen, überstimmen: wo das Urbild der Stein-Landschaft an Lethe, den Strom des Vergessens, rührt oder einsame Landschaften wie nach dem Weltbrand aufscheinen, dort versieht Schacht, wie in einem genialen Kontrapunkt, seine Gedichte mit klaren Ortsangaben, zusätzlich präzisiert durch die Nennung von Längen- und Breitengrad. Die Verse beschwören, an einen spezifischen Ort gebunden, doch ort- und zeitlos Bleibendes. Schachts Gedicht setzt bei einem bestimmten Momentum an, das unwiederholbar, als Situation nicht eigentlich ins Bild gesetzt, sondern notiert wird: die Situation, in der sich jeweils spezifisch das Sein im Ganzen lichtet, wie durch den Heraklitischen Blitz, den *logos keraunos*. Es ist, als tue sich mitten in messbarer Zeit und zu bereisendem, also gerade nicht u-topischem, Raum ein Mahlstrom auf, der alle Empirie der Herkunft in sich verschlingt. Dies firmiert bei Schacht unter der Sigle der »Einfachen Formel«: einer Reduktion auf das Eidos der Landschaft. Wenn man verstehen will, was es bedeutet, wenn Goethe dem Kanzler von Müller gelegentlich sagte, die Kunst sei die »Auslegerin der Natur«, oder wenn Schelling, noch überspitzend, die Natur als »Nachahmung der Kunst« deutete, so findet man in diesen Gedichten virtuose Variationen auf dieses Thema.[16]

Die innerste Mitte von Schachts Dichtung und zugleich das absolute Weltverhältnis, auf das sie zielt, wird in dem Titelgedicht zur Sprache gebracht: »Ich habe einen Entwurf gesehen, ohne mich, und ich war glücklich«. Der eigene Blick ist daher nur

---

16 Vgl. zu diesen Kontexten Manfred Riedel, *Kunst als ›Auslegerin der Natur‹. Naturästhetik und Hermeneutik in der klassischen deutschen Dichtung und Philosophie*, Köln/Weimar/Wien 2001.

Spiegelung der kosmischen »Präexistenz«, die Selbstpreisgabe an dieses Angesehen-Werden wird damit zur genuinen Selbsterfüllung. Dieses hervorgehobene Gedicht, das dem Band den Namen gibt, ist wie eine fließende Zusammenschau der Elemente. Himmel, Erde, Wasser.

Einige Gedichte rufen Kippbilder hervor, als ob der Schnee das »Dorf Vejbystrand« in eine Fensterstadt verwandelt, die ihrerseits ganz von Licht widerstrahlt, wobei sich dieses Licht wieder ganz und gar als Schnee erweist; ob sich mitten im Wald der Hafen auf das Meer öffnet. Dabei mag man an Shakespeares von Ingeborg Bachmann evoziertes »Böhmen« des Prager Frühlings 1968 denken, das »ans Meer begnadigt wurde«; ob die Treppe des Schlosses in freiem Sturz mitten ins Meer führt, oder ob ›Lervik am Abend‹ durch den Farbenwechsel in ein unendliches Widerspiel verwandelt wird; oder aber, ob die Landschaft selbst stereoskopische Züge annimmt. Verwandlungen vollziehen sich, sobald sich Kunst- und Naturformen ineinander verschlingen: besonders sprechend wird dies beim Gesang der Mönche von Alvastra aufgewiesen.

Der ›Cimetière marin‹ Paul Valérys findet in den Evokationen eines nördlichen Dorfes aus den Wirbeln von Hafen und Wind seine Entsprechung. Der dreifache Gottesname der monotheistischen Religionen: ALLAH ELOHIM HERR wird in dem Gedicht ›Der Friedhof von Prästö auf Åland‹ zwischen Farnen und Meeren durch seine verschiedenen Variationen und Metamorphosen verfolgt. Hier, wo Gottes Namen dreifach, gemäß den Abrahamitischen Religionen, genannt werden, unternimmt es Schacht, die Schau des strahlenden Gotteslichts selbst unmittelbar gegenwärtig zu machen. Das Licht im Gottesnamen nimmt das Gedächtnis an die Toten auf, die dort hin auf weiten Schiffsreisen verschlagen wurden und an deren Grabsteine sich die wechselnden Wetter brechen, konterkariert aber vom Wind, der nicht einfach den Elementen zugehört, sondern mit dem an den Geisthauch, RUACH, erinnert wird.

Figurativ zusammengeführt werden diese Linien in der ›Erratische[n] Sekunde‹. Diese gefrorene Komplexität der Zeit eröffnet eine Stimmung, in der die Wirklichkeit aus den wohldefinierten Rändern der intentional geformten Realität ausbricht und sich auf eine Frage öffnet, die Heidegger als »Grundfrage der Metaphysik« bestimmte: »Warum ist Seiendes und nicht vielmehr nichts?«. Die Frage entzieht sich selbst in der Lange-Weile, der Dauer jener ausgehaltenen Warumfrage, auf die es keine Antwort gibt außer den Grund unter den Füßen. Sie geht aber ein in das mystische »sunder warumbe« (Angelus Silesius). Regen, so ein Bild »wäscht [...] / verwaiste Gestirne ins // Nichts« (68). Das Geräusch versetzt in einen Anfang zurück. Evidenz eines »Wissens«, das aber nicht wohlbestimmtes einzelnes Seiendes weiß, sondern in die All-Einheit und Alleinheit einer großen Leere eingeht. Dies Nichts ist zugleich reines Sein. Man kann es allenfalls ungewollt aussprechen; an niederstürzenden Linien kann man es wahrnehmen, wenn man eine Grundstimmung wie die Geborgenheit in Nichts und Finsternissen (70, 71, 72) irgend zu benennen vermag – der begrifflichen Bestimmung entzieht sich dies alles. »Die Philosophie reicht nicht hin.« Selbst eine radikalisierte Interpretation, die »den Schrecken zum Gesetz erhebt und damit zeige, was Schönheit heißt«, wird in ein ertragendes Beschreiben aufgehoben. Dies zeigt ein Gedicht, das auf eine Kriegslandschaft Uccellos rekurriert (März. Gemälde. Nach Paolo Uccello, 77).

Neben den konkreten Landschaften nimmt Schacht immer wieder Motive aus der bildenden Kunst auf: so eben die Kriegsszene jenes »verrückten Paolo« Uccello aus dem 15. Jahrhundert, der blaue Felder malte und grüne Himmel, weil er die tiefere Wahrheit der Phänomene hinter den äußerlichen Eindrücken suchte: im inneren Wesenseidos der Form. In dem Gedicht ›Orbis pictus‹ wird die Sehnsucht der Lyrik nach der Statik des Bildes unverhüllt ausgesprochen: Der Traum eines streitlosen, zur Ruhe gekommenen Blicks »auf reines // Licht und abgrundlosen / Schein ein Bild an dem wir / uns erbauen: Nur um / zu sein.«

(83). Die erhabene Reduktion des weißen Quadrates auf schwarzem Grund bei Malewitsch (101) wird zum Sinnbild der Zeit, die gegangen ist und der nur nachgeblickt werden kann. In dem Malewitsch-Gedicht wird die Farbkonstitution des Prätextes gegenüber dem bildnerischen Original umgekehrt. In der Inversion zeigt es die Schneelandschaft, das »blendende Licht«. Die erhaben erratische Konzeption von Malewitsch verlebendigt sich auf eine Winterlandschaft und diese selbst verdichtet sich wiederum zur Etüde auf die Zeit: ein *nunc stans* in seiner Augenblicks-Unentschiedenheit: »Die Zeit steht / still. Oder geht // vorbei. Wir haben ihr / nachgeblickt«.

Von hier her wird auch der Psalm als genuine Sprachform der Transzendenz angeeignet und verwandelt. Geschichte wird in Schachts Gedichten Teil einer Vision – und das gilt für Naturgeschichte ebenso wie Welthistorie. Die Ausfahrten in den Norden gestatten nicht die mediterrane Geschichtsflucht, von der Paul Valéry einmal träumte. In den Sternenruinen des Augenblicks, so die Verse der ›98. Kosmologie. Nach Heraklit‹ – erscheinen Hitler und Stalin als Wiedergänger aus den Raumtiefen der Geschichte und sie werden in den Fluss der Natur zurücktransponiert: »aber alles kehrt zurück der / Sturm der Schnee und schweigsame / Maschinen«. Wie Menschen die Welt wirklich verändern können, darauf gibt das Gedicht eine unerwartete, vielleicht deshalb überzeugende und gar überdauernde Antwort: indem sie gehen, Leere und Schlaf zurücklassend, indem sie zurückfließen auf einem Grund, der selbst kein Leben kennt (113). »Nichts ist / leichter als jene Finsternis zu erreichen / die hinter dem Licht beginnt: Berühren / wir sie, haben wir es durchschaut« (114).

In dem folgenden letzten großen Gedichtband ›Platon denkt ein Gedicht‹[17] vollzieht Schacht schon im Werktitel den überschreitend übersetzenden Blickwechsel von der Dichtung zum

---

17 Ulrich Schacht, *Platon denkt ein Gedicht*, Edition Rugerup, Berlin 2015. Alle in Klammern gesetzten Seitenzahlen in diesem Abschnitt beziehen sich auf diesen Band.

Gedanken – und zurück: Leitend ist hier keine Gigantomacheia zwischen beiden Grundpolaritäten, und kein Ausschluss, sondern die wechselseitige Prägespur. Nicht um »Weltentleerung« geht es dabei, sondern um die eidetische Reduktion auf die Grundformen von Natur und Selbst: Idee und Erscheinung verschmelzen. Gedanke und Gedicht berühren einander und nehmen einander spiegelbildlich auf. Das Titelgedicht lässt die Umrisse der Erscheinungen gleichsam wie Ideen aufscheinen: »Im Mond Licht der März / Wald in der Nacht // Schatten: Stamm um / Stamm. Dazwischen, dunkler // noch: die / Stille« (11). In die Gedichtform verwandelt wird auch Heraklits Denken des Panta rhei: ›Weltordnung‹ »Abend ist ein Morgen ist / ein Tag die Nacht, und / abermals…«(50).

Die späten Gedichte, die 2021 in dem Band ›Schnee fiel in meinen Schlaf‹[18] erscheinen, variieren schon im Titel Leitthemen: Den Schnee, die Dynamik des Wassers und der Wolken. Auffällig begegnen Evokationen der Sonne, des Lichtes und des Anfangs: im erotischen Spiel zwischen Wellen und Muscheln, das Fohlen im Regen … Die Konturen werden schärfer gezogen, wie in Stein gemeißelt.

Die Intensität steigert sich; auch in der Evokation von Stille. Mitunter springen die Verse den Leser geradezu an: Keine Gedichte des Abschieds primär, sondern eines schwingenden In eins von Anfang und Ende. Mit Rilke «Sei allem Abschied voran« …

II Denken und Dichtung: Poetologische Motive

Ulrich Schachts Aufzeichnungen ›Über Schnee und Geschichte‹ lassen sich als Poetologie und impliziter Kommentar zu seinem Gedichtwerk lesen.[19] Diese Texte sind, wie die Lyrik selbst als

---

18 Ulrich Schacht, *Schnee fiel in meinen Schlaf*, Edition Rugerup, Berlin 2021.
19 Ulrich Schacht, *Über Schnee und Geschichte. Notate 1983–2011*, Berlin 2012. Auch hier sind die Zitate in Klammern unmittelbar im Text nachgewiesen.

Kunstform, auf die Natur hin orientiert. Doch sind sie alles andere als weltflüchtig. In den ausgewählten Aufzeichnungen aus dem langen Zeitraum der Jahre 1983 – 2011 sedimentiert sich auf einer Ebene europäische Geschichte: das Freiheitsversprechen des Jahres 1989 ebenso wie die Kassation jener Freiheit in Ritualen der postmodernen, vermeintlich offenen Gesellschaft, in zunehmender medialer politischer Korrektheit, einem etablierten »Antifaschismus« und dem von Schacht nicht weniger, ja: je länger je mehr verachteten entfesselten Turbokapitalismus: Themen, die Ulrich Schacht je länger je mehr beschäftigten.

Schacht erweist sich in diesen Aufzeichnungen, einmal mehr, als wortmächtiger Denker der Freiheit; die Reflexe in die eigene Vita geben nur einen Anlass, um diese umfassende Parrhesia-Empfindung auszusprechen.[20] Deshalb kann er sich René Chars Satz aus dessen ›Aufzeichnungen aus dem Maquis‹ zu eigen machen: »Bei jedem gemeinsamen Mahl bitten wir die Freiheit an unseren Tisch. Der Platz bleibt leer, aber das Gedeck liegt bereit«. Schacht kommentiert dies mit den Worten: »Wer Freiheit, heißt das, unter allen Umständen im Blick behält, dem wird Unfreiheit nie zur Gewohnheit werden« (31). Wenn Camus für Schacht der Denker und Autor jenes Freiheitsanspruches ist, so hat er auch einen – im landläufigen Sinn freilich ganz und gar nicht heroischen – Helden aus der eigenen Zeitgenossenschaft, eben Alexander Dubček ihm an die Seite gerückt. Aus dieser Freiheit, dem, was Griechen und frühe Christen als Parrhesia verstanden haben, kommt Schachts Zeitdiagnostik und -kritik.

Es schält sich aber noch eine ungleich tiefere Schicht aus diesen Aufzeichnungen heraus, und man geht wohl nicht zu weit, in den ungemein eindrucksvollen Evokationen der Liebe in den Notaten schon in Umrissen den Grundzug jener Poetologie der

20 Vgl. dazu den überaus eindrucksvollen Band, auf den Schacht mit Verve hinwies: Boris Vildé, *Trost der Philosophie*, hgg. von Felix Ph. Ingold, Berlin 2012. Die Anspielung auf Boethius', gleichfalls im Gefängnis geschriebenes ›De consolatione Philosophiae‹ ist mitzuhören.

»Natur-Absolutheit« zu sehen. Dies dokumentiert sich vor allem in den, erst vom epischen Großwerk ›Notre Dame‹ her sich ganz erschließenden Fragmenten eines nicht geschriebenen Romans »Zweiwas«: »Er: ›Ich habe mehr verlangt, als du geben konntest. Aber das, was du gegeben hast, war mehr, als ich verlangen durfte‹« (75); oder anders: »Kann man ›absolut‹ lieben? Man kann es nicht wie eine Möglichkeit, man *muss* es wie ein Gesetz. Nur wenn man es nicht muss, kann man es auch nicht.« Im Fragment zerbrochener Liebe bezeuge sich nicht, so fährt er fort, was war, sondern was möglich gewesen wäre: eine ganze Liebe, womit an das Geheimnis jenes Ganzen und Einen gerührt ist, das dann als Wesenszug der Poesie aufscheint.

Auf einer mittleren Ebene, zwischen der spekulativen Poetologie und der Beschreibung des Intimsten erweist sich Schacht als Geschichtsdenker von hohen Graden: so wenn er in den tiefen Linienzügen eines Essays aus dem Spätjahr 2009 die *Geschichtsgötter* der Französischen Revolution, der Mutter aller nachfolgenden linken utopischen Revolutionen, *Gott in der Geschichte* in seinen Abschattungen und seiner Verborgenheit kontrastiert. Das Wissen um das Schreckliche erkennt er als die Essenz politischer Urteilskraft: mit Camus, auf den er immer wieder als auf eine Autorität »virtueller« Kraftübertragung« zurückkommt, hält er fest, dass das, was »konzentrationslagerartig« ist, auch so benannt werden muss. Dies schließt Konzessionen an eine Kalte Neutralität aus. Den Verwerfungen der Geschichte gegenüber zeigen diese Notate das Gegenteil der von Heimito von Doderer beklagten »Apperzeptionsverweigerung«, nämlich eine geniale Apperzeptionsfähigkeit, ein Transparentwerden der Wahrnehmung.

Geistverwandt ist dem Walter Benjamins Sentenz: »Vergangenes historisch artikulieren, heißt nicht, es erkennen ›wie es denn eigentlich gewesen ist‹. Es heißt, sich einer Erinnerung bemächtigen, wie sie im Augenblick einer Gefahr aufblitzt […]. In jeder Epoche muss versucht werden, die Überlieferung von neuem dem Konformismus abzugewinnen, der im Begriff steht, sie zu überwältigen«.

In ihrer Tiefendimension haben die poetologischen Aufzeichnungen das Politische im Rücken. George Steiners Frage nach realer Gegenwart findet bei Schacht eine Antwort – und dies gleichermaßen im Gedicht und in der Reflexion. Natur hat es mit dieser Erstheit zu tun; und das trivialer-, also grundsätzlicherweise schon in der Wortbedeutung: sowohl das griechische *physis* (von *phyein* wachsen) wie das lateinische *nasci – natura* (geboren werden) zeigen diese Anfänglichkeit. Dichtung hat mithin im Sinne Schachts eine metaphysische Kraft. Schachts poetologisches Denken folgt der Maxime: »*Die Sprache der Poesie* ist nur dann Sprache der Poesie, wenn sie sich als Deutungsantwort auf unausdeutbare Klarheiten versteht« (251).

Von Gott sprechen Schachts Aufzeichnungen ebenso wie seine Gedichte meist allenfalls indirekt, *in intentione obliqua*. Doch dies macht die Absolutheitsspur noch stärker. Der Ort der Erstheit kann deshalb gleichermaßen offen- und wachgehalten bleiben. Nicht Handlungsallmacht in jenem Sinne subtiler scholastischer Disputationskunst zeichne Gott aus, sondern ein Wissen, »wer wir sind, vor allem in unserer Macht, die nur die Kehrseite unserer Ohnmacht ist. Darin spiegelt sich zugleich seine grundsätzliche Revisionsfähigkeit unserer jeweiligen Endspiele ins Irdisch-Historische ab« (203).

Aus Revolutionen kann, anders als aus der Natur nie Neues hervorgehen, das Hannah Arendt als den Nukleus des Politischen verstand. Dies verbinde die Blutlinie von 1789 mit der russischen Revolution im Jahr 1917 und darüber hinaus mit Hitler, den Schacht ausdrücklich einen »Jakobiner« nennt. In seinen eindrücklichen Revolutions-Reflexionen aus dem Jahr 2009, die ältere Fäden wieder aufnimmt, folgt Schacht Paul Ricœurs Evokation dreier Lesarten der Geschichte: »die abstrakte Ebene des Fortschritts, die existenzielle Ebene der Zweideutigkeit, die geheimnisvolle Ebene der Hoffnung«. Die beiden letzten Ebenen macht er in einer Rettung einer ›Geschichts-Theologie‹ kenntlich, die ins Über-Geschichtliche verweist. »Zuletzt ist es eben nicht entscheidend zu *wissen*, ob Gott in der Geschichte wirkt oder nicht, wenn *die*, die sich auf ihn berufen, in der Geschichte *wirksam* werden« (219):[21] eine Pascalsche Wette auf die Transzendierung des Zeitlichen ins Überzeitliche, die als indirektes Geschichtsdenken die Schachtsche Poetologie fortschreibt; führt doch auch sie über Werke und Taten der Menschen hinaus.

Auf jenes Übergeschichtliche – Nietzsche sprach vom »Monumentalischen« – kann zwar vom Menschen »gewettet« werden, ähnlich wie in der Pascalschen Wette, es ist aber unabhängig von solchen Projektionen. Und dies führt auf die Erstheit zurück: Heilmittel, Remedium, gegen diese Zerstörungsmacht der Revolution ist für Schacht eine Bewegung, die sich wie nichts-wollend der Selbstbewegung der *physis* anvertraut.

III Versuch und Versuchung: Die Essayistik

Man merkt Ulrich Schachts Essays an, dass sie von einem fulminanten Rhetoriker stammen. Sie sind gleichsam abgekühlte Magma von Reden und Einlassungen, die in den frühen neunziger Jahren noch auf eine politische Verwandlung setzten.[22] Eine Republik, die einen neuen Raum jenseits der Ideologie hätte eröffnen können, der Oikos einer »neuen deutschen Republik« stand im Jahr 1989/90 im Fokus von Schachts politischem Denken. In dem Sammelband über die ›Selbstbewusste Nation‹ ist dieser Horizont als eine konkrete Möglichkeit evoziert:[23] Skizziert wird eine Republik, die Zukunft aus der Neuaneignung von Geschichte gewinnt und sich nicht in den blutarmen Surrogaten der Phrasenrhetorik bewegt, sondern die Tiefendimensionen des Tragischen und Ästhetischen neu aufschließt. In den einschlägigen Publikationen Schachts aus jener Zeit, die nun

21 Vgl. dazu Paul Ricœur, *Geschichte und Wahrheit*, München 1974.

22 Vgl. Ulrich Schacht, *Gewissen ist Macht, Notwendige Reden, Essays, Kritiken zur Literatur und Politik in Deutschland*, München 1992.

23 Vgl. Ulrich Schacht, gem. mit Heimo Schwilk (Hg.), *Die selbstbewusste Nation*, Berlin 1994 und 1996.

auch in den Abstand eines Vierteljahrhunderts abgesunken ist, wird deutlich, dass er bei allem politisch-strategischen Urteilsvermögen letztlich auf anderes orientiert war: die Macht des Gewissens.[24]

Kongenial verhielten sich die Signale der ›Selbstbewussten Nation‹ zu Botho Strauß' ›Anschwellendem Bocksgesang‹, der sehr bewusst die Plattheiten und Konventionen der Nachkriegsepoche aufbrach: konkretes Ideal. In den Essays aus dem Interim zwischen geteiltem und geeinten Deutschland, den Jahren zwischen 1989 und 1992 erweist sich Schacht nicht nur als fulminanter Rhetoriker, der unschwer zum Volkstribun hätte werden können, sondern auch als behutsamer Fährtenleser: Mit Václav Havel votierte Schacht seinerzeit für eine Sisyphus-Freiheit, die den Menschen die Welt bejahen lässt, obwohl er weiß, dass »seine Mühsal kein Ende haben wird«.[25] Der Mythos eines geteilten Deutschland als vermeintliche Garantiesicherung des Friedens musste aufgebrochen werden. Schacht war seinerzeit auf der »Suche nach dem vergessenen Land«, einem Eins-Sein im Anderen, aus dem Geist Hölderlins, das wohl vor allem im portativen Vaterland der Dichtung lag.

Dies war der genuine Impuls, der Schacht dazu brachte, in den frühen neunziger Jahren »für eine kopernikanische Wende in der europäischen Gedenkpolitik« einzutreten,[26] deren status quo den antifaschistischen Ideologieimpetus soweit steigerte, dass selbst der Stalinismus in seinen Verbrecheruniversen in mildes Licht getaucht wurde. Schacht erkannte die Kreation einer »Histoire totale«, die sich um den Nationalsozialismus als Nabe in einem in sich drehenden Rad etablierte. Dass der Nazis-

---

24 Schacht, *Gewissen ist Macht*, a. a. O., 12 ff. u. ö.

25 Ulrich Schacht, *Der verstellte Rückweg. Poesie und Identität im geteilten Deutschland*, in: Sprache im technischen Zeitalter, März 1992, 101 ff., hier 102.

26 Dazu Ulrich Schacht, *Zwischen Schuld-Erbe und Sühne-Simulation. Für eine kopernikanische Wende in der deutschen und europäischen Gedenkpolitik*, in: FUGE. Journal für Religion und Moderne 12/13, Paderborn 2013, 147 ff.

mus, gemäß der Habermasschen Volte im Historikerstreit, allen Vergleichen enthoben sein sollte, führt, so Schacht, zu der »geschichtserlösende[n] Zauberformel«, wonach Ursünde und *proton oseudos* einzig und allein im Nationalstaat zu suchen sei, der deshalb in einen Weltstaat als Glücksort der Zukunft hinein aufgelöst werden soll. Wird damit aber nicht ein neuer Weltbeglückungstraum (K. Popper) aufgerissen, eine Konvergenz von Lebenszeit und Weltzeit (H. Blumenberg), deren Erzwingung Hans Blumenberg eine der großen Ungeheuerlichkeiten der Moderne nannte? Mit solchen Einsichten wird Schacht über den Tag hinaus zu einem bedeutenden antizyklischen und antiideologischen Geschichtsdenker.

An prominentem Ort, anlässlich der Gedenkrede zum 20. Jahrestag der Bürgerbesetzung des Ministeriums für Staatssicherheit in der Berliner Normannenstraße hielt er 2010, als die Kairoi der Jahre um 1990 längst dementiert waren, eine denkwürdige Rede: »Bendler-Block vs. Ulbricht-Maschine: Zur Kritik des ›antifaschistischen‹ Umbaus der Republik des Grundgesetzes«.[27] Dieser Problemstein beschäftigte ihn als leidenschaftlichen Homo politicus bis zuletzt: Eine gnadenlose, durch Public theology-Indoktrinationen gestärkte Gesinnungsethik, die durch unbegrenzte Zuwanderungen aus dem islamistischen Krisenbogen unter den Augen der Öffentlichkeit einen neuen Antisemitismus generiert, bedeutet, wie Schacht erkannte, eine tiefreichende deutsche Staatskrise, in eins damit aber unvermeidlich eine europäische Sinnkrise. Der entsprechende Prozess ist noch nicht zu Ende und wird nach der Pandemie nochmals neue Metamorphosen erleben. Als Menetekel setzte Schacht über die Bendlerblock-Rede die Ulbricht-Sätze aus dem Jahr 1943: »Es muss alles demokratisch aussehen, aber wir müssen alles in der Hand haben«.

Die Präzision der Erinnerung ist das Antidotum zu ideologiegeleiteten Wahrnehmungsverweigerungen. Eine schöne, un-

---

27 Veröffentlich in: Tumult, Winter 2015/16, 29 ff.

vergessliche Miniatur widmete Ulrich Schacht seinerzeit dem ›Frei-Raum im unfreien Raum der Geschichte‹:[28] Nichts an solchen Reminiszenzen rechtfertigt indes eine erpresste Versöhnung gegenüber der systemischen DDR, in deren Verfolgungsmaschinerie er 1973 mit der Verhaftung hineingerissen worden war. Für ihn zugleich das brutale Ende der eigenen Jugendgeschichte.

Schacht hatte jederzeit die Größe zur poetischen und anamnetischen Gerechtigkeit, so wenn er nach vielen Jahren seine Begegnungen mit dem alten Erwin Strittmatter brillant resümiert:[29] Strittmatter hatte den Kontakt gegen alles wahrscheinlich Erwartbare zuerst aufgenommen; Schacht waren dessen Zeilen wie eine unwahrscheinliche Botschaft vorgekommen. Am Ende der Begegnungen eine Geste der Intimität, in der der alte Strittmatter resümierend erkannte, wen er hier vor sich hatte: »Ich habe, ehrlich gesagt, Angst vor Ihrem Besuch gehabt. Ich hab gedacht, nachdem wir Ihren Film gesehen haben, jetzt kommt einer und will dir sagen, was du alles falsch gemacht hast. Aber jetzt bin ich froh, dass ich mich so in Ihnen geirrt habe«.[30] Ein weiterer Freiraum in den gegebenen Unfreiheiten.

Die Faszination zu Russland, dem dritten Jerusalem, spiegelt sich in einer Reihe von Essays und Miniaturen Ulrich Schachts aus der Zeit um 2000. Glanz und Kontinuität der russischen Geschichte zogen ihn an, neben einer in die tiefsten Schichten reichenden mentalen Nähe zu diesem Vaterland im wörtlichen Sinn. Dass Verbrechen und Mängel in der Weltgeschichte gleich verteilt werden, nicht so sehr nach den Taten, sondern, frei nach Thukydides nach den Worten über die Taten, ist eine tiefe Einsicht. Russland müsse zu sich selbst kommen, so formulierte es

---

28 Ulrich Schacht, *Vom Frei-Raum im unfreien Raum der Geschichte. Versuch über eine Jugend in der zweiten deutschen Diktatur*, in: MUT Nr. 331, März 1995, 14 ff.
29 Ulrich Schacht, *Dem Geheimnis der Glaubwürdigkeit auf die Spur kommen. Begegnungen mit Erwin Strittmatter*, in: Sinn und Form, März/April 2014, 170 ff.
30 Ebd., 181.

Ulrich Schacht.[31] Seinerzeit, als er diese Essays schrieb, lebte Solschenizyn noch, dessen politisches Denken in der Sentenz kulminierte, »Lüge nicht!«, dessen Liebe, aus präziser Kenntnis Amerikas, stets Russland galt und der die sowjetische Maschienerie bezeugt hatte wie kein Zweiter. Ulrich Schacht bediente sich dabei des publizistischen Kunstgriffs, gerade liberalen Zeitschriften die Perspektive auf die andere, die goldglänzende Seite des russischen Bären zu bieten. Denn, wie er mit dem unerwarteten Gesprächspartner in politicis, dem Tempelpriester und »Dunklen« (»Skoteinos«) Heraklit festhielt: »Das meiste des Göttlichen entzieht sich der Erkenntnis aus Mangel an Zutrauen.«

Ulrich Schacht kannte, aus Anschauung und Lektüre, die verschiedenen totalitären Höllen, die sich wie in Dantes ›Inferno‹ immer tiefer in den Abgrund bohren. In seiner überaus scharfsichtigen Diagnose der Folgen von 1789 hielt er fest, dass es eine Logik des innerweltlich-sistierten absolut Bösen im absolut Guten gebe.[32] Jenes »Gute«, das kein anderes neben sich gelten lässt und das, wie Habermas bis in die achtziger Jahre hinein dekretierte, in einer dem Fortschritt verpflichteten Partei den »Typus des kollektiven Allgemeinen« verkörpere, das mit Parteilichkeit und kollektiver Vernunft identisch sei.

Gerade die gesinnungsethische Frage und ihre implizite Verneinung, ob es denn einen schlechten Gebrauch der Vernunft geben könne, hat Schacht auf die Spur einer Geschichtsphilosophie des Künstlers gebracht, der in die Zwischenwelten eindringt. Michel Foucaults Topos einer »Archäologie der Moderne« verwandelt sich bei Schacht unter der Hand. Finale Ethikkonzepte müssen immer auf ihren Untergrund durchdacht werden: Vordergründig präsentiert werden Paradiesesgärten, die eine harsch kristalline Ordnungs-Natur ergeben. Sie verlangen aber,

---

31 Vgl. u. a. Ulrich Schacht, *Moskauer Gold. Unkorrekte Reflexionen über Russland und seine Hauptstadt*, in: eigentümlich frei, Dez./Jan. 2007/2008, 52 ff.

32 Vgl. Ulrich Schacht, *Der liebe Gott und seine bösen Surrogate. Anregungen zu einer Neubegründung theologischer Staats-Normen*, in: liberal. Vierteljahreshefte für Politik und Kultur, September 2002, 56 ff.

»unerbittlich wie eh und je gedüngt zu werden mit den zermah-
lenen Leben all derer, die ihrem Antriebs-Gesetz und seiner End-
Figuration schon entsprechen«.[33]

Banalitäten des Bösen bleiben nicht auf Hannah Arendts –
innerhalb und außerhalb der jüdischen Gemeinschaft – hoch
umstrittene Eichmann-Diagnose begrenzt. Das Schädigend-De-
struktive hat in einer bedrängenden universalhistorischen Wie-
derkehrstruktur *secunda facie* immer das Ansehen der Plattheit,
Banalisierung; doch dies erklärt nicht seine Faszinationskraft.
Das Narrativ von der »kommoden Diktatur« (Günter Grass)
konnte sich ein Ulrich Schacht nicht zu eigen machen. Dass die
DDR-Banalitäten nur durch einen doppelten Mauerbau Bestand
haben konnten, zeigt er luzide in einem Beitrag aus dem Sommer 2011.[34] Ohne seine Versteher und die politische Agenda einer
postnationalen Umstrukturierung der Bundesrepublik wäre die
Verfestigung der DDR bis in die Erinnerungspolitik hinein in dieser Form niemals möglich gewesen. Schacht legt in diese Wunde,
die man nicht mehr sehen wollte, den Finger. Aus guten Gründen: aus zwanzig Jahren Abstand zeigt er die Zeit- und Geschichtsvergessenheit, die ein Vergessen der DDR-Inhumanität
allererst ermöglichte.

Ist 1989 ein magisches Datum, so korrespondiert es dem anderen 1968. Dass die Ost-Westlichen Erinnerungen in Mitteleu-
ropa an dieses Geschichtsjahr grundverschieden sind, und dass
man Prag samt den überrollenden Panzern mitdenken müsste,
ist das eine. Das andere ist die Wahrnehmung, auf die Schacht
den Fokus lenkt: Eine Jugenderfahrung des Siebzehnjährigen im
realen Jahr 1968, der in den Gegensatz zur generationenspezifi-

---

33 Ulrich Schacht, *Figurationen finaler Ethik. Zur Logik des absolut Bösen im absolut
Guten*, in: Tumult, Sommer 2016 (Teil 1, 36 ff.); sowie hier: Tumult, Herbst 2016
(Teil 2, 39 ff.), 44.

34 Ulrich Schacht, *Die doppelte Mauer. Über den »antifaschistischen« Schutzwall, seine
östlichen Erfinder und westlichen Versteher*, in: Die Politische Meinung, Nr. 500/501,
Juli /August 2011, 27 ff.

schen Barrikadenordnung gelangte.[35] Schacht weist darauf hin, dass der Widerspruch zwischen »anti-kommunistischem Freiheitsanspruch und kommunistischer Repressionspraxis«[36] in seiner Wirkung zumindest ebenso weit reicht wie die Differenz zwischen den ost-westlichen deutschen Parallelgesellschaften. Die Wohlstandskinder und westlichen 68er, wohl tatsächlich von einem aufrichtigen menschenrechtlichen und humanen Furor erfasst, hievten einen Ho Chi Minh und Che Guevara aufs Panier, träumten von der Kulturrevolution und hielten jedweden westlichen Reformismus für ein Übel. Schacht benennt das Problem klar und deutlich: die 68er hätten versucht, »aus den Vietnamesen die Juden der Gegenwart zu machen und aus den Amerikanern die dazugehörigen Nazis; doch eben dies hätte mit dem Sieg kommunistischer Panzer in Saigon sich ad absurdum geführt. Fragile Brückenbauten bilden in jedem Fall den Gegensatz zu imperialen Usurpationen. Das dezidiert linke, von der protestantischen Theologin Dorothee Sölle in Gang gesetzte Projekt politischer Nachtgebete, spielte auch in Schachts östlichem Umkreis eine Rolle. Die Stoßrichtung war freilich eine diametral andere.

Die von Goya ins Bild gesetzte Konstellation des ›Schlafs‹ oder ›Traums der Vernunft‹, der Ungeheuer hervorbringt, wird freigesetzt, wo Gott als Grenze menschlicher Vernunft verschwindet und an seine Stelle die bösen Surrogate treten. Schacht geht einer aus dem Laizismus entsprungenen politischen Theologie unbedingter Rechtssetzungen nach. Die großen politischen Denker der Nomothesie, Platon und Kant sahen bereits, dass dem Menschen, wenn er sich zum Gesetzgeber über seinesgleichen erhebt, Hybris und Verlust der Selbsteinsichtsfähigkeit drohen. Die bösen Surrogate entstammen dieser Selbstverabsolutierung. Sie hatten in unterschiedlichen Epochen, 1789, 1917,

---

35 Vgl. Schacht, *Die doppelte Mauer*, a. a. O.

36 Ulrich Schacht, *Die geteilte Wahrheit. Eine andere Erinnerung an das Jahr 1968*, in: Die Neue Gesellschaft. Frankfurter Hefte, Berlin, Oktober 1999, 907 ff.

1933 und nach 1945 die jeweilige Auslöschung des Anderen in Plan und Realisierung zur Folge. Mag Gott auch zuzutrauen sein, dass er zumindest einige seiner Irrtümer korrigiert,[37] so wird der in die Hybris verfallene, Staats-Normen als politische Theologien setzende Mensch dies eben nicht tun. Er wird vielmehr alles andere seiner selbst ausschließen, die Gegenstimmen unterdrücken, bis hin zur Vernichtung.

Auf die finsteren Zeiten, von denen Brechts Gedicht ›An die Nachgeborenen‹ spricht, blickte Schacht immer mit unbestechlichem Blick, mit diakritischer Klarheit und mit dem Impetus dessen, der Strukturen und persönliche Deformationen gleichermaßen erforschte. So erschließen sich in seinem essayistischen Werk verschiedene Kreise der Hölle. In seiner Rezension über Werner Mittenzweis große Monographie zu den Intellektuellen in der DDR bemerkt Schacht, dass deren Tätigkeit »mehr Ähnlichkeit mit dem Treiben der Mitarbeiter des ›Wahrheitsministeriums‹ in Orwells 1984 zu tun hatte als mit intellektuell redlich betriebenem Erkenntnisgewinn.«[38] Entgegengehalten wird der vielfach üblichen Verklärung ein Diktum Max Horkheimers über die Remigranten in die DDR: »Sie sahen die Unterdrückung nicht oder bejahten sie«. Auch den tiefsten Abgründen weicht Schacht nicht aus: So rezensiert er wortmächtig Terrence Des Pres' monumentalische Studie über die ›Vernichtungslager des 20. Jahrhunderts‹, vor der nicht zu vergessenden Erfahrung des Äußersten, einer Vernichtungslogik, angesichts deren denjenigen, die überleben wollten, nur die Verbindung von Komplizenschaft mit den institutionellen Mördern und Akten des Widerstandes blieb. Vieles im Leben der Überlebenden dementieren die Lager, so zieht Schacht aus faktischer Mitbetroffenheit das

---

37 Ulrich Schacht, *Als Gott einmal beschloss, einen seiner Irrtümer zu korrigieren*, in: liberal, Vierteljahreshefte für Politik und Kultur, Heft 2, Juni 2001, 71 ff.

38 Ulrich Schacht, *Auf dem Kampfplatz. Die Deutsche Demokratische (Gelehrten-) Republik des Werner Mittenzwei*, in: Merkur 637, Mai 2002, 428 ff., bezogen auf Werner Mittenzwei, *Die Intellektuellen. Literatur und Politik in Ostdeutschland von 1945 bis 2000*, Leipzig 2001.

Fazit: Eines aber nicht, die Mitmenschlichkeit.[39] Darin werden Deformationen der Überlebenden *sans phrase* benannt. Doch ebenso das Rettende in und aus der Gefahr, als Selbstrettung des Humanum.

Dies gibt einem Widerstand Kontur, dessen Züge nicht verzerrt sind. Dessen Konturen verdichten sich, wenn Schacht einem der wenigen Gerechten der finsteren Zeiten Raoul Wallenberg im Spiegel des New Yorker Wallenberg Monumentes nachspürt:[40] ›Hope‹ ist dieses Monument betitelt, das, wie Schacht in seiner meisterlichen Skizze hervorhebt, buchstäblich auf den Boden der Geschichte gestellt ist. Dies zeigen die Pflastersteine des Ghettos von Budapest, auf denen das Monument errichtet ist. ›Hoffnung‹ öffnet einen transzendent-theologischen Raum, sie ist insofern, wie Schacht betont, gegen die »Sinnlos-Bilder der Geschichte gerichtet.[41]

Exemplarischen Charakter gewinnt Schachts Essay-Kunst, wo sie Real-und Ideengeschichte aufeinander zubewegt: 2018, in seinem Todesjahr, erinnert er an die Kafka-Konferenz von 1963 im böhmischen Liblice: geistiger Auftakt und Präfiguration des Prager Frühlings. Eine ingeniöse Deutung des Decouvrierungspotentials von Kafkas Parabeln, die allerdings, so Schachts Einsicht, nicht eine Archäologie der Vergangenheit lieferten, sondern der Zukunft. Kunst: als der Ort, an dem Wahrheit ins Werk gesetzt wird, an dem sie aufscheint, als die Öffnung Böhmens ans Meer, die seinerzeit Ingeborg Bachmann evozierte.[42]

Aus den deutschen Zuständen, den historischen und den zeitgenössischen, den deutschen Dementierungen seines Werkes der Freiheit in Denken und Dichten löste sich Ulrich Schacht biographisch und fand in Südschweden einen Ort, an dem über

---

39 Ulrich Schacht, *Vom Leben im Tod. Zu Terrence Des Pres' Studie über die Vernichtungslager des 20. Jahrhunderts*, in: Merkur 717, Februar 2009, 154 ff.

40 Ulrich Schacht, *Unsichtbare Abdrücke. Das New Yorker Raoul Wallenberg Monument*, in: Merkur 631, November 2001, 1058 ff.

41 Ebd, 1063.

42 Ulrich Schacht, *Echo aus der Zukunft*, in: Cato No. 5, 2018, 37 ff.

die politischen Verwerfungen sogar gelacht werden konnte. Hier geht ihm, wie manche essayistischen Miniaturen zeigen, eine neue Parrhesia der Leichtigkeit auf. Dies bedeutet, dass die Vergangenheit nicht immer und jederzeit bekämpft werden muss und dass solche Kämpfe Gegenreaktionen hervorrufen, Verfestigungen und Verhärtungen. Die schönsten Essays des Ulrich Schacht widmen sich diesem Arkadien, das für ihn weit im Norden lag: Konturen gewinnt es zum Beispiel in der wunderbar reportagehaften Erzählung über Fårö, den Rückzugsort Ingmar Bergmans, das »stille Reich des ungekrönten Königs«.[43]

Auch Freundschaft war für Schacht ein solches kontrafaktisches Areal, ein Asylon, in dem gelebt werden konnte. Er bezog sich darauf nicht nur explizit, sondern auch in indirekten Annäherungen, etwa, wenn er in einem ›Merkur‹- Essay über die Freundschaft zwischen Hannah Arendt und Uwe Johnson[44] eine exemplarische Freundschaft skizziert, die über alle Konventionen und begründeten Vorbehalte hinweg, zu einem Raum wurde, in dem sich leben ließ und das politischer Urteilskraft und Kritik ebenso Raum gab wie dem von Arendt immer wieder beschworenen Uranfang der Natalität.

Essay-Kunst bricht versuchend, erkundend logische oder historische Konstanten und Determinationen auf. Damit öffnet sie aber auch die stählernen Gehäuse des Totalitären. Sie schafft Zeugmata, stellt Verbindungen her. Dies gelingt Schacht immer wieder, etwa wenn er 2017, gegen alles seinerzeit bis heute gängige und wohlfeile Trump-Bashing, Richard Rortys Kritik am linksliberalen Establishment in klaren, blaupausigen Konturen mit Trumps Inauguralrede konfrontiert.[45] Jenes Establishment identifiziert sich mit einem fortschrittlich Guten selbst, gesin-

---

43 Ulrich Schacht, *Der passende Platz zwischen Wald und Meer*, in: Frankfurter Allgemeine Zeitung vom 2. 6. 2012, Bilder und Zeiten 3.

44 Ulrich Schacht, *Verwandte Seelen. Hannah Arendts und Uwe Johnsons Freundschaft in Briefen*, in: Merkur 679, November 2005, 1089 ff.

45 Ulrich Schacht, *Der Ghostwriter. Wie viel Richard-Rorty-Kritik am linksliberalen Establishment steckt in Donald Trumps Inauguralrede*, in: Tumult, Frühjahr 2017, 5 ff.

nungsethische Hybris. Es ist längst die Ideologie eines Kosmopolitismus der Superreichen« geworden, dem ein grundständiger Patriotismus widerspricht, für den sprechen könnte, dass er das Ressentiment nicht nötig hat.

In einem selbst hochkarätig poetologischen Essay anlässlich der ›Gesammelten Werke‹ Wilhelm Lehmanns[46] entwickelt Schacht meisterlich und auf wenigen Seiten eine Konstellation der Vitae parallelae zwischen Bertolt Brecht und eben Wilhelm Lehmann. In den 1930er Jahren hätten sie sich in Svendborg auf der Insel Fünen begegnen können: die beiden »einzigen wahren Antagonisten der neuen deutschen Dichtung« (P. Demetz). Lehmann erfährt durch Schacht eine Rehabilitierung (er ist eben nicht der »Bewisperer der Gräser und Sträucher«), und verdient eine angemessene kongeniale Rekonstruktion, als der Dichter, der sich der totalitären Apperzeptionsverweigerung entzieht und Wahrnehmungsgenauigkeit hervorbringt mit einer wissenschaftlichen Präzision. Dieselbe Präzision ist auch in Ulrich Schachts lyrischem Œuvre zu finden: Keine Statik, sondern die Erschließung einer Dynamis der Natur wird freigesetzt, die sich der Hybris menschlicher Zugriffe verweigert. Die Brüche der linearen Geschichte und die Zyklizität der Natur: Ulrich Schacht richtet einen stereoskopischen Blick auf die eine wie die andere Dimension.

Den Mechaniken der Macht, ihren Strukturen und Verformungen spürte Ulrich Schacht bis in die feinnervigen Verästelungen nach. Exemplarisch wird dies in einem konsens-störenden späten Essay zur ›Genealogie der Macht Angela Merkels‹ deutlich:[47] Eine durch mediale Inszenierungen gestützte, gleichsam »geleaste« Macht, hinter der eine frappante Einförmigkeit und Leere klafft. Das Geheimnis der proteushaften Gestalt, dem

---

46 Ulrich Schacht, *Der grüne Gott und sein Prophet. Aus Anlass der ›Gesammelten Werke‹ Wilhelm Lehmanns*, in: Merkur 730, März 2010, 257 ff.

47 Ulrich Schacht, *Power-Leasing. Zur Genealogie der Macht Angela Merkels*, in: Tumult, Herbst 2015, 29 ff.

nachgerätselt wird, besteht darin, dass es kein solches Geheimnis gibt, wohl aber die Aufnahme fremder Ideologeme, als wären es die eigenen. Was für einen Kontrast bildet die »fromme ›Eiserne Lady‹ des Mittelalters«, Birgitta von Schweden, der Schacht einen, an entlegenerer Stelle publizierten Essay widmete. Man könnte versucht sein, an Biermanns Diktum, »Wie nah sind uns manche Toten, doch wie tot sind uns manche, die leben« zu denken, wenn Birgitta ihrem Sohn unter anderem den folgenden ›Fürstenspiegel‹ mitgibt: »Richte Deinen Nächsten gerecht und denke daran, dass Du bald über alles Rechenschaft ablegen musst«.[48]

In seinen letzten Essays wandte sich Schacht noch einmal mit Verve dem Typus des Totalitären zu. Man könnte von einer ›idee fixe‹ sprechen. Doch das träfe es nicht. Schacht möchte das Betriebsgeheimnis im Ganzen phänomenologisch enthüllen. Es ist gerade nicht auf die Formel der ›Banalität des Bösen‹ im Sinn Hannah Arendts zu reduzieren. Vielmehr ist es von einer modernen, diabolischen Intelligenz beherrscht, was bereits Albert Camus erkannte, wenn er von dem »logischen Verbrechen aus Überlegung« sprach, das die moderne Zeit bestimme. Dass religio, die Rückbindung des Menschen an das Göttliche, Andere, der einzige starke Gegenhalt zu jener hochintelligenten, technokratisch effizienten und Totalitär-Struktur sei, beschäftigte ihn existentiell.[49] Vor diesem Hintergrund kam er auf die magischen Daten 1789 und 1914 zurück, auf Lenin, Stalin und Dscherschinski, und eben auch auf Himmler und Goebbels. Inkunabel ist in diesem Horizont Alexander Tišmas Erzählung ›Die Schule der Gottlosigkeit‹.

Die Ahnung, dass das Jahr 1989, trotz aller realhistorischer Enttäuschung, Gegenbild als Geschichtszeichen sein und blei-

---

48 Ulrich Schacht, *Demut und Stärke. Eine fromme ›Eiserne Lady‹ des Mittelalters – Vor 700 Jahren wurde die Heilige Birgitta von Schweden geboren*, in: Donaukurier vom 25.7.2003.
49 Ulrich Schacht, *Von der Intelligenz des Bösen. Moderne Denker des Totalitären*, in: Offener Horizont. Jahrbuch der Karl Jaspers-Gesellschaft 3/2016, Göttingen 2016, 347 ff.

ben könne, ein mögliches Eingreifen Gottes in die Geschichte, formulierte der späte Ulrich Schacht im Anschluss an Paul Ricœurs Geschichtsdenken. Es war eine Ahnung, die nicht im theoretisch-luftleeren Raum angesiedelt war, sondern, nicht zufällig, sich im freundschaftlichen Netz der von Schacht begründeten Bruderschaft St. Georgs-Orden eine institutionelle Form gab:[50] Ein Wechsel auf eine nicht-totalitäre Zukunft.

Schacht wusste, dass sich Geschichte im Detail nicht wiederholt, im Prinzip aber sehr wohl wiederkehrt. Vor dieser Fluchtlinie wagte er, die technokratischen Großsteuerungen der EU als einen latenten dritten Totalitarismus zu benennen. Seine Studie über Martin Selmayr und die Agenda, die zu Vereinigten Staaten von Europa führen sollte, ist ein Vermächtnis, das man im Gegenlicht der Globalsteuerungen des Jahres 2021 noch schärfer wahrnehmen wird: Es legt sich der Eindruck nahe, das es um Anderes, wie Ambitionierteres geht, das längst nicht gebannt ist: Die erneute Kreierung eines neuen Menschen.

Zum essayistischen Werk Schachts gehört auch die Kombination von anspruchsvoller Herausgeberschaft von Sammelbänden mit herausragenden eigenen Essays: Ein Vorspiel dazu bietet der Band ›Gott mehr gehorchen als den Menschen‹ 2005,[51] zu dem Schacht einen tiefgründigen, auch exegetisch abgesicherten Aufsatz über Luthers Menschenbild als Möglichkeit der Abwehr totalitärer Versuchung beiträgt.

Als zumindest ebenso eindrückliches Vorspiel ist der Sammelband ›Maria. Evangelisch‹[52] zu verstehen, der ausgehend von

---

50 Vgl. Ulrich Schacht, *Das Gebet der Sklaven, das Gebet des Freien. Fünf Sätze über Léon Bloy*, in: Mut, Juli/August 2014, 48 ff; sowie in: »Dienet einander … «, Festschrift der Evangelischen Bruderschaft St. Georgs-Orden, Erfurt 2014.

51 Martin Leiner, Hildigund Neubert, Ulrich Schacht, Thomas A. Seidel (Hg.), *Gott mehr gehorchen als den Menschen. Christliche Wurzeln, Zeitgeschichte und Gegenwart des Widerstands*, Göttingen 2005.

52 Thomas A. Seidel, Ulrich Schacht (Hg.), *Maria. Evangelisch*. Mit einem Nachdruck von Martin Luther, *Magnificat, verdeutscht und ausgelegt (1521)*, Leipzig 2011.

Luthers ›Magnificat‹-Auslegung die metaphorische Rede von der Gottesmutter als Annäherung an das christologische Mysterium begreift. So ergeben sich tiefe ökumenische Horizontlinien, die durch »künstlerische Perspektiven« ergänzt werden. Schachts Beitrag widmet sich der barocken Marien-Dichtung, wobei er bei Harsdörffer, Gryphius und Klaj eine emphatische und eigenständige evangelische Marien-Dichtung erkennbar macht.

Mit den ›Georgiana‹ etablierte er, gemeinsam mit Thomas A. Seidel und Annette Weidhas, die Schriftenreihe der Evangelischen Bruderschaft St. Georgs-Orden: Eine eigene Stimme, die Zeitdiagnose auf theologisch philosophischer Grundlage und auf höchstem Niveau verbindet und längst etabliert ist. Mittlerweile liegen vier Bände vor, Band 5 ist der vorliegende für Ulrich Schacht »Wegmarken und Widerworte«. An die Stelle Ulrich Schachts als Reihenherausgeber ist nun, neben Thomas A. Seidel, Sebastian Kleinschmidt getreten.

Diese Reihe begann mit einem Fanal, der Entgegensetzung von 1989 und 1789, der Mutter aller in die Menschennatur eingreifenden Fortschrittsrevolutionen mit der Ligatur von Tugend und Terror: geschichtsphilosophisch ein David gegen einen Goliath, doch einen auf tönernen Füßen.[53] Schacht steuerte zu diesem Band das Zentralstück, eine Geschichtstheologie in nuce bei. Als Revolution zeichnen sich die mitteleuropäischen Ereignisse des Jahres 1989, die Schacht vor der deutschen, der tschechischen und der polnischen Perspektive seismographisch genau registriert, durch eine »positive Negativität«, die Abwesenheit der Gewalt[54] und die Präsenz des Martyriums als latente Option aus. Erinnerung, unter anderem an die Selbstverbrennung des Pfarrers Oskar Brüsewitz, und Gedanke verbinden sich in Schachts souveränem Text. Mit Wolfhart Pannenberg[55] und Paul

---

53 Ulrich Schacht, Thomas A. Seidel, (Hg.), … *wenn Gott Geschichte macht! 1989 contra 1789*, Leipzig 2015.

54 Schacht, Seidel, … *wenn Gott Geschichte macht!*, a. a. O., 15 ff., insbesondere 35 ff. und 46 f.

55 Wolfhart Pannenberg, *Dogmatische Thesen zur Lehre von der Offenbarung*, in:

Ricœur[56] findet er zum Befund indirekter Geschichtstaten Gottes. Dies ist keineswegs eine Überhöhung, sondern ein Fährtenlesen der Geschichtszeichen, die sich der Fortschrittsmaschinerie entgegensetzen, was nur im Spannungsfeld von Weltgeschehen und Heilsgeschichte (K. Löwith) überhaupt möglich ist. Die Folgebände widmeten sich theologischen, meist im Mainstream eher beschwiegenen Grundfragen.

Zu dem Band über »Todesfurcht und Lebenslust im Christentum«[57] steuerte Schacht eine bemerkenswerte Anthologie zeitgenössischer Dichtung über Leben und Sterben bei.[58] Der Band ›Würde oder Willkür‹[59] gab der Böckenförde-Formel von den Voraussetzungen der freiheitlichen Verfassung, die diese selbst nicht garantieren kann, Plastizität und Entschiedenheit: Ulrich Schachts Aufsatz widmete sich der »Rückkehr zur Ikone«, und, in der von ihm bevorzugten Form des Reiseessays, der »Wiederauferstehung der Russisch-Orthodoxen Kirche«.[60]

Der 2021 erscheinende Sammelband mit maßgeblichen Essays von Ulrich Schacht enthält in besonders prägnant verdichteter Form seine poetologische Confessio, die er mit Joseph Brodski, Albert Camus und vielen anderen teilt.[61] Die Moderne ist zutiefst ambivalent. In einer Grundlosigkeit, aus der Ideologien und Tö-

Ders. (Hg.), *Offenbarung als Geschichte*, Stuttgart 1970, 91 ff.

56 Paul Ricœur, *Geschichte und Wahrheit*, München 1974.

57 Thomas A. Seidel, Ulrich Schacht (Hg.), *Tod, wo ist dein Stachel? Todesfurcht und Lebenslust im Christentum*, Leipzig 2017.

58 Ulrich Schacht, ›*Vater im Luftraum, nimm uns die Angst*‹. *Zeitgenössische Poesie über Leben und Sterben*, ebd., 211 ff.

59 Thomas A. Seidel, Ulrich Schacht (Hg.), *Würde oder Willkür. Theologische und philosophische Voraussetzungen des Grundgesetzes*, Leipzig 2019.

60 Ulrich Schacht, *Rückkehr zur Ikone. Ein Reiseessay über die Wiederauferstehung der Russisch-Orthodoxen Kirche*, ebd., 192 ff.

61 Ulrich Schacht, *Im Schnee treiben. Essays zum poetischen Weltverständnis*, edition buchhaus loschwitz, Dresden 2021, Die Seitenangaben in Klammern beziehen sich auf diese Publikation.

tungsfantasien hervorgehen, ist die Dichtung die Instanz, die Grund geben kann: Mit Gedichten kann man, wie mit heiligen Texten, die Entwürdigungen überleben. Der Grund der Erstheit gibt dem Individuum die Kraft, gegen den Strom zu schwimmen. Aus der Natur, auch der menschenleeren kommen die ›Grund. Annahmen‹ (17–32). In der wunderbaren, von Heimo Schwilk eingeleiteten Edition begegnet einem die ›Wiederentdeckung der Geschichte der Sonne‹ erneut (32–47): Die Sonne bescheint das Idyll und erleuchtet den Menschen. Sie bestätigt die Worte Ingeborg Bachmanns: »Nichts Schöneres unter der Sonne als unter der Sonne zu sein.« Dichtung führt, wie Schacht zeigt, aus der Virtualität in das sinnliche Erscheinen des Transzendenten zurück. Unleugbar, dass der Poet, als Fremder in der Moderne, auf dieses Absolutum hindeutet – und insofern wohl immer auch Poeta vates ist. Er soll allerdings nicht einfach dem Pathos sich verpflichten, sondern ein präzises Pathos seinen Texten einschreiben. Ein Pathos, das auf ein Ganzes zielt und dabei nicht den Riss zwischen dem Ich und diesem Ganzen übersieht. Dies führt auf die Grundeinsicht, dass Gedicht und Gebet eines Ursprungs sind (47–62), dass Poesie und Religion einander existentiell verbunden sind. Während modern-postmoderne Ironie nur in den Bereich des Dekonstruierbaren führt und nur die relative Oberfläche der quantifizierbaren Weltverhältnisse erreicht, führt die Dichtung ungleich tiefer. Sie geht hinter die Kontingenz-Bilder zurück, zu der Ahnung einer Stringenz am Grund. Sie vergräbt sich gerade nicht in die vermeintliche Unumkehrbarkeit der Entzauberung der Welt; vielmehr müsse sie im 21. Jahrhundert eine Remythisierung versuchen: im Sinn einer Erneuerung jener »Mythologie der Vernunft« vielleicht, die im 18. Jahrhundert die Antwort des deutschen Geistes auf die Französische Revolution war. Grundlegend daran ist das Symbolische, die Verdichtung des Gedichtes auf Gott.

Dem entspricht die immanente Ethik, die im Schönen, im treffenden Wort liegt. Die »Moral der Poesie« verbindet sich mit dem »Ton der Freiheit« (62–70). Wahre Gedichte erfordern, wie

Schacht mit Celan weiß, Wahrhaftigkeit. Gesprächspartner auf diesem Weg ins Freie sind neben Celan der Russe Ossip Mandelstam und der Ire Seamus Heaney: Freiheitsgeister, die zugleich die Remythisierung wagen.

Die große Rede zur Verleihung des Eichendorff-Preises (98–118) zeigt eine Dichtung an der Grenze zu der sich selbst feiernden und in eins damit sich dementierenden Moderne, die zu einer Narretei und Farce wird. Eichendorff scheint ein letzter zu sein, wenn er am Ende seines Lebens mit den neuen Techniken konfrontiert wird; in der Geschichtspoetik Schachts könnte er ein erster sein, der den göttlichen Glanze »vom Paradiese« her, den Kontakt des Menschen mit Gott (so Ungaretti) aus der Unmittelbarkeit in die Spätzeit hineinträgt, deren Zukunft offen ist.

Der Stoff der Kindheit, Heimat, war für den Philosophen der Utopie, Ernst Bloch, das eigentliche Utopikon, weil Heimat doch etwas bezeichnet, »das allen in die Kindheit scheint und worin noch niemand war« (133–144). Für Schacht wird dies zum Vexierbild, an dem sich die utopischen Gedankengebirge von Bloch, denen Komplizenschaft mit den marxistischen Zielen der Geschichte nicht fremd waren, brechen und in sich zusammenstürzen.

Neben der Poetologie ist es die »Arktis-Sucht«, die als ein zweites Leitmotiv diesen Band durchzieht. Schacht evoziert die »Droge Arktis«, die gebraucht werden will. Den Essays zu ›Bell Island im Eismeer‹, ›Franz-Josef-Land‹ und Nidden kann man noch einmal wiederbegegnen, und ebenso der bleibenden Lektion, die Schacht daraus bezog: »Der Erkenntnis-Satz lautet: Das unbekannte Gesehene wiedererkennen als das Wahrgenommene. Oder: Das Begriffene als Berührtes – ein methodisches Ideal«.

IV Unerhörte Begebenheiten:
Epische Konstellationen

In den letzten Jahren seines Lebens fand Ulrich Schacht immer
ausdrücklicher zur großen epischen Form. Sein episches Werk
geht erkennbar vom Reisebericht aus. Die präzise und zugleich
Atmosphären weckende Beschreibung, die synästhetische Wahrnehmung von Natur und Seele ist in Reisereportagen zuerst er-
probt worden: Russland und die Arktis spielen auch hier eine
hervorgehobene Rolle. Die Meisterschaft in der Sprache und in
der Findung der unerhörten Begebenheiten ist von Anfang an
präsent. Dennoch dringt Schacht erst schrittweise zu der großen
epischen Form vor.

Dabei sind die beschriebenen Reisen meist auch Reisen zu
sich selbst. Seinem ›Wismar‹, dem Ort der Jugend und der Verhaftung, widmete er ein wunderbares Lesebuch.[62] Erinnerung
wird zum Instrument, um die allzu aufdringliche Gegenwart
von sich fernzuhalten. Der Autor wandert wie ein anderer Ahas-
ver aus Wismar durch die Jahrhunderte von der Gründung der
Stadt, über den Vertragsschluss mit dem Seeräuber Störtebecker
bis zum Hauptmann von Köpenick, der in jener Stadt ein Jahr
lang Schuhe besohlte. Sagenhaftes, Historisches, Literarisches
berühren sich. Der November 1918 wird ebenso wach wie die
Luftangriffe auf die Seestadt. Fremde Texte, die sich auf diese
Stadt beziehen, stehen neben eigenen: darunter Klabund, Alfred
Andersch, und Auszüge aus Polizeiakten umreißen ein Gesamt-
bild. Es fehlt auch nicht der Auszug aus der eigenen Stasi-Akte.

Eine andere epische Reisebewegung zeigt sich in dem genialen Reisebericht ›Von Spitzbergen nach Franz-Josef-Land‹,[63] Be-
richt der Annäherung an einen Traum, und an die Realitäten des

---

62 Ulrich Schacht, *Mein Wismar*, Frankfurt a.M./Berlin 1994.

63 Ulrich Schacht, Jürgen Ritter, *Von Spitzbergen nach Franz-Josef-Land. Am kalten
Rand der Erde*, Harenberg Edition, Dortmund 1993.

»kalten Rands der Erde«. Die Fotografien von Jürgen Ritter und Schachts Text verstärken einander und sind einander gewachsen, ohne dass man von Illustration sprechen könnte. Natur, so wird angesichts der Verhärtungen jener Ränder der Erde und der Unterbrechungslosigkeit des Meeres deutlich, trägt Spuren des Geistes; und so gelingt etwas überaus Seltenes: Bewahrung des Ziel-Schmerzes, der Reisebewegung über die Ankunft hinaus.

Verschiedene Stimmen zu einem epischen Gesamtteppich zu verweben, ist auch die epische Leistung des Herausgebers Ulrich Schacht gewesen: in einer Walter Kempowskis Verfahren kaum nachstehenden Weise. In den ›Hohenecker Protokollen‹[64] sammelte er Zeugnisse von elf Frauen, deren Leben sich in den Jahren 1950 bis 1983 in diesem modernsten Frauengefängnis der DDR, aus dem es nur den Weg des Freikaufs in den Westen gab. Hoheneck ist der Ort, an dem Ulrich Schacht 1951 geboren wurde. Aneignung dieses kontingenten Ursprungsortes und Zur-Geltung-Bringen der Stimmen, die hinter Gittern ins Schweigen gezwungen wurden, formen Spuren eines unentfremdeten Lebens.

Unter dem Titel ›Brandenburgische Konzerte‹[65] erschien 1989 das Erzähldebüt, das einen einkreisend – zyklischen Zugang wählt: ›Sechs Erzählungen um einen Menschen‹, der in den perspektivischen Brechungen in seinen Möglichkeits- und Wirklichkeitsdimensionen erscheint.

In dem Erzählungsband ›Verrat. Die Welt hat sich gedreht‹,[66] unter anderem von Lutz Rathenow und Hans Christoph Buch zustimmend besprochen, sind bereits Fragmente eines großen autobiographischen Romans erkennbar: Migration, die Natur als Asyl, Spitzelei und Denunziation sind Leitmotive in einem Erzählen, das die Grenzen zwischen Vergangenheit und Gegen-

---

64 Ulrich Schacht, *Hohenecker Protokolle. Aussagen zur Geschichte der politischen Verfolgung von Frauen in der DDR*, Zürich 1984, Leipzig 2004.

65 Ulrich Schacht, *Brandenburgische Konzerte. Sechs Erzählungen um einen Menschen*, Stuttgart 1989.

66 Ulrich Schacht, *Verrat. Die Welt hat sich gedreht*, Berlin 2001.

wart aufbricht und die eindeutig moralischen, erst recht: ideologischen Urteile irritiert. Am besten sind diese Erzählungen vielleicht, wie auch Rathenow meinte, dort, wo Schacht Wut und Furor packt und er die Dinge beschreibt, wie sie in concreto waren. Dann erzählt er so, wie er es in faszinierender Weise mündlich tun konnte.

Als Erzähler verfügt Schacht über eine geradezu magische Fähigkeit, Dinge durch zarte Beschreibung lebendig werden zu lassen, in ihr Inneres einzutreten.[67] Dem Maschinengang der entzauberten Welt hält er die bleibende Magie von idyllischen Orten entgegen: Seine Erzählungen gehen, ähnlich wie die Lyrik, oftmals von Orten aus, wie die ›Kleinen Paradiese‹. Sie zeigen Erschütterungen in dem vermeintlich beruhigten Leben: Schrecken und Schmerz sind nicht dauerhaft zu bannen. Die Geschichte durchdringt die Gegenwart, sei es in Prag, auf Moskaus rotem Platz oder in den Spuren des venezianischen Mönchs. Dazwischen aber werden Spuren des unbeschädigten Lebens, des sinnhaften Glücks deutlich, oftmals wie in der venezianischen Liebesgeschichte zwischen Traum und Wachen, Fiktion und Realität die Schwebe haltend. Schachts Erzählen dringt geradezu ein in das »geheimnisvolle Wie der Dinge« (Platen), Menschen und Beziehungen. Doch ohne ihnen ihr Geheimnis zu entziehen. Dazu gehört die virtuose Verbindung dichter Beschreibung und Aussparung, die Kunst der einkomponierten Pause. Glück und seine Dementis erleiden die Personen in Schachts Erzählungen nicht naiv, sondern in kluger Reflexion, in einem Abstand nehmenden Lebensgenuss, gleichsam sentimentalisch, reflexiv.

Die Grundmotive waren in Schachts Prosa alle schon da, als er zu dem epischen Dreiklang ausholte, der sein Prosawerk sammeln und krönen sollte. ›Vereister Sommer‹[68] ist die Annähe-

---

67 Hierzu exemplarisch Ulrich Schacht, *Kleine Paradiese. Erzählungen*, Edition Rugerup, Berlin/Hörby (Schweden) 2013.

68 Ulrich Schacht, *Vereister Sommer. Auf der Suche nach meinem russischen Vater*,

rung an den ungekannten Vater, Zeugnis einer Reise nach Moskau und zugleich Evokation einer Vergangenheit, die keine Zukunft haben sollte. Die Liebesgeschichte der Deutschen Christa und des russischen Offiziers Wolodja endet – unwiederbringlich und viel zu früh – im August. In die versiegelte Zeit dringt der Sohn ein, als er gegen den Willen der Mutter diese Reise unternimmt, und an einem Moskauer Frühlingstag mit Hoffnung und Befürchtungen auf den Mann trifft, nach dem er suchte: Hoch riskant ist ein solches Unternehmen, der Suche nach sich und nach einer verlorenen Ganzheit, die niemals sein durfte. Nur ein gleichermaßen kraftvolles und zärtliches Erzählen, eine präzise Komposition und dichte Einfühlung kann dem nahekommen.

Die nachfolgende Novelle ›Grimsey‹[69] ist ein »in media vita«: Erzählung der Lebensmitte, die exterritorial auf der kleinen isländischen Insel bedacht und präsent gemacht wird. Die Reise nach Grimsey bedeutet für den »Inselsammler« das fünfte Mal, an dem er arktischen Boden betritt. Zeitlose Kunst der Beschreibung, ein in den Norden versetztes »Sanftes Gesetz« in Stifterschen Bahnen scheint die Grundstimmung auszumachen: die weiße Kirche, die grünen Wiesen, freundliche Menschen. Die unerhörte sich ereignete Begebenheit, das novellistische Momentum, kommt selbst aus der Natur: die weißen Flecken, die auf den Wiesen zu sehen sind, immer mehr werden und die Normalität durchdringen. Es stellt sich heraus, dass es tote Möwen sind: Ein Rätselbild, dem der »Insel-Sammler« kaum entgehen kann. Deshalb wird die Frage, was das alles bedeute, unumgänglich, und sie verbindet sich mit der Übersicht über das eigene Leben. Der Erzähler, Fotograf und Forschungsreisende, wird unweigerlich in die Erforschung des eigenen Selbst hineingezogen. Er wird sich selbst ein anderer. Am Ende des Tages, nach dem Überschreiten der Insel und dem Durchschreiten seines Lebens, wird er es wissen und ein anderer sein. Von Gott ist dabei aus-

Berlin 2011.

69 Ulrich Schacht, *Grimsey. Eine Novelle*, Berlin 2015 und 2017.

drücklich nicht die Rede. Es ist aber unverkennbar, dass Spuren von Transzendenz den Erzählfluss durchziehen.

Das Finale Furioso von Ulrich Schachts Epik ist der große Roman ›Notre Dame‹,[70] er ist, wie zu Recht bemerkt wurde selbst eine Kathedrale aus Sprache: Zentriert um eine eineinhalb Jahre dauernde amour fou, Geschichte einer im Leben des Torben Berg Epoche machenden Liebe, die zugleich höchstes Glück und tiefste Leiderfahrung mit sich bringt. Ende 1991 sucht er Notre Dame noch einmal auf, als von der Liebe nur Schatten geblieben sind. Paris, Notre Dame ist der Ort, an dem er alleine den Jahreswechsel verbringt. Es ist zugleich, wie kaum ein zweiter epischer Text, der Roman der Umbruchsjahre zwischen 1989 und 1991, der die eigenen Traumata aus der zweiten deutschen Diktatur einkomponiert. Auch wenn bei einem Erzähler dieses Ranges das erlebte und gelebte Leben verwandelt wird, finden sich doch Passagen einer Tiefe und Schonungslosigkeit der Selbsterkenntnis, die nicht nur ästhetisch, sondern auch in der Grundhaltung bewegend sind. Es kostet etwas, sich auf eine solche Reise in die eigenen Vergangenheiten einzulassen. Notre Dame ist ein Asylon, ein Rettungsort in der inneren Not und Deformation, auch wenn mit ihm das Glück und der Schmerz aufs engste verbunden waren. Der letzte Satz eröffnet den Ausblick – nicht in eine Utopie, wohl aber in eine Fortsetzung: »Es war eine Geschichte, die weiterging. Es war seine Geschichte«. Ulrich Schacht durfte sie leben, nicht mehr schreibend entfalten.

V Rück-Sicht: Bleibendes in der Zeit

Ich begegnete Ulrich Schacht erstmals 2004, im letzten Drittel seines Lebens: von dem tiefen, auch in sporadischen Stunden sich einprägenden Eindruck konnte ich an anderer Stelle in diesem Band schreiben. Die Lektüre, vor allem die versunken medi-

---

70 Ulrich Schacht, *Notre Dame*, Berlin 2017.

tative seiner Gedichte, begleiten mich seither. Seine Texte hielten nicht nur der langsamen Lektüre stand, sie schimmerten heller und tiefer.

In dieser letzten Lebenszeit rückte Ulrich Schacht immer weiter vom Zeitgeist ab; was nicht gegen ihn, sondern gegen diesen Zeitgeist spricht, der längst die blutigen Tragödien in Form der Farce wiederholt. Ulrich Schacht vermochte auch hier das virtuose, nein magische Kunststück zu vollziehen, nicht in dem Schmollwinkel für Nicht-Mainstream-Existenzen zu landen, das als Schicksal vieler Konservativer zu besichtigen ist, sondern noch mehr in seinem weltliterarischen Glanz sichtbar zu werden. Denn zugleich vertieften sich seine poetologische Reflexion und seine epische Kraft so sehr, dass ihm über alle ideologischen Barrieren hinweg höchster Respekt gezollt wurde, weil es nicht anders ging. Und er saß im Süden Schwedens, von der Zeit gezeichnet und doch zunehmend ins Format eines heiteren Olympiers hineinragend, Homo religiosus und Mensch des Genusses, und schrieb weiter an seinem glanzvollen Werk, bis ihm die Feder viel zu früh aus der Hand genommen wurde. Wir sollten uns Ulrich Schacht als einen glücklichen Sisyphus vorstellen.

Anhang

Die Autoren

Herbert Ammon, Jg. 1943, ist Studienrat a.D. Er lehrte Geschichte und Soziologie am Studienkolleg für ausländische Studierende der FU Berlin. In den 1980er Jahren engagierte er sich vor allem publizistisch – und in Zwiesprache mit der DDR-Opposition – in der damaligen Friedensbewegung. Seine Publikationen zu historischen und politischen Themen, maßgeblich zur Geschichte des deutschen Widerstands, erscheinen heute vor allem in online-Zeitschriften (Globkult, Iablis, The European). Siehe auch seinen Beitrag »Zur Identitätskrise des deutschen Protestantismus A.D. 2001«, in: Thomas A. Seidel, *Gottlose Jahre? Rückblicke auf die Kirche im Sozialismus der DDR*, Leipzig 2002, 217–236 sowie diverse Aufsätze zu Dietrich Bonhoeffer, darunter H.A: »Die politische Theologie Dietrich Bonhoeffers«, in: Globkult (03.03.2011), https://globkult.de/geschichte/personen/632-die-politische-theologie-dietrich-bonhoeffers

Jörg Bernig, Jg. 1964, ist Dichter, Romancier und Essayist. Der gelernte Bergmann studierte an der Universität Leipzig Deutsch und Englisch und wurde nach einem mehrjährigen Aufenthalt in Schottland und an der Swansea University of Wales 1996 mit einer Arbeit über deutsche Kriegsliteratur von der FU Berlin zum Dr. phil. promoviert. Er ist Mitglied der Bayerischen, der Sächsischen und der Sudetendeutschen Kunst-Akademien. Seine in mehrere Sprachen übersetzte Lyrik und Prosa wurden vielfach ausgezeichnet u.a. mit dem Eichendorff-Literaturpreis. Zuletzt erschienen von ihm die Gedichtbände *in untergegangenen reichen* (Berlin 2017), *reise reise* (Dresden 2018), die Essaysammlung *An der Allerweltsecke* (Dresden 2020) und die Novelle *Der Wehrläufer* (2021).

Wolf Biermann, Jg. 1936, ist ein deutscher Liedermacher und Lyriker. 1953 siedelte er in die DDR über und veröffentlichte 1960

erste Lieder und Gedichte. Später wurde er zu einem scharfen Kritiker der SED, weswegen 1965 gegen ihn ein Auftritts- und Publikationsverbot verhängt wurde. 1976 wurde er nach einer Konzerttour in die BRD ausgebürgert. Er hat zahlreiche Schallplatten und CD's eingespielt, seine Gedichtbände zählen zu den meistverkauften der deutschen Nachkriegsliteratur. Zuletzt erschien *Barbara. Liebesnovellen und andere Raubtiergeschichten*, Berlin 2019.

Frank Böckelmann, Jg. 1941, trieb dreißig Jahre lang Medienforschung für öffentliche Auftraggeber. Er lebt seit 2010 in Dresden und ist Herausgeber von *TUMULT – Vierteljahresschrift für Konsensstörung* und der *Werkreihe von TUMULT*. Zuletzt veröffentlichte er (zusammen mit Dietrich Leube) *Entkommen oder Not macht erfinderisch. Auswege in Wort und Bild*, Berlin 2017.

Elke Brydda-Lehmann, Jg. 1951, wurde in Sachsen-Anhalt geboren. Von 1973 an verbrachte sie mehr als 4 Jahre im Frauenzuchthaus Hoheneck. Später studierte sie in Hannover Sonderpädagogik und gründete eine Familie. Bis zur Friedlichen Revolution und Wende 1990 durfte sie nicht in die DDR einreisen, nicht einmal, um ihre engsten Verwandten zu besuchen. Heute lebt sie in Stralsund, mit einem freien Blick über die Ostsee. 2020 erschien ihr Buch *Von Kratzgrille, Lamm und Eiereule*, ein Kinderbuch für Erwachsene.

Pontus Carle, Jg. 1955, wurde in Lund/Schweden geboren. 1959 zog er mit der Familie nach Paris. Von 1973 bis 1974 studierte er dort an der Akademie Henri Goetz Malerei und Grafik und von 1974 bis 1976 Malerei und Lithographie an der École des Beaux-Arts. Von 1975 bis 1976 war er zeitgleich am Forum für Lithographie in Malmö/Schweden. Zwischen 1980 und 1989 lebte und arbeitete er in New York, ab 1989 wieder in Paris und später auch in Berlin und Südschweden. Er hat Ausstellungen in Europa und den Vereinigten Staaten, seine Werke sind in zahlreichen Museen und Privatsammlungen präsent. 1996 erschien in der Edition Dschamp, Berlin, das Kunstbuch *Die falschen Farben* mit Gedichten von Ulrich Schacht. Heute lebt und arbeitet er in Frankreich und in Vejbystrand in Skåne/Südschweden.

Sigrid Damm, Jg. 1940, wurde in Gotha geboren. Sie ist eine deutsche Literaturwissenschaftlerin und Autorin zahlreicher Schriften zu den Weimarer Klassikern Wieland, Goethe, Herder und Schiller. Von 1959 bis 1965 studierte sie Germanistik und Geschichte in Jena, anschließend war sie als Hochschuldozentin in Jena und Berlin tätig. 1970 promovierte sie mit der Arbeit *Probleme der Menschengestaltung im Drama von Hauptmann, Hoffmansthal und Wedekinds* zum Dr. phil.. Seit 1978 lebt und arbeitet sie als freie Schriftstellerin in Berlin. 1993 war sie Gastdozentin an den Universitäten in Edinburgh und Glasgow, 1994 an der Universität Hamburg. Insbesondere mit ihren in einer Mischung aus Biografie und Fiktion geschriebenen Büchern über Goethes Jugendfreund Jakob Michael Reinhold Lenz und Goethes Ehefrau Christiane erzielte sie Publikumserfolge. Sie ist Mitglied des PEN-Zentrums und der Mainzer Akademie der Wissenschaft und der Literatur. 2010 wurde ihr als erster Frau die Ehrenbürgerschaft ihrer Geburtsstadt Gotha verliehen, 2020 erhielt sie den Weimar Preis. Ihre jüngste Veröffentlichung *Goethe und Carl August. Wechselfälle des Lebens* erschien 2020 im Insel Verlag, Berlin.

Carl-Christian Elze, Jg. 1974, wurde in Berlin geboren. Er studierte zunächst Medizin, Biologie und Germanistik in Leipzig. Von 2004 bis 2009 hatte er eine Lehrtätigkeit am Deutschen Literaturinstitut Leipzig. Er ist Mitglied im PEN-Zentrum Deutschland. Zuletzt veröffentlichte er *langsames ermatten im labyrinth,* Gedichte, Berlin 2019, sowie in *Poesiealbum 353,* Märkischer Verlag 2020. Er lebt heute in Leipzig.

Horace Engdahl, Jg. 1948, wurde in Karlskrona in Schweden geboren. Er ist Schriftsteller, Kritiker und Übersetzer. Er promovierte in Stockholm mit einer Neuinterpretation der literarischen Romantik in Schweden. Zeitweise war er außerordentlicher Professor für nordische Literatur an der Universität von Aarhus (Dänemark). 1977 war er Mitbegründer der ästhetisch-philosophischen Zeitschrift »Kris« und von 1977 bis 1988 Mitglied der Redaktion. Von 1982 bis 1998 war er Literatur- und Tanzkritiker bei »Dagens Nyheter«. 1997 wurde er in die schwedische Akademie gewählt und war zwischen 1999 und 2009 deren ständiger Sekretär, von 1998 bis 2019 war er zudem Mitglied des Nobelkomitees für Literatur. Er hat außer literaturwissenschaftlicher Arbeiten eine Reihe von Essaybüchern und Fragmentsammlungen veröffentlicht (davon sind *Meteore* und *Die Zigarette danach* auch in deutscher Sprache erschienen).

Siegmar Faust, Jg. 1944, ist ein deutscher Schriftsteller. Er wuchs in der DDR auf. Aus politischen Gründen musste er zwei Studiengänge dort abbrechen. Zweimal wurde er wegen »staatsfeindlicher Hetze« inhaftiert. 1976 wurde er freigekauft und in die Bundesrepublik entlassen. Dort war er zeitweilig Chefredakteur der Zeitschriften »DDR heute« und »Christen drüben«, für das ZDF schrieb er das Regiebuch zu einer sechsteiligen Spielfilmserie unter dem Titel »Freiheit, die ich meine – über Christen und Marxisten in der DDR«. Von 1996 bis 1999 war er Landesbeauftragter für die Aufarbeitung der SED-Diktatur des Freistaats Sachsen und gründete in dieser Zeit den Verein »Erkenntnis durch Erinnerung«, den Trägerverein der Dresdner »Gedenkstätte Bautzener Straße«. Von 2003 bis 2006 studierte er in Würzburg Philosophie und Theologie. In der »Gedenkstätte Zuchthaus Cottbus« war er Kurator der Ausstellung und klärte in vielen Führungen und Vorträgen über das sozialistische Regime in der DDR auf. Zur Zeit schreibt er an seinen Memoiren.

Nicolaus Fest, Jg. 1962, wurde in Hamburg geboren. Er ist ein deutscher Jurist, Journalist und Politiker. 1995 wurde er an der Humboldt-Universität Berlin promoviert. Im gleichen Jahr kam er zum Verlag Gruner+Jahr und arbeitete ab 1999 im Pressesprecher-Team des Verlags. Anfang 2001 begann er seine Tätigkeit bei der Bild-Gruppe des Axel-Springer-Verlags. Er war Kulturchef der »Bild« und von Oktober 2013 bis September 2014 stellvertretender Chefredakteur der »Bild am Sonntag«. Ende 2014 verließ er die Zeitung und arbeitet seither als freier Publizist. 2019 wurde er in das Europaparlament gewählt.

Hanna-Barbara Gerl-Falkovitz, Jg. 1945, wurde in Oberwappenöst/Oberpfalz geboren. Sie ist eine deutsche Philosophin, Sprach- und Politikwissenschaftlerin. Sie studierte Philosophie, Germanistik und Politische Wissenschaften in München und Heidelberg und wurde im Jahr 1970 zum Dr. phil. promoviert. Im Jahr 1979 habilitierte sie sich über die italienische Renaissancephilosophie. Sie lehrte als Privatdozentin an den Universitäten in München, Bayreuth, Tübingen und Eichstätt und erhielt eine Professur für Philosophie an der Pädagogischen Hochschule Weingarten. Seit 1993 war sie Inhaberin des Lehrstuhls für Religionsphilosophie und vergleichende Religionswissenschaft an der Technischen Universität Dresden. Inzwischen leitet sie das neu gegründete Institut EUPHRat (»Europäisches Institut für Philosophie und Religion«) an der Philosophisch-Theologischen Hochschule Benedikt XVI. in Heiligenkreuz bei Wien. 2019 wurde sie mit dem Josef-Pieper-Preis ausgezeichnet. Zu ihren zahlreichen Veröffentlichungen zählen *Verzeihung des Unverzeihlichen? Ausflüge in Landschaften der Schuld, der Reue und der Vergebung,* Dresden 2013 und zuletzt *Spielräume. Zwischen Natur, Kultur und Religion: der Mensch,* Dresden 2020.

Peter Grimm, Jg. 1965, wurde in Ost-Berlin geboren. Er ist Journalist, Autor und Dokumentarfilmregisseur. In den achtziger Jahren war er aktiv in der DDR-Opposition. 1985 war er Mitbegründer der »Initiative Frieden und Menschenrechte«, Mitherausgeber der Samisdat-Zeitschrift »Grenzfall« und 1990 Redakteur bei der ersten legalen unabhängigen Wochenzeitung »Die

Andere«. Seit 1991 ist er freier TV-Journalist und seit 1994 Autor und Regisseur von Dokumentarfilmen, seit 1995 mit eigener Film- und Fernsehproduktion. Zwischenzeitlich, von 2007 bis 2013, war er verantwortlicher Redakteur der Zeitgeschichts-Zeitschrift »Horch und Guck«. Seit 2016 ist er u. a. Mitarbeiter bei Achgut.com.

Axel Große, Jg. 1965, wurde in Meißen/Sachsen geboren. Er ist Politikwissenschaftler und Soziologe M. A. Er arbeitet als Bildungsreferent im Evangelischen Augustinerkloster zu Erfurt und ist nebenamtlicher Studienleiter an der Evangelischen Akademie Thüringen. Seit 2010 ist er Ordenskanzler der Ev. Bruderschaft St. Georgs-Orden (StGO).

Ralph Grüneberger, Jg. 1951, wurde in Leipzig geboren und wuchs dort auf. Er ist ein deutscher Schriftsteller. Von 1978 bis 1982 studierte er am Institut für Literatur, danach war er als freier Schriftsteller tätig. Von 1991 bis 1993 arbeitete er als Pressesprecher im Kulturamt bzw. Amt für Tourismus der Stadt Leipzig, anschließend wiederum freiberuflich als Schriftsteller, Literaturkritiker und Herausgeber sowie als Initiator und Organisator von Literaturveranstaltungen. Er ist Mitglied im PEN-Zentrum Deutschland und Vorsitzender der »Gesellschaft für zeitgenössische Lyrik«. Als Vorsitzender der Jury des Kammweg-Literaturpreises hielt er die Laudatio auf Ulrich Schacht, der diesen Preis des Kulturraumes Erzgebirge-Mittelsachsen 2012 erhalten hat.

Wolfgang Hegewald, Jg. 1952, wurde in Dresden geboren. Er ist ein deutscher Schriftsteller, Verfasser von Romanen, Erzählungen und Hörspielen. Von 1970 bis 1974 studierte er Informatik an der TU Dresden und von 1977 bis 1983 evangelische Theologie am Theologischen Seminar Leipzig. Da ihm die Publikation seiner schriftstellerischen Arbeiten in der DDR verweigert wurde, stellte er einen Ausreiseantrag und übersiedelte 1983 in die Bundesrepublik nach Hamburg. Ab 1993 leitete er das Studio für Literatur und Theater an der Universität Tübingen. Seit 1996 bis zu seiner Emeritierung Anfang 2018 war er Professor für Rhetorik, Poetik und Creativ Writing an der Hochschule für Angewandte Wissenschaften Hamburg. Er ist Mitglied der Freien Akademien der Künste in Hamburg und Leipzig sowie des deutschen PEN-Zentrums. Zahlreiche Preise, u.a. der Ernst-Reuter-Preis (1990), wurden ihm verliehen. Zuletzt erschien von ihm das *Lexikon des Lebens*, Berlin 2017. Heute lebt er in Barum (Landkreis Uelzen).

Jürgen K. Hultenreich, Jg. 1948, wurde in Erfurt geboren. Er machte eine Lehre als Gebrauchswerber und Schriftmaler. Nach einem gescheiterten Fluchtversuch kam er in Haft. Er war Bassist in der *Modern-Blues-Band*, studierte Bibliothekswesen in Leipzig, war Dokumentarist und Archivar in der Patentabteilung des Funkwerks Erfurt. 1985 übersiedelte er nach Westberlin. Dort arbeitet er als Schriftsteller und *Tuschör*. Er erhielt Literaturpreise und hatte zahlreiche Ausstellungen und Veröffentlichungen. Zuletzt erschien die Biographie *Hölderlin – Das halbe Leben*. 2021 erscheint sein künstlerisches Gesamtwerk unter dem Titel *Dein Ritter Hultenreich*. Seit 1997 ist er Erster Landkomtur der Ev. Bruderschaft St. Georgs-Orden.

Thomas Hürlimann, Jg. 1950, wurde in Zug geboren. Er ist ein Schweizer Schriftsteller. Nach der Matura (Abitur) studierte er Philosophie an der Universität Zürich und, seit 1974, an der FU Berlin. Nach dem Abbruch des Studiums arbeitete er von 1978 bis 1980 als Regieassistent und Produktionsdramaturg am Berliner Schillertheater. Seit 1980 ist er freier Schriftsteller. 1985 kehrte er in die Schweiz zurück. Im Herbst 1996 war er Visiting Professor am Dartmouth College in New Hampshire, 2000 und 2001 Dozent am Deutschen Literaturinstitut Leipzig. Für sein Werk hat er zahlreiche Preise erhalten, u.a. den Literaturpreis der Konrad-Adenauer-Stiftung (1997), den Thomas-Mann-Preis (2012) und den Gottfried-Keller-Preis (2019). Sein vielseitiges Schaffen weist Romane, Erzählungen, Essays, Hörbücher, Theaterstücke und

Filme auf. Zuletzt sind von ihm der Roman *Heimkehr*, Frankfurt am Main 2018 und *Abendspaziergang mit dem Kater*, Frankfurt am Main 2020, erschienen. Heute lebt er in Walchwil.

Franz Kadell, Jg. 1951, Dr. phil., studierte Geschichte und Philosophie. 1980 arbeitete er für den »Münchner Merkur« und ging anschließend für ein paar Jahre in die USA. 1986 kehrte er zurück und begann für »Die Welt« in Bonn zu arbeiten. Dort lernte er Ulrich Schacht kennen. Es folgten ab 1992 Tätigkeiten für die »Mitteldeutsche Zeitung« in Halle/Saale, ab 1994 als stellvertretender Chefredakteur für die »Volksstimme« in Magdeburg, ab 1999 als Chefredakteur für die »Märkische Oderzeitung« in Frankfurt/Oder und ab 2001 als Chefredakteur für die »Volksstimme«. Von 2011 bis 2013 war Regierungssprecher des Landes Sachsen-Anhalt. Ab 2013 hatte er Lehraufträge an der Universität Magdeburg und an der Hochschule Magdeburg-Stendal. 2015 beteiligte er sich mit Beiträgen an dem MDR-Projekt *500 Jahre Reformation*. Zu seinen Veröffentlichungen gehören *Die Hugenotten in Hessen-Kassel*, 1980, *The KAL Massacre*, 1985, *Die Katyn-Lüge*, 1991 und *Katyn – das zweifache Trauma der Polen*, 2011. Heute ist er Bandleader von *Saxlust* in Halle/Magdeburg.

Stefanie Kemper, Jg. 1944, wurde in Hirschberg/Schlesien geboren. Sie ist eine deutsche Lehrerin, Schriftstellerin und Lyrikern. Seit 1978 lebt sie in Maierhöfen im Allgäu. Nach einer dreijährigen Lehrtätigkeit an einer Gesamtschule in Berlin unterrichtete sie von 1978 bis 1999 Biologie an der Naturwissenschaftlich-Technischen Akademie in Isny im Allgäu. Seit 2003 gibt sie Schreibkurse und Lyrik-Meisterkurse. Sie veröffentlicht Lyrik und Prosa, sowohl monographisch als auch in Anthologien und Zeitschriften. Darüber hinaus ist sie als Übersetzerin und Rezensentin tätig. Zuletzt ist von ihr *Raps geht im Wind. Gedichte*, Bad Schussenried 2012, erschienen.

Wulf Kirsten, Jg. 1934, wurde in Klipphausen bei Meißen geboren. Er ist ein deutscher Lyriker, Prosaist und Herausgeber. Von 1960 bis 1964 absolvierte er ein Lehramtsstudium für Deutsch und Russisch in Leipzig, zwischen 1969 und 1970 durchlief er ein Studium am Leipziger Literaturinstitut »Johannes R. Becher«. Seine schriftstellerische Arbeit widmet er vor allem der Lyrik, aber auch der Prosa. Für sein eindrucksvolles Werk hat er eine Vielzahl von Auszeichnungen erhalten, so z.B. den Heinrich-Mann-Preis (1989), den Weimar-Preis (1994), den Eichendorff-Literaturpreis (2004), den Literaturpreis der Konrad-Adenauer-Stiftung (2005) und den Thüringer Literaturpreis (2015). Seine letzten Gedichtbände sind *fliehende ansicht. Gedichte*, Frankfurt am Main 2012 und *was ich noch sagen wollte. Neue Gedichte*, Quartus-Miniaturen, Bucha 2014. Er lebt in Weimar.

Alexander Kissler, Jg. 1969, ist ein deutscher Journalist, Autor und Theaterregisseur. Er studierte Neuere deutsche Literaturwissenschaft, Mittlere und Neuere Geschichte sowie Medienwissenschaft. 2002 wurde er mit einer Arbeit über den Schriftsteller und Lyriker Rudolf Borchardt promoviert. Zwischen 1986 und 2000 war er als Schauspielregisseur tätig. Von 1999 bis 2001 war er Mitarbeiter der »Frankfurter Allgemeinen Zeitung«, ab 2001 Redakteur bei der »Süddeutschen Zeitung«, seit 2010 beim Magazin »Focus«. Er schreibt u. a. für die politischen Magazine »Cicero« und »eigentümlich frei« sowie für die Beilage »Christ und Welt« der »Zeit«. Seit August 2020 gehört er der Berliner Redaktion der »Neuen Zürcher Zeitung« an. Zuletzt erschienen von ihm *Keine Toleranz den Intoleranten. Warum der Westen seine Werte verteidigen muss*, Gütersloh 2015, *Widerworte. Warum mit Phrasen Schluss sein muss*, Gütersloh 2019 und *Die infantile Gesellschaft. Wege aus der selbstverschuldeten Unreife*, Hamburg 2020.

Sebastian Kleinschmidt, Jg. 1948, wurde in Schwerin geboren. Er ist ein deutscher Essayist und Autor zahlreicher Schriften zur Literatur, Philosophie und Theologie. Von 1970 bis 1971 studierte er Geschichte in Leipzig, von 1972 bis 1974 Philosophie in Berlin, anschließend folgte ein Forschungsstudium der Ästhetik, das er 1978 mit der Promotion zum Dr. phil. abschloss. Von 1978 bis 1983 war er wissenschaftlicher Mitarbeiter am Zentralinstitut für Literaturgeschichte der Akademie der Wissenschaften der DDR, von 1984 bis 1987 Redakteur der von der Akademie der Künste herausgegebenen Zeitschrift »Sinn und Form«, von 1988 bis 1990 stellv. Chefredakteur und von 1991 bis 2013 Chefredakteur. Er ist Mitglied des PEN-Zentrums Deutschland. 2018 erschien bei Matthes & Seitz Berlin sein Essayband *Spiegelungen* und 2019 im Verlag Ulrich Keicher in Leonberg *Hans-Georg Gadamer – Philosoph des Gesprächs*.

Eckart Kleßmann, Jg. 1933, wurde in Lemgo/Lippe geboren. Er ist ein deutscher Journalist, Schriftsteller und Historiker. Lange Zeit arbeitete er als Redakteur u. a. bei »Die Welt« und »Die Zeit«. Seit 1977 ist er freier Schriftsteller. 1984 lehrte er als Gastprofessor am Darthmouth College in Hanover, New Hempshire, USA. 1989 wurde er mit dem Irmgard-Heilmann-Preis und 1998 mit dem Lion-Feuchtwanger-Preis ausgezeichnet. Er ist Mitglied der Freien Akademie der Künste in Hamburg, der Akademie der Wissenschaften und der Literatur in Mainz und der Patriotischen Gesellschaft von 1765. Lange Jahre lebte er in Mecklenburg. Zuletzt erschienen *Die Verlorenen. Die Soldaten in Napoleons Russlandfeldzug*, Berlin 2012 und *Universitätsmamsellen. Fünf aufgeklärte Frauen zwischen Rokoko, Revolution und Romantik*, Berlin 2017. Seit Juli 2020 lebt er in Berlin.

Michael Klonovsky, Jg. 1962, wurde in Schlema/Erzgebirge geboren und wuchs in Ost-Berlin auf. Er ist ein deutscher Journalist, Schriftsteller und freier Autor. Nach einer Maurerlehre arbeitete er bei der LDPD-Zeitung »Der Morgen«. 1991 erhielt er mit zwei anderen Redakteuren, Jan von Flocken und Erwin Jurtschitsch, den *Wächterpreis der Tagespresse* der Stiftung »Freiheit der Presse« für couragierte Berichte zur »Aufdeckung und Behand-

lung von Menschenrechtsverletzungen durch die DDR-Justiz«.
Nach der Einstellung des *Morgen* 1991 war Klonovsky freiberuflich tätig, darunter für »Die Zeit«. 1992 wechselte er nach München zum »Focus«, wo er bis 2016 in verschiedenen Bereichen
tätig war. Er betreibt den Blog »Acta diurna«. Als Autor hat er
Romane und Essays, aber auch Aphorismen, ein Sportbuch und
einen Weinratgeber verfasst. Zuletzt erschien von ihm *Die neuesten Streiche der Schuldbürger. Reaktionäres vom Tage. Acta diurna
2019,* Waltrop und Leipzig 2020.

Uwe Kolbe, Jg. 1957, wurde in Ost-Berlin geboren. Er ist ein deutscher Lyriker, Prosaautor und Übersetzer. 1976 legte er sein Abitur
ab, im selben Jahr wurden auf Vermittlung von Franz Fühmann
erste Texte von ihm in der Literaturzeitschrift »Sinn und Form«
veröffentlicht. Nach Ableistung des NVA-Grundwehrdienstes
war er Transportarbeiter und Lagerverwalter, seit September
1979 ist er als freier Schriftsteller tätig. Der erste Gedichtband
Hineingeboren erschien 1980 im Aufbau Verlag. In den frühen
1980er Jahren hatte der an der DDR-Kulturpolitik Kritik üben-
de Autor faktisch Publikationsverbot. Seine Arbeiten konnte er
von 1982 bis 1986 nur in Kirchen oder in Privaträumen vorstellen
und schriftlich in verschiedenen Untergrundzeitschriften verbreiten. Zeitweise wurde er vom Ministerium für Staatssicherheit der DDR observiert. Sein Vater Ulrich Kolbe war als Füh-
rungsoffizier für Inoffizielle Mitarbeiter bei der Staatssicherheit
beschäftigt. 1988 übersiedelte er nach Hamburg. 1989 erhielt er
eine Gastdozentur in Austin/ Texas, USA. 1993 kehrte er in den
Osten, nach Berlin-Prenzlauer Berg zurück. Für sein Werk hat
er zahlreiche Preise erhalten, so u. a. den Heinrich-Mann-Preis
(2012), den Reiner-Kunze-Preis (2015), die Ehrengabe der Deutschen Schiller-Stiftung (2016). Zuletzt erschienen von ihm *Psal-
men,* Frankfurt a. M. 2017 und *Die sichtbaren Dinge,* Hg. v. Jayne-
Ann Igel, Jan Kuhlbrodt und der Kulturstiftung des Freistaates
Sachsen, Reihe Neue Lyrik – Band 17, poetenladen Verlag, 2019.
Seit 2013 lebt er in Hamburg.

Stephan Krawczyk, Jg. 1955, wurde in Weida/Thüringen geboren. Er absolvierte ein Studium der Konzertgitarre, 1981 bekam er den Hauptpreis beim Nationalen Chansonwettbewerb der DDR, 1985 wurde ein Berufsverbot gegen ihn verhängt. Er gab Konzerte in Kirchen und wurde eine Symbolfigur der Bürgerbewegung. 1988 wurde er verhaftet und dann in den Westen abgeschoben. Er ging auf Konzerttourneen im westeuropäischen Raum, Nordamerika und Asien. Für seine Erzählung *Mein Vater* erhielt er 1992 den Bettina-von-Arnim-Literaturpreis. 1996 erschien der Roman *Das irdische Kind*. Seitdem erschienen diverse Veröffentlichungen auf musikalischem und literarischem Gebiet. Er ging auf Reisen und Tourneen und erhielt zahlreiche Preise. Er lebt als Sänger, Komponist, Dichter und Schriftsteller in Berlin und auf Mallorca.

Jobst Landgrebe, Jg. 1970, wurde in Bergisch-Gladbach geboren. Er ist Arzt, Biochemiker (Promotion 1998), Mathematiker, Unternehmer und Publizist. Bis 2006 war er Assistent für Biochemie und Biomathematik am MPI für Psychiatrie in München und anschließend am DFG Forschungszentrum für Zellbiologie in Göttingen. Von 2006 bis 2013 war er Unternehmensberater. Seit 2013 ist er selbständiger Unternehmer für Künstliche Intelligenz (Cognotekt GmbH). Zuletzt erschienen *Making AI meaningful again*, Synthese 2019 und *There is no general AI*, Cornell University 2019 (beide mit Barry Smith). Seit 2020 ist er Novize der Ev. Bruderschaft St. Georgs-Orden.

Per Landin, Jg. 1956, wurde auf der schwedischen Ostseeinsel Öland geboren. 1990 wurde er zum Dr. Phil. im Fach Germanistik an der Universität Stockholm promoviert. Er war Mitarbeiter bei verschiedenen Tageszeitungen im In-und Ausland, von 1986 bis 2011 fester Mitarbeiter bei »Dagens Nyheter« in Stockholm. In den neunziger Jahren war er Alexander-von-Humboldt-Stipendiat in Halle/Saale und Berlin. 1995 erhielt er den Medienpreis des Ostdeutschen Kulturrats. Er ist Übersetzter aus dem Deutschen von u. a. Wolf Biermann, Christoph Hein und Thomas Mann. Er hat rund fünfzehn eigene Bücher veröffentlicht, darunter einen Roman, literarische Essays und Reiseberichte.

Margitt Lehbert, Jg. 1957, wurde in Genf geboren. Sie wuchs in der französischen Schweiz, den USA, Mexiko und Deutschland auf, als Erwachsene lebte sie zusätzlich auch in Holland und Schweden. Nach dem Studium wurde sie literarische Übersetzerin mit Lyrik als Schwerpunkt; sie übersetzte u. a. Georg Trakl und Sarah Kirsch ins Englische und viele Dichter ins Deutsche. 2006 gründete sie die Edition Rugerup und begann, vor allem internationale Lyrik in deutscher Übersetzung zu veröffentlichen.

Martin Leiner, Jg. 1960, wurde in Homburg/Saar geboren. Er ist evangelischer Theologe und Philosoph, Professor an der Friedrich-Schiller-Universität Jena und Gründer des Jena Center for Reconciliation Studies (JCRS). Nach dem Studium der Philosophie und Theologie wurde er von der Theologischen Fakultät der Universität Heidelberg 1994 mit einer Arbeit »Psychologie und Exegese. Grundfragen einer textpsychologischen Interpretation des Neuen Testaments« promoviert. Die bei Gerd Theißen entstandene Arbeit entwickelt ein Modell der interdisziplinären Zusammenarbeit zwischen der historisch und literaturwissenschaftlich orientierten Neutestamentlichen Wissenschaft und der empirischen Psychologie der Gegenwart. 1998 habilitierte er an der Johannes-Gutenberg-Universität Mainz mit einer Studie »Gottes Gegenwart. Die dialogische Philosophie Martin Bubers und der Ansatz der theologischen Rezeption bei Friedrich Gogarten und Emil Brunner«. Von 1998 bis 2002 war er zuerst Assistenzprofessor, anschließend Professor für Systematische Theologie und Hermeneutik an der Université de Neuchatel. 2002 wechselte er auf eine Professur für Systematische Theologie mit Schwerpunkt Ethik an der Universität Jena. Mit Ulrich Schacht und Thomas A. Seidel veröffentlichte er *Gott mehr gehorchen als den Menschen. Christliche Wurzeln, Zeitgeschichte und Gegenwart des*

Widerstands, Göttingen 2005. *Methodischer Leitfaden systematische Theologie und Religionsphilosophie*, Göttingen 2008, ist seine jüngste Monografie.

Vera Lengsfeld, Jg. 1952, wurde in Sondershausen geboren. Sie ist eine deutsche Bürgerrechtlerin und Publizistin. Sie war Mitarbeiterin an der Akademie der Wissenschaften und Lektorin am Verlag Neues Leben. 1983 wurde ein Berufsverbot gegen sie verhängt. Sie war Imkerin und seit 1981 Aktivistin der Unabhängigen Friedens- und Umweltbewegung der DDR. 1988 folgten Inhaftierung, Verurteilung und Abschiebung in den Westen Deutschlands. Sie absolvierte das Studium der Philosophy of Religion in Cambridge und kehrte im November 1989 nach Deutschland zurück. Dort wurde sie Mitglied der Verfassungskommission des Runden Tisches, 1990 Mitglied der Volkskammer und von 1990 bis 2005 des Bundestages. Seitdem arbeitet sie als freie Autorin und Bloggerin auf vera-lengsfeld.de. 1990 erhielt sie den Aachener Friedenspreis und 2008 das Bundesverdienstkreuz.

Christine Lieberknecht, Jg. 1958, wurde in Weimar geboren. Sie ist eine deutsche Theologin und Politikerin. Von 1991 bis 2019 war sie Abgeordnete im Thüringer Landtag, von Oktober 2009 bis Dezember 2014 Ministerpräsidentin des Freistaates Thüringen und Landesvorsitzende der CDU Thüringen. Bis 1990 war sie als Pastorin in Ramsla bei Weimar tätig. Nach Bildung der ersten freigewählten Landesregierung bekleidete sie dann fast durchgehend führende Positionen der Landespolitik als Ministerin oder Landtagspräsidentin. Von 1993 bis 2008 war sie u. a. Vorsitzende des Kuratoriums Schloss Ettersburg e.V. und ist heute Vorstandsmitglied der Bundesstiftung zur Aufarbeitung der SED-Diktatur, stellv. Vorsitzende des Vereins »Gegen Vergessen – für Demokratie e.V.«, stellv. Vorsitzende der Internationalen Martin Luther Stiftung, Mitglied der Kammer für soziale Ordnung der Evangelischen Kirche in Deutschland und stellv. Mitglied der 12. Synode der EKD.

Andreas Lombard (vormals Andreas Krause Landt), Jg. 1963, wurde in Hamburg geboren. Er ist ein deutscher Journalist, Autor und Verleger in Berlin. Er studierte Germanistik, Philosophie und Geschichte in Heidelberg und Berlin und machte den Magister artium 1993 mit einer Arbeit über *Die Ästhetik des Widerstands von Peter Weiss*. Von 1992 bis 1996 war er Synchron-Dialogbuchautor, ab 1997 freier Journalist, unter anderem für die »Berliner Zeitung« und »Deutschlandradio Kultur«. 2005 gründete er den Landt Verlag. Von 2013 bis 2017 war er Leiter der Manuscriptum Verlagsbuchhandlung. Seit 2017 ist er Chefredakteur des Magazins CATO. Zu seinen zahlreichen Veröffentlichungen zählen u. a. *Wir sollen sterben wollen. Warum die Mitwirkung am Suizid verboten werden muss*, Waltrop/Leipzig 2013 und *Homosexualität gibt es nicht. Abschied von einem leeren Versprechen*, Waltrop/Leipzig 2015.

Erik Lommatzsch, Jg. 1974, wurde in Leipzig geboren. Er lebt und arbeitet dort als freier Historiker und Publizist. Er studierte Geschichte, Alte Geschichte und Politikwissenschaft an den Universitäten Leipzig und Bologna. 2006 wurde er zum Dr. phil. promoviert. Zu seinen Veröffentlichungen zählen u. a. *Hans Globke (1898–1973). Beamter im Dritten Reich und Staatssekretär Adenauers*, Frankfurt/M. 2009 und wissenschaftliche Beiträge zur deutschen Zeitgeschichte, zu Preußen sowie zur Monarchie im 19. Jahrhundert. Zuletzt erschienen *Friedrich August III., der Erste Weltkrieg und das Ende der Monarchie in Sachsen*, in: Dirk Reitz/Hendrik Thoß (Hgg.), *Sachsen, Deutschland und Europa im Zeitalter der Weltkriege*, Berlin 2019, 97–111 sowie »... daß die Vereinigung der Rheinlande mit der preußischen Monarchie eine wahrhaft providentielle gewesen ...«. *Gesamtstaat und Rheinprovinz bei Peter Reichensperger*, in: Thomas Simon/Gabriele Schneider (Hgg.), *Gesamtstaat und Provinz. Regionale Identitäten in einer »zusammengesetzten Monarchie« (17. bis 20. Jahrhundert)*, Berlin 2019, 231–244.

Klaus-Rüdiger Mai, Jg. 1963, wurde in Staßfurt geboren. Er ist in Egeln aufgewachsen, studierte Germanistik, Geschichte und Philosophie an der Martin-Luther-Universität Halle-Wittenberg, und wurde über das Werk des deutschen Dramatikers Heiner Müller promoviert. Er arbeitete im Theater, für den Rundfunk und das Fernsehen. Seit 2005 ist er freier Schriftsteller, verfasst Romane, historische Sachbücher, Essays, Artikel und Rezensionen. Für die italienische Übersetzung seines Romans *Die Kuppel des Himmels* wurde er Ehrenbürger des Geburtsortes von Donato Bramante Fermignano in den Marken. 2015 wurde er für die niederländische Übersetzung des Essays »Lob der Religion« mit dem Holländischen Buchpreis für das beste religiöse Buch ausgezeichnet. 2017 erhielt er das Arbeitsstipendium der Kunststiftung des Landes Sachsen-Anhalt und 2019 den Deutschen Schulbuchpreis.

Uwe Müntz, Jg. 1958, war wohnhaft in Leipzig. Er ist verheiratet, hat zwei erwachsene Kinder und ein Enkelkind. Er machte eine Berufsausbildung mit Abitur. Nach Studium und Studienabbruch 1980 war er erst Hilfsarbeiter, bevor er eine Tischlerlehre begann. 1987 stellte er einen Ausreiseantrag und konnte im März 1989 in die Bundesrepublik ausreisen. Seit 1990 war er selbständig und führte einen Tischlereibetrieb in Bremen. 1992 zog er zurück nach Leipzig, wo er von 1996 bis Februar 2020 gemeinsam mit seinem Bruder eine Holz- und Fensterbau-Firma betrieb. Seither lebt er im Ruhestand. Seinen Wohnsitz hat er seit Sommer 2020 auf ein Segelboot verlegt.

Helmut Matthies, Jg. 1950, ist jetzt wohnhaft in Brandenburg an der Havel. Von 1978 bis 2017 war er Leiter der Evangelischen Nachrichtenagentur »idea«. Seitdem ist er Vorsitzender des Trägervereins und Geschäftsführer des Vereins »Glaube, Mut und Freiheit – in der DDR und danach e.V.«. Zuletzt veröffentlichte er (mit Frieder Seidel) *Deutsche Einheit. Hinter den Kulissen*, Muldenhammer 2020.

Hildigund Neubert, Jg. 1960, wurde in Quedlinburg geboren. Sie wuchs als Pfarrerstochter in der DDR auf und engagierte sich im Friedenskreis der ESG in Weimar, wo sie Gesang studierte. 1989 beteiligte sic sich an der Friedlichen Revolution im »Demokratischen Aufbruch«. Ab 1997 war sie Mitarbeiterin im »Bürgerbüro e.V.«, einem Verein zur Aufarbeitung von Folgeschäden der SED-Diktatur. Von 2003 bis 2013 war sie Landesbeauftragte des Freistaats Thüringen für die Unterlagen des Staatssicherheitsdienstes der ehemaligen DDR (oder kürzer: Thüringer Landesbeauftragte für die Stasiunterlagen). Von 2013 bis 2014 war sie Staatssekretärin für Europafragen in der Thüringer Staatskanzlei.

Heinrich Oberreuter, Jg. 1942, wurde in Breslau geboren. Er ist ein deutscher Politikwissenschaftler. Nach dem Studium der Politik- sowie der Kommunikationswissenschaft, Geschichte und Soziologie, und nach der Tätigkeit als Wissenschaftlicher Assistent am Geschwister-Scholl-Institut (bei Hans Maier) in München war er von 1978 bis 1980 Professor am Otto-Suhr-Institut der FU Berlin und von 1980 bis 2010 an der Universität Passau, parallel dazu war er in den Jahren 1991 bis 1993 Gründungsdekan für Geistes- und Sozialwissenschaften an der TU Dresden und von 1993 bis 2011 Direktor der Akademie für politische Bildung in Tutzing. Er hatte Gastprofessuren am zur Ivy League gehörenden Dartmouth College, an der Kath. Universität Eichstätt und der Hochschule für Politik München sowie Gastvorträge u. a. an der Harvard und Columbia University, an der Beda und der Renmin in Peking, der National Taiwan University in Taipeh, der Universität von Amsterdam, der Sorbonne und am Europainstitut der Akademie der Wissenschaften in Moskau. Derzeit leitet er die Neuauflage des Staatslexikons. Er war u. a. Mitglied mehrerer Parlamentarischer Enquete- und Regierungskommissionen verschiedener Bundesländer. Schwerpunkte seiner wissenschaftlichen Tätigkeit liegen im Bereich der politischen Systeme, insbesondere Parlamentarismusforschung, in Verfassungspolitik und Zeitgeschichte. Seine jüngsten Buchpublikationen sind *Wendezeiten. Zeitgeschichte als Prägekraft politischer Kultur* (München 2010), *Republikanische Demokratie. Der Verfassungsstaat im Wandel*, Baden-Baden 2012, *Praeceptor Germaniae. Thomas Mann und die politische Kultur der Deutschen*, Baden-Baden 2019. Seine 1978 erschienene Dissertation *Notstand und Demokratie* hat durch Corona neue Aktualität erlangt.

Constanze Schacht, Jg. 1978, wurde in Hamburg-Altona geboren. Sie begleitete ihren Vater schon als Kind auf dessen Israel-Reisen und später auch bei seinen Arktis-Expeditionen. Bis 2000 machte sie eine Ausbildung zur Grafikerin. Neben ihrer Tätigkeit als Grafikerin studierte sie Politik und Soziologie an der Universität Hamburg. Sie arbeitete als Fotografin, Grafikerin und Illustratorin u. a. im Axel Springer und Bauer Verlag. Nach Abschluss ihres Zahnmedizinstudiums von 2009 bis 2014 an der Universität Hamburg ist sie als Zahnärztin in Hamburg tätig.

Stefanie Schacht, Jg. 1968, wurde in Westfalen geboren und ist dort aufgewachsen. Nach einer Bauzeichnerlehre hat sie Innenarchitektur und Architektur in Detmold und Köln studiert. 1994 lernte sie Ulrich Schacht bei einem Aufenthalt am Comer See kennen und zog 1997 zu ihm nach Hamburg. Dort arbeitete sie bis zu ihrem gemeinsamen Umzug in einem Innenarchitekturbüro. Seit 1998 lebten beide in Schweden, wo sie 2001 heirateten. 2008 machte sie dort eine Ausbildung zur Krankenpflege.

Sverre Schacht, Jg. 1974 wurde in Bremen geboren. Er studierte in Hamburg Geschichte, Politik und Amerikanistik. Nach studienbegleitenden journalistischen Arbeiten volontierte er ab 2004 bei der »Preussischen Allgemeinen Zeitung« in Hamburg. Es folgten Anstellungen als Redakteur und Schlussredakteur u. a. im Axel Springer und Bauer Verlag. Seit 2009 arbeitet er als Freier Journalist in Hamburg.

Hans-Dieter Schütt, Jg. 1948, wurde in Ohrdruf geboren. Er ist ein (ost)deutscher Journalist. Er absolvierte eine Berufsausbildung mit Abitur, arbeitete von 1967 bis 1969 als Gummifacharbeiter und studierte, nach einer Zwischenstation als Buchhändlerlehrling, von 1969 bis 1973 Dramaturgie und Theaterwissenschaften an der Theaterhochschule »Hans Otto« in Leipzig. Ab 1973 arbeitete er als Filmkritiker für das FDJ-Zentralorgan »Junge Welt« (JW). Von 1984 bis zur Friedrichen Revolution und Wende 1989/90 war er JW-Chefredakteur, von 1992 bis 2012 Feuilletonredakteur beim »Neuen Deutschland« (ND). Als JW-Chefredakteur galt Schütt als ausgesprochener Hardliner und Demagoge. Bei oppositionellen Jugendlichen in den 1980er Jahren war er verhasst, beinahe so stark, wie die DDR-Bildungsministerin Margot Honecker. Gegen seine Artikel gab es zahlreiche Protestbriefe, auch von kirchenoffizieller Seite. Die DDR-Oppositionelle Vera Wollenberger (jetzt: Lengsfeld) stellte im Dezember 1987 wegen eines Artikels Strafanzeige wegen Beleidigung und Verleumdung gegen ihn. Als Autor, Interviewer und Herausgeber verfasste er nach 1990 zahlreiche Bücher, darunter 2009 seine Autobiographie *Glücklich beschädigt.* Kritiker sahen in dem Buch einen ehrlichen und schonungslosen Versuch der Abrechnung mit seiner Rolle im System der SED-Diktatur.

Heimo Schwilk, Jg. 1952, wurde in Stuttgart geboren. Er ist Journalist und Autor. 2006 promovierte er in Berlin zum Doktor der Philosophie. Von 1986 bis 1991 war er Literaturchef von »Rheinischer Merkur/Christ und Welt« in Bonn, von 1991 bis 2015 Leitender Redakteur der »Welt am Sonntag« in Berlin. Er ist Autor zahlreicher Bücher über Politik und Literatur, darunter Biografien über Ernst Jünger, Hermann Hesse, Rainer Maria Rilke, Martin Luther. Seine Werke wurden ins Italienische, Französische und Chinesische übersetzt. Gemeinsam mit Ulrich Schacht war er 1994 Herausgeber des Sammelbandes *Die selbstbewusste Nation* sowie 1997 des Essaybandes *Für eine Berliner Republik.* 1991 wurde er mit dem Theodor-Wolff-Preis für herausragenden Journalismus und 2014 mit dem italienischen Literaturpreis Premio Giovanni Comisso ausgezeichnet. 2015 erhielt er den Gerhard-Löwenthal-Ehrenpreis für sein Lebenswerk.

Hellmut T. Seemann, Jg. 1953, wurde in Heidelberg geboren. Er ist ein deutscher Jurist, Kulturmanager und ehemaliger Präsident der Klassik Stiftung Weimar (KSW). Er studierte Germanistik und Philosophie, ab 1977 auch Rechtswissenschaften an den Universitäten Hamburg und Frankfurt am Main. Seit 1985 ist er mit der Autorin und Übersetzerin Annette Seemann verheiratet. 1986 wurde er in Berlin als Rechtsanwalt zugelassen. Ab 1986 lebte er in Frankfurt am Main, wo er zunächst als persönlicher Assistent von Christoph Vitali wirkte. Von 1987 bis 1993 war er Verwaltungsdirektor und von 1994 bis 2001 Geschäftsführer der »Kulturgesellschaft Frankfurt« und gleichzeitig Direktor der »Schirn Kunsthalle«. Von 1989 bis 1993 gehörte er der künstlerischen Leitung des »Theaters am Turm« an. Von 2001 bis 2019 war er Präsident der KSW, in dieser Funktion u. a. auch im Vorstand des Kuratoriums Schloss Ettersburg e. V. In seine Amtszeit fiel der verheerende Brand der »Herzogin Anna Amalia Bibliothek« vom 2. September 2004 und deren Sanierung und Wiederherstellung mit Abschluss im Jahr 2007. Am Ende seiner Amtszeit konnte er das von ihm initiierte »Bauhaus-Museum Weimar« eröffnen. Bisher trat er überwiegend als Herausgeber und Beiträger kunsthistorischer Schriften zur Klassik, Weimar und der europäischen Moderne hervor, zuletzt erschien *Das Zeitalter der Enkel*, Göttingen 2010.

Cornelia Seidel, Jg. 1959, wurde in Gotha geboren und ist in Thüringen aufgewachsen. Sie wurde als junge Erwachsene getauft. Verheiratet ist sie mit Thomas A. Seidel, hat zwei Kinder und Freude an vier Enkeln, sowie an der Weite und Ruhe Schwedens. Seit über 20 Jahren ist sie als freiberufliche Rednerin, vorwiegend als Trauerrednerin, im Einsatz. Zugleich hat sie seit 2020 die Aufgabe übernommen, Menschen in ländlichen Regionen Thüringens zu gewinnen, um sie darin zu schulen, in ihren kleinen Dorfkirchen regelmäßig kleine Andachten oder Meditationen zu halten. Dieses ist ein Projekt innerhalb der »Erprobungsräume der EKM« (Ev. Kirche in Mitteldeutschland), welches »ad fontes« heißt und zu den Quellen christlichen Lebens führen möchte.

Michael Seidel, Jg. 1965, wurde in Wernigerode/Harz geboren. Aufgewachsen ist er direkt am Grenzstreifen im Dorf Abbenrode. Er ist Journalist und Chefredakteur. Er studierte in Leipzig am »Roten Kloster« der Sektion Journalistik, hatte zuvor beim DDR-Fernsehen volontiert und arbeitete ab 1991 zunächst freiberuflich für TV und Radio (ZDF, NDR, DLF). Ab 1995 war er landespolitischer Korrespondent in Schwerin für die in Neubrandenburg erscheinende Regionalzeitung »Nordkurier«. Seit 2013 ist er Chefredakteur der »Schweriner Volkszeitung«, gelegentlicher Gastkommentator im Deutschlandfunk sowie Moderator und Dozent. Einige Jahre war er Vorsitzender der Landespressekonferenz MV e.V., heute ist er Vorsitzender des Presseclub MV e.V.

Thomas A. Seidel, Jg. 1958, Dr. theol., wurde in Neukirchen a.d. Pleiße geboren. Er ist ein deutscher evangelischer Theologe und Historiker. Seine Dissertation *Im Übergang der Diktaturen. Eine Untersuchung zur kirchlichen Neuordnung in Thüringen (1945-1951)* zur Entnazifizierung der Thüringer evangelischen Kirche ist 2003 in Gütersloh erschienen. Seit 2018 ist er Leiter der Diakonen-Ausbildung im Diakonischen Bildungsinstitut Johannes Falk (dbi) Eisenach/Erfurt, seit 2019 Vorstandsvorsitzender der Internationalen Martin Luther Stiftung. Zu seinen zahlreichen Veröffentlichungen gehören *Die Reformationsdekade »Luther 2017« in Thüringen. Dokumentation, Reflexion. Perspektive.* (zusammen mit Annette Seemann und Thomas Wurzel), Leipzig 2018, sowie *Tod, wo ist dein Stachel? Todesfurcht und Lebenslust im Christentum,* GEORGIANA 2 und *Würde oder Willkür. Theologische und philosophische*

Voraussetzungen des Grundgesetztes, GEORGIANA 3 (beide zusammen mit Ulrich Schacht) Leipzig 2017 und 2019. Von 2004 bis 2019 war er Spiritual der Ev. Bruderschaft St. Georgs-Orden, seit 2019 ist er deren Großkomtur.

Lutz Seiler, Jg. 1963, wurde in Gera geboren. Er ist ein deutscher Schriftsteller. In Gera schloss er eine Berufsausbildung mit Abitur als Baufacharbeiter ab und arbeitete als Zimmermann und Maurer. Er trat zunächst vor allem als Lyriker hervor. Bis Anfang 1990 studierte er Geschichte und Germanistik an der Martin-Luther-Universität in Halle a. d. Saale. Im gleichen Jahr wechselte er nach Berlin, wo er einige Jahre als Kellner arbeitete. Von 1993 bis 1998 war er Mitbegründer und Mitherausgeber der Literaturzeitschrift *moosbrand*. Seit 1997 leitet er das literarische Programm im Peter-Huchel-Haus in Wilhelmshorst bei Potsdam. 2004/2005 war er Gastprofessor am Deutschen Literaturinstitut in Leipzig. 2007 erhielt er den Ingeborg-Bachmann-Preis. Für seinen Debütroman *Kruso* wurde er 2014 mit dem Uwe-Johnson-Preis, dem Deutschen Buchpreis und dem Kakehasi-Literaturpreis ausgezeichnet. 2017 erhielt er den Thüringer Literaturpreis und 2020 den Preis der Leipziger Buchmesse für seinen Roman *Stern 111*. Er verfasste Übersetzungen, nahm Hörspiele und Hörbücher auf und gab Anthologien heraus. Er lebt als freier Schriftsteller in Wilhelmshorst und Stockholm.

Harald Seubert, Jg. 1967, Prof. Dr., wurde in Nürnberg geboren. Er ist ein deutscher Philosoph, Theologe und Hochschullehrer. Er studierte Philosophie, Geschichte, Literaturwissenschaft, Gesellschafts- und Sozialwissenschaften und evangelische Theologie in Erlangen, München, Würzburg, Frankfurt am Main, Tübingen und Wien. Seine historischen Schwerpunkte in Forschung und Lehre sind die antike Philosophie, die spekulative Metaphysik und Mystik des Mittelalters, der deutsche Idealismus und die Philosophie der Moderne. Ein inhaltlicher Schwerpunkt liegt bei ihm insbesondere auf Fragen der *Interkulturellen Philoso-*

phie. Er war ab 2011 Präsident des Studienzentrums Weikersheim, 2016 legte er dieses Amt nieder. In der Folge veröffentlichte er das Buch *Der Frühling des Missvergnügens* (2018), in dem er die Neue Rechte analysiert und sich deutlich von den Zielsetzungen und Protagonisten der Bewegung distanziert. Seit 2012 ist er Ordentlicher Professor für Philosophie und Religionswissenschaft an der Staatsunabhängigen Theologischen Hochschule Basel und seit 2016 Präsident der Heidegger-Gesellschaft. Zu seinen zahlreichen Veröffentlichungen gehören *Platon, Anfang , Mitte und Ziel der Philisophie*, Freiburg i. B. 2017, *Heidegger – Ende der Philosophie oder Anfang des Denkens*, München 2019 und *Digitalisierung. Die Revolution von Seele und Polis*, Baden-Baden 2019.

Erich Wolfgang Skwara, Jg. 1948, wurde in Salzburg in Österreich geboren. Er schreibt und publiziert seit seiner frühesten Jugend. In den USA promovierte er mit der ersten Biobibliographie zum deutschen Exilautor Hans Sahl. Vierzig Jahre arbeitete er als Universitäts-Professor in den USA (San Diego, Kalifornien). Zahlreiche Romane, Gedichtbände und Essays sind erschienen. Er übersetzt klassische sowohl als moderne Literatur aus dem Französischen und Amerikanischen ins Deutsche. Zahlreiche Auszeichnungen, darunter den Hermann-Lenz-Preis, erhielt er. Für sein Werk wurde er 2003 vom österreichischen Bundespräsidenten mit dem Professor -Titel ausgezeichnet und für seine ins Französische übersetzte Lyrik zum Ehrenbürger der Stadt Trois-Rivieres in Quebec, Canada, ernannt. Er lebte Zeitspannen seines Lebens in Frankreich und Italien, seit seiner Emeritierung 2010 in Florenz und in San Diego, USA.

Joachim Steinmann, Jg. 1949, ist ein deutscher Kunstpädagoge und Graphiker. Von 1971 bis 1990 war er, mit politisch bedingten Unterbrechungen, im mecklenburgischen Schuldienst. Seit 1978 hatte er zahlreiche Einzelausstellungen in Kirchen (Kreuzkirche Dresden, Herderkirche Weimar, Nikolaikirche Leipzig) und war nebenher aktiv für die kirchliche Presse. Von 1990 bis 1992 war er Abgeordneter der letzten DDR-Volkskammer und des ersten Landtages in Mecklenburg-Vorpommern und von 1992 bis 2004 Direktor der Landesmedienanstalt in Mecklenburg-Vorpommern. Er betrieb diverse kirchengeschichtliche Studien (zu geistlichen Orden und zum Pilgerwesen). Heute lebt er zurückgezogen als Pensionär in Lübeck.

Gabriele Stötzer, Jg. 1953, wurde in Emleben geboren. 1973 studierte sie Deutsch und Kunst an der Pädagogischen Hochschule in Erfurt. 1976 wurde sie aus politischen Gründen exmatrikuliert. 1977 war sie ein Jahr in politischer Haft im Frauenzuchthaus Hoheneck, danach arbeitete sie als Sachbearbeiterin in einer Schuhfabrik. 1980 gab sie diese Arbeit auf und übernahm die private »Galerie im Flur« in Erfurt. 1981 wurde die Galerie durch die Staatssicherheit liquidiert. Ab 1981 arbeitete sie mit performativer Fotografie, 1982 mit Super-8-Filmen. Sie hatte Veröffentlichungen in Untergrundzeitschriften. Ab 1984 machte sie Mode-Objektshows, Super 8-Filme und Performances mit der Erfurter Künstlerinnengruppe »Exterra XX«. 1989 war sie Mitgründerin der Gruppe »Frauen für Veränderung« und Mitinitiatorin der ersten Besetzung der Staatssicherheit der DDR in Erfurt am 4.12.1989. Seit 1990 hat sie acht Bücher veröffentlicht. Seit 2010 ist sie Dozentin für Performance-Blockseminare an der Universität Erfurt. Sie hat Text-Auftritte mit der Weimarer Gruppe EFIM für intuitive Musik und war in diversen internationalen Ausstellungen vertreten, darunter u.a. 2018 »medea muckt auf«, Staatliche Kunstsammlungen Dresden und »Wende-Museum« Los Angeles, 2019 »East german photography« in Arles, sowie 2019–2020 »Archiv Stötzer« in der Galerie für Zeitgenössische Kunst Leipzig. 2013 erhielt sie das Bundesverdienstkreuz.

Heiner Sylvester, Jg. 1943, wurde in Saalfeld geboren. Er ist ein deutscher Filmemacher und arbeitete als Kameramann, Autor, Regisseur und auch als Produzent. Von 1969 bis 1974 absolvierte er ein Studium an der Filmhochschule Potsdam/Babelsberg. Danach war er freiberuflich für das DEFA- Dokumentarfilm Studio und für das Fernsehen der DDR tätig. Nach dem Protest gegen die Ausbürgerung Wolf Biermanns bekam er 1976 Arbeitsverbot. 1984, als Folge und Konsequenz seiner politisch oppositionellen Haltung, übersiedelte er nach Hamburg. Er arbeitete als freier Filmemacher, überwiegend für das Öffentlich-Rechtliche Fernsehen und für arte. Zu seinen Filmen zählen u. a. »Der Weg aus der Ordnung«, »Das Gemeinschaftsbild«, »Das Treffen«, »Hin und zurück«, »Der Bettler von Paris«, »Folgen einer Ausbürgerung«, »Nie mehr zurück« und »An einem Mittwoch in Weimar«. 1996 kehrte er nach Berlin zurück. Als Herausgeber veröffentlichte er *»Wir wollten nur anders leben« – Erinnerungen politischer Gefangener im Zuchthaus Cottbus*, Cottbus 2013. Seit 2005 ist er Mitglied und Ordensmarschall der Ev. Bruderschaft St. Georgs-Orden.

Uwe Tellkamp, Jg. 1968, wurde in Dresden geboren und ist dort aufgewachsen. Er ist ein deutscher Schriftsteller. Seit 1985 ist er vielfältig und erfolgreich schriftstellerisch aktiv. Er veröffentlichte zahlreiche Beiträge in div. Literaturzeitschriften sowie Anthologien, gelegentlich auch Essays für Zeitungen. Im Jahr 2000 erschien sein erster Roman *Der Hecht, die Träume und das Portugiesische Café*. Im Juni 2004 trug er in Klagenfurt einen Auszug aus seinem Roman *Der Schlaf in den Uhren* vor und gewann dafür den Ingeborg-Bachmann-Preis. Sein bekanntester Roman *Der Turm* (2008) handelt von den letzten sieben Jahren der DDR bis zur Friedlichen Revolution und Wende 1989/90 aus Sicht des Bildungsbürgertums im Dresdner Villen-Viertel Weißer Hirsch. Die Veröffentlichung des Romans *Der Eisvogel* trug ihm den Vorwurf ein, er zeige nicht genügend Distanz zu den Protagonisten, die für eine »Konservative Revolution« eintreten und die Demokratie ablehnen. Tellkamp widersprach, mehrfach und klar. Im Umfeld der Frankfurter Buchmesse 2017 gehörte er zu den 32 Erstunterzeichnern der »Charta 2017«, einer Online-Petition der Dresdner Buchhändlerin Susanne Dagen. Sie richtete sich gegen die Ausgrenzung »missliebiger« Verlage, wie »Antaios«, »Manuscriptum« und »Tumult« seitens der Messe-Leitung. Weiterhin gehörte er zu den Erstunterzeichnern einer von Vera Lengsfeld initiierten »Gemeinsamen Erklärung 2018« gegen eine »illegale Masseneinwanderung« und das Recht auf friedlichen Protest »für die Wiederherstellung einer rechtsstaatlichen Ordnung an den Grenzen unseres Landes«. 2020 unterzeichnete er den »Appell für freie Debattenräume«. Er erhielt zahlreiche Auszeichnungen, u. a. den Uwe-Johnson-Preis und den Deutschen Buchpreis (2008) sowie 2009 den Literaturpreis der Konrad-Adenauer-Stiftung und den Deutschen Nationalpreis.

Lutz Vogel, Jg. 1949, wurde in Nordhausen geboren. Er besuchte die Schule in Sondershausen, Magdeburg und Oschersleben. Das Studium der Germanistik und Anglistik absolvierte er an der Martin-Luther-Universität Halle. Dort wurde er zum Dr. phil. promoviert. Er war Lehrer in Weißensee und Berlin und von 1977 bis 1990 wissenschaftlicher Mitarbeiter am Institut für klassische deutsche Literatur Weimar. Von 1990 bis 2001 war er Leiter des Kulturamts und der Kulturdirektion Weimar, von 2001 bis 2008 Beigeordneter für Kultur und Erster Bürgermeister in Dresden.

Manfred Wegener, Jg. 1952, wurde in Wittenburg geboren. Er studierte Energietechnik in Markkleeberg und arbeitete ab 1973 als Projektierungsingenieur im VEB Energiekombinat Neubrandenburg, Schwerin. Ab 1978 war er als Abteilungsleiter im VEB Milchkonservenfabrik Wittenburg tätig. Ab 1990 machte er sich als Gastronom selbständig, gründete 1995 ein Ingenieurbüro für Denkmalschutz und Strukturerhaltung und wurde Gründungsmitglied und Vorsitzender des Vereins »Baudenkmale Wittenburg e.V.«. Seit 2000 arbeitet er als Planer und Ausführer für Öfen und Kaminprojekte im Denkmalschutzbereich. Er veröffentlichte einige historische Publikationen zu verschiedenen Themen im *Mecklenburg Magazin* der »Schweriner Volkszeitung«.

Sebastian Wohlfarth, Jg. 1969, wurde in Berlin geboren. Er besuchte die Schule in Thonhausen und Schmölln im Altenburger Land/Thüringen und arbeitete als Volontär und Zeitungsbote in Leipzig. Er studierte Theologie und Neuere Geschichte u. a. an der Humboldt-Universität Berlin, arbeitete als Vikar nahe Jena und als Lehrer und Pfarrer in Hermannstadt/ Siebenbürgen in Rumänien. Seit 2004 ist er Pfarrer in Stepfershausen/Thüringische Rhön. 2019 wurde er als Novize in die Evangelische Bruderschaft St. Georgs-Orden aufgenommen.

Uwe Wolff, Jg. 1955, PD Dr., studierte evangelische Theologie bei Kurt Aland, Pädagogik bei Herwig Blankertz, Mittelalterforschung bei Friedrich Ohly und Philosophie bei Hans Blumenberg. Mit Blumenberg verband ihn eine lebenslange Freundschaft. Sie fand Ausdruck in dem Geschenk des Schreibtisches, an dem der Philosoph seine großen Bücher geschrieben hat. In seinem Buch *Der Schreibtisch des Philosophen. Erinnerungen an Hans Blumenberg* (Claudius Verlag 2020) berichtet er von der prägenden Gestalt des Lehrers. Im Sommer 1995 fuhr er mit Ulrich Schacht in die russische Arktis. Seit diesem Schlüsselerlebnis seiner Biographie ist er ihm freundschaftlich verbunden und teilt seine Liebe zum Norden Europas. In mehr als 25 Jahren hat er als Fachleiter für evangelische Religionslehre in Hildesheim Gymnasiallehrer und -lehrerinnen ausgebildet. Als Lutheraner promovierte er in katholischer Theologie bei Barbara Hallensleben (Fribourg) mit einer Biographie des reformierten Hagiographen Walter Nigg (»summa cum laude«) und habilitierte sich bei Hanns Josef Ortheil mit einer Biographie Edzard Schapers für kulturgeschichtliche Literaturwissenschaft. Seit 1987 hat er zahlreiche Bücher zur Kulturgeschichte der Engel geschrieben. Seine Leidenschaft gilt auch dem Tango Argentino. Seine neueste Veröffentlichung trägt den Titel *Tango – Das Leben tanzen* (2020).

Kleine Geschichte
der Evangelischen Bruderschaft
St. Georgs-Orden

Die Restauration der Kirche kommt gewiss aus einer Art neuen Mönchtums, das mit dem alten nur die Kompromisslosigkeit eines Lebens nach der Bergpredigt in der Nachfolge Christi gemeinsam hat. Ich glaube, es ist an der Zeit, hierfür die Menschen zu sammeln.

(Dietrich Bonhoeffer, aus einem Brief vom 14. Januar 1935)

Die Evangelische Bruderschaft St. Georgs-Orden wurde im Frühjahr 1987 auf der dänischen Ostseeinsel Falster auf einem Hof in Marielyst gegründet. Die Gründungsmitglieder, zu denen neben Ulrich Schacht (der Ordensname lautet, gemäß dem Geburtsort, *Ulrich von Wismar*) der Pfarrer Peter Voss (*... von Raben Steinfeld*) und Jürgen K. Hultenreich (*... von Erfurt*) zählen, stammten in der Mehrheit aus der damals noch existierenden zweiten deutschen Diktatur. Sie kannten sich zum Teil aus der Jugendarbeit der Evangelisch-Lutherischen Landeskirche Mecklenburgs, hatten ausnahmslos im Widerstand zu den politischen Verhältnissen des SED-Staats gestanden, waren in unterschiedlicher Weise politischer Verfolgung ausgesetzt gewesen und aus diesem Grunde in den Westen Deutschlands ausgereist oder im Zuge des Freikaufs politischer Häftlinge dorthin gelangt. Zu den Erfahrungen in der Bundesrepublik der 70er und 80er Jahre gehörte ein Kirchenalltag vor Ort, der sich in nahezu allen Zeitfragen primär linksliberal bis linksradikal konnotiert äußerte und nicht bereit war, von seinen kritiklos vorgetragenen Sozialismus-Hoffnungen durch vermittelte Erfahrungen mit dem »real existierenden Sozialismus« abzulassen oder auch nur hinzuhören. Das bewirkte Entfremdungen, die dazu führten, dass sich die Gründungsmitglieder der Bruderschaft entschlossen, sozusagen auf neutralem, in diesem Falle dänisch-lutherischem Boden, christliche Gemeinschaftsformen zu entwickeln und zu praktizieren, die an ihre Erfahrungen in und mit der Kirche in der SED-Diktatur anschlossen. Zugleich nahmen sie ältere Traditionen streitbarer christlicher Gemeinschaft wie dem Deutschen Orden oder der Bekennenden Kirche der NS-Zeit auf.

Mit der Friedlichen Revolution 1989/90, dem Fall der Mauer und dem Zusammenbruch des SED-Staats, veränderten sich die Rahmenbedingungen für die Entwicklung der Bruderschaft grundlegend. Bis dahin hatte sie sich nach einem symbolischen Ort in Mecklenburg benannt und als »geistig-geistliche Gemeinschaft ritterlicher Tradition« definiert. Mit Hilfe früherer kirchlicher Verbindungen kehrte sie nun nach (Ost-) Deutschland zurück und nahm Quartier auf einem Pfarrhof in Mecklenburg, dem ein Rüstzeitheim der Jugendarbeit angeschlossen war. Bald darauf trat sie in Verhandlungen mit dem Oberkirchenrat der Evangelisch-Lutherischen Landeskirche Mecklenburgs, um den kirchenrechtlichen und kirchenorganisatorischen Status der Bruderschaft innerhalb der Landeskirche abzusichern. Die Verhandlungen führten im Jahre 1997 zu zweierlei Ergebnissen: Der endgültige Ordensname *Evangelische Bruderschaft St. Georgs-Orden* wurde gefunden, anknüpfend an das Patrozinium einer der Hauptkirchen Wismars, der Heimatstadt des Ordensgründers. Die Anregung dazu hatte der Landesbischof Herrmann Beste im Gespräch mit dem Landessuperintendenten Carl-Christian Schmidt und den Mitgliedern der Ordensleitung, Ulrich Schacht, Thomas Dahnert (... *von Dresden*) und Friedhelm Mäker (... *von Wismar*), höchstselbst gegeben. Außerdem konnten die Ordensverfassung und die Ordensregeln im brüderlichen Gespräch weiterentwickelt und gebilligt werden. Auf diesem Wege wurde das Selbstverständnis der Bruderschaft und ihr missionarischer Auftrag als biblisch gegründet, bekenntnisgemäß orientiert und als gemeindepraktisch legitim anerkannt. Neue, neugierige Mitglieder, sowohl aus der »alten« Bundesrepublik, aber vor allem auch jüngere Brüder, die ausnahmslos aus den Reihen der DDR-

Dissidenten kamen und zu Kritikern einer unkritischen »Kirche im Sozialismus in der DDR« zählten, näherten sich der Bruderschaft an. In diese Phase fielen auch weitere Verhandlungen zu einer festen Übernahme eines mittlerweile vakant gewordenen Pfarrhofes, die aber nicht erfolgreich abgeschlossen werden konnten. In der Folge verließ die Bruderschaft Haus und Gelände und schlug vorübergehend ihr Quartier in Berlin-Mitte auf (*Gedenkbibliothek zu Ehren der Opfer des Kommunismus*, unmittelbar neben der Nikolaikirche), suchte aber zugleich nach einer längerfristigen Alternative für eine konkrete lokale, landeskirchliche Beheimatung.

Nach Kontaktaufnahme mit dem vormaligen Direktor der Evangelischen Akademie Thüringen im Zinzendorfhaus Neudietendorf, Dr. Thomas A. Seidel, entschied sich die Leitung der Bruderschaft zu einem Neustart ihrer Arbeit mit Schwerpunktsetzung im Bereich *intellektueller* Basisarbeit und *geistig-geistlicher* Missionstätigkeit in Thüringen. In diesem Zusammenhang fand vom 26. bis 28. April 2002 das I. *Neudietendorfer Gespräch zur geistigen Situation der Zeit* statt. Das Generalthema lautete: *Gottlos, Wertlos, Sinnlos? Die Krise der materialistischen Gesellschaften des Westens und die Antwort des Christentums.* Die Tagung, eingebettet wie alle weiteren *Neudietendorfer Gespräche* in die regulären Konvente der Bruderschaft, geriet zu einem als Gottesgeschenk dankbar wahrgenommenen, ermutigenden Erfolg.

Zu weiteren Erfahrungen dieser Art gehörte auch das gemeinsam mit der Evangelischen Akademie Thüringen und der Stiftung Aufarbeitung der SED-Diktatur veranstaltete IV. *Neudietendorfer Gespräch* zum Thema: *Man muss Gott mehr gehorchen als den Menschen – Christlicher Widerstand in zwei deutschen Diktaturen*, das vom 7. bis 9. Mai 2004 stattfand und u. a. Gespräche mit Zeitzeugen umfasste, darunter die letzten Überlebenden des Hitler-Attentats vom 20. Juli 1944, Freiherr Philipp von Böselager sowie Franz von Hammerstein, Theologe und Mitbegründer der *Aktion Sühnezeichen*, der nach dem 20. Juli als Mitglied einer unter Verdacht der Beteiligung am Staatsstreichversuch stehenden Familie in Sippenhaft geriet. Zu den bleibenden Ergebnissen gehört eine gemeinsame Publikation der wichtigsten Beiträge dieser und einer zeitgleichen, thematisch ähnlich angelegten Tagung der Universität Jena in einem Sammelband des angesehenen Verlagshauses Vandenhoeck & Ruprecht, der 2005 unter dem Titel *Gott mehr gehorchen als den Menschen – Christliche Wurzeln, Zeitgeschichte und Gegenwart des Widerstands* veröffentlicht wurde.

Vom 25. bis 28. Mai 2006 konnte zum VII. *Neudietendorfer Gespräch* eingeladen werden. Aus Anlass des 100. Geburtstages von Dietrich Bonhoeffer beschäftigte es sich mit der »Ethik« des 1945 von den Nationalsozialisten hingerichteten christlichen Widerstandskämpfers und ihrer Relevanz für das 21. Jahrhundert. Am Abend zuvor fand in der Erfurter Predigerkirche ein durch umfangreiches Sponsoring ermöglichtes Gedenkkonzert für Dietrich Bonhoeffer statt. Unter Leitung von Prof. George Alexander Albrecht brachten die Weimarer Staatskapelle und der mdr-Rundfunkchor das »Deutsche Requiem« von Johannes Brahms in der vormaligen Wirkungsstätte des großen deutschen Mystikers Meister Eckhart zu einer einzigartigen Aufführung.

Seit Herbst 2006 lädt nun die Bruderschaft ihre Mitglieder zu den Klausurkonventen und darüber hinaus weitere wache und interessierte Zeitgenossen zu den öffentlichen Tagungen in das Evangelische Augustinerkloster nach Erfurt, in Luthers Kloster, ein. Die *Neudietendorfer Gespräche* werden seitdem als *Erfurter Gespräche zur geistigen Situation der Zeit* fortgeführt. So fand beispielsweise vom 16. bis 18. November 2007 das VIII. *Erfurter Gespräch* statt zum Thema *Protestantismus. Quellen und Horizonte einer christlichen Konfession* mit bekannten Theologen, Philosophen, Politikern und Journalisten, darunter Landesbischof Prof. Dr. Christoph Kähler, Landtagspräsidentin Prof. Dr. Dagmar Schipanski und Dr. Michael J. Inacker, dem Vorsitzenden der Internationalen Martin Luther Stiftung, die in den Mauern des Augustinerklosters seit 2007 ihre Geschäftsstelle hat.

Eine große, grundlegend ökumenisch angelegte Tagung organisierte die Bruderschaft vom 26. bis zum 28. September 2008. Unter der Überschrift *Gottesmutter und Seelenbraut. Evangelische Annäherungen an Maria* unternahm dieser erneut sehr gut besuchte XXXIV. Konvent im Erfurter Augustinerkloster eine protestantische Positionsbestimmung und Wiederannäherung an jene, die weltweite Christenheit verbindende Credo-Aussage »geboren von der Jungfrau Maria«. Die Sammlung der Beiträge dieser Tagung – ergänzt um weitere, inhaltlich dazu passende, um einen Reigen eindrucksvoller fotografischer Marien-Darstellungen und um den Nachdruck von Martin Luthers Magnificat-Auslegung von 1521 – markiert (nach einer sporadischen Verlags-Kooperation mit dem Sammelband *»Gottlose Jahre? Rückblicke auf die Kirche im Sozialismus der DDR«* von 2002) den Beginn einer intensiven Zusammenarbeit der Bruderschaft mit der Evangelischen Verlagsanstalt GmbH Leipzig unter der Federführung der Verlagschefin Annette Weidhas. 2011 wurde diese Frucht gemeinsamer geistig-geistlicher Arbeit im Weinberg des Herrn, dem ökumenischen Anliegen entsprechend, mit dem Bonifatius Verlag, Paderborn, unter dem Titel *Maria. Evangelisch* publiziert. 2014 schloss sich eine zweite, korrigierte Auflage an.

Zwanzig Jahre nach der friedlichen Revolution und der Wende organisierten vom 18. bis 20. September 2009 die Bruderschaft und der ihr angeschlossene Bonhoeffer-Haus e.V. gemeinsam mit der Konrad-Adenauer-Stiftung und der Landesbeauftragten für die Unterlagen des Ministeriums für Staatssicherheit der ehemaligen DDR, Hildigund Neubert, eine Tagung unter der Überschrift *Geist und Revolution. Geschichtstheologische Fragen an die Umbrüche 1789 und 1989.* Die Erträge dieser Tagung sowie die des XLVI. Konventes, der unter dem Generalthema *Realitätsfinsternis. Reformation – Utopie – Politik* am 16. und 17. November 2014 in Erfurt stattfand, bilden nun die Grundlage für die neue Schriftenreihe *GEORGIANA. Neue theologische Perspektiven,* deren erster Band 2015 unter dem Titel *...wenn Gott Geschichte macht! 1989 contra 1789* bei der Evangelischen Verlagsanstalt Leipzig veröffentlicht wurde. Der mittlerweile 2017 vorgelegte zweite Band schließt als GEORGIANA 2 inhaltlich an das X. »Erfurter Gespräch« (vom 12. bis 14. November 2010) an und somit an das Tagungsthema: *Tod, wo ist dein Stachel? Todesfurcht und Lebenslust im Christentum.*

In einer Situation der Anfechtung und des Konfliktes innerhalb der Bruderschaft zu Beginn des Jahres 2012 wurde ihr dreierlei hilfreich vor Augen gestellt, was zwar in der Ordensregel und in der Ordensverfassung angelegt ist, aber bislang noch nicht in die tägliche Praxis überführt worden war: 1.: Die bewusste Besinnung auf die »Gaben«, den Geschenkcharakter dieser kleinen geistlichen Gemeinschaft. 2.: Die mit dem Motto aus dem Petrus-Brief »Dienet einander …« verbundene, intensive Frage nach den »Gaben und Aufgaben«, die die einzelnen Brüder in und für die Bruderschaft und für die Kirche und die Welt mitbringen. Und 3.: Das in kleineren Einheiten organisierte bruderschaftliche Gespräch, das in den drei im zeitigen Frühjahr einberufenen *Regionalkonventen* im Norden (Hamburg), in der Mitte (Berlin) und im Süden (Erfurt) Deutschlands seither rege gepflegt wird. Diese Regionalkonvente treten nun, ca. ein Mal pro Quartal, zu den drei (internen bzw. öffentlichen) Jahreskonventen und tragen zu einer Vitalisierung des geistlich-kommunitären Lebens bei. Am Ende dieses Jahres 2012, fünfundzwanzig Jahre nach der Gründung, blickte die Bruderschaft dankbar und hoffnungsfroh auf ihre evangelisch-lutherische Weggemeinschaft zurück. Der XLII. Jubiläumskonvent vom 16. bis 18. November 2012 thematisierte im Evangelischen Augustinerkloster zu Erfurt die selbstgewählte Aufgabe des Ordens: *Vom Sinn des gemeinschaftlichen Lebens. Tradition – Symbolik – Auftrag.* Die Eröffnungsrede hielt der Rektor der Friedrich-Schiller-Universität Jena, Prof. Dr. Klaus Dicke, den Hauptvortrag, unter der Überschrift *Mit Ernst Christ sein: Luther, Bonhoeffer, Stählin. Zur Bedeutung geistlicher Gemeinschaften heute,* Thomas A. Seidel (… von Neukirchen). Die Ergebnisse dieser Tagung wurden – ergänzt um weitere für das Selbstverständnis und den Auftrag der Bruderschaft relevante Aufsätze und ganz persönliche Zeugnisse von Georgsbrüdern

und Ordensdokumente – unter der Überschrift *Dienet einander…
Die Evangelische Bruderschaft St. Georgs-Orden* in einer reich bebilderten Jubiläumsbroschüre gebündelt und 2014 im Eigenverlag veröffentlicht.

Diese weitgehend positiven Erfahrungen, zu denen sowohl die konstruktiven Gespräche mit Christoph Kähler in seiner Amtszeit als Bischof der Evangelisch-Lutherischen Kirche in Thüringen, als auch finanzielle Zuschüsse zu offenen Konventen der Bruderschaft durch den Landeskirchenrat gehören, führten dazu, dass sich die Ordensleitung und das Ordenskapitel entschlossen, den Freistaat Thüringen, die mitteldeutschen Lutherländer und die seit 2009 gebildete Evangelische Kirche in Mitteldeutschland (EKM) als kirchenorganisatorische und landsmannschaftliche Ausgangsbasis für die öffentliche wie interne Tätigkeit der Bruderschaft in Zukunft dauerhaft zu nutzen. Zu dieser Perspektive gehörte die feste Absicht, die weitere Arbeit der Bruderschaft von einem festen Haus aus mit Geschwistern vor Ort intensiv zu betreiben.

Das Anknüpfen der Bruderschaft an die trikonfessionelle Tradition des Deutschen Ordens sowie ihr konsequenter Bezug auf Theologie, Persönlichkeit und Folgewirkungen Martin Luthers sowie Dietrich Bonhoeffers geben den Mitgliedern der Bruderschaft zusätzliche spirituelle Gründe und Anregungen, ihre Anwesenheit in Thüringen, dem Land, in dem der Deutsche Orden schon früh eine starke kirchliche und diakonische Stellung innehatte und wo die lutherische Reformation sich rasch und nachhaltig etablieren konnte, nicht einfach als Zufall, sondern durchaus als göttliche Fügung und wundersame Führung anzusehen.

Ende 2010 ergab es sich, dass die Etappe der »Heimatsuche« abgeschlossen zu sein schien, indem die Bruderschaft ihren festen Sitz in der *Erfurter Georgenburse* (Luthers Studentenquartier 1501–1505), unweit der weltweit bekannten Lutherstätte Augustinerkloster (1505–1511) und der Elisabeth-Kapelle im Nikolaiturm (vormalig zur Deutschordenskomturei Erfurt gehörig) nehmen konnte. Dort verwaltete sie in Kooperation mit dem Augustinerkloster und im Auftrag eines Trägervereins, zu dem auch der Bonhoeffer-Haus e.V. gehört, eine ökumenische Pilgerherberge sowie die öffentliche Nutzung der in der Georgenburse errichteten kleinen musealen Präsentation »Studienort der Lutherzeit«. Seit 2011 zählt zu dieser Praxis, die Gaben und Aufgaben der Bruderschaft mit Blick auf die eigenen »theologischen Mentoren« Luther und Bonhoeffer in die Auseinandersetzungen der Zeit und der Gemeinden vor Ort einzubringen, der *Bonhoeffer-Studienkreis,* der seitdem drei bis vier Mal pro Jahr in Erfurt stattfindet. Aus finanziellen Gründen konnte die Nutzung der Georgenburse leider nicht fortgeführt werden. Gemeinsam entschied der Trägerkreis 2018, das Haus zu verkaufen. Noch im gleichen Jahr bezog die Bruderschaft auf Anregung des Kurators des Augustinerklosters, Carsten Fromm, ein »Ordensbüro« im »Haus der Versöhnung« (dem Neubau der vormaligen Klosterbibliothek).

Die *praxis pietatis* – das regelmäßige, tägliche geistliche Leben der Brüder in der Bruderschaft – erhielt unter Leitung des Ordens-Spirituals (seit 2004) Pfarrer Thomas A. Seidel weitere Impulse. Dazu zählt die tägliche Lesung der Herrnhuter Losung, das abendliche Bruderschaftsgebet und die Meditation des *Stundenbuchs* des Ordens, das 2013 – versehen mit Bildern des Ersten Landkomturs (seit 1997) Jürgen K. Hultenreich – herausgegeben wurde. Der Ordensspiritual bildet das orden(t)lich und kirchlich legitimierte Bindeglied zwischen der Bruderschaft und der Landeskirche.

Die Bruderschaft besteht aus Mitgliedern in abgestuften Bindungsgraden (Orden, Ordensschild) und einem breiten Freundeskreis (Gastbrüder), der deutschlandweit wohnhaft ist. Seit dem 20. Dezember 2010 ist die Bruderschaft in die Liste der geistlichen Gemeinschaften und Kommunitäten der Evangelischen Kirche in Deutschland (EKD) aufgenommen. Die Approbation der *Evangelischen Bruderschaft St. Georgs-Orden* als anerkannte geistliche Gemeinschaft der Evangelischen Kirche in

Mitteldeutschland (EKM) wurde durch den Landeskirchenrat am 7. Dezember 2013 beschlossen.

Eine weitere Erfahrung guter, ertragreicher Zusammenarbeit mit der Konrad-Adenauer-Stiftung war der Offene (L.) Konvent vom 14. bis 16. Oktober 2016 unter dem Thema: *Würde und Willkür. Theologische und philosophische Voraussetzungen des Grundgesetzes.* Der textliche Ertrag dieser Tagung, an der u. a. Prof. Dr. Wilfried Härle, Prof. Dr. Heinrich Oberreuter und Dr. Nino Galetti mitwirkten, bildete – erweitert um Beiträge von Thibaut de Champris, Prof. Dr. Dr. Udo Di Fabio, Dr. Dr. Benjamin Hasselhorn, Dr. Alexander Kyrleschlew, Dr. Friedemann Richert, Ulrich Schacht und Dr. Thomas A. Seidel – die Grundlage für die Veröffentlichung von GEORGIANA 3.

Im unmittelbaren Vorfeld zu dieser Tagung fand eine Sonderveranstaltung in der Reihe des Bonhoeffer-Studienkreises statt. Dabei diskutierten am historischen Ort, im Kapitelsaal des Augustinerklosters, wo sich fünf Jahre zuvor, am 23. September 2011, die Delegationen von EKD und katholischer Bischofskonferenz mit dem deutschen Papst Benedikt XVI. getroffen hatten, der Propst von Halle-Wittenberg, Dr. Johann Schneider, die katholische Systematikerin Prof. Dr. Johanna Rahner und der Leiter der Bruderschaft Ulrich Schacht zum Thema und zur Frage: Der Papst und Martin Luther heute. Ökumenische Impulse von Benedikt XVI.? Der Band 3 der GEORGIANA-Reihe erschien 2019 unter dem Titel *Würde oder Willkür. Theologische und philosophische Voraussetzungen des Grundgesetzes.*

Ein besonderes, die Bruderschaft beglückendes Erlebnis bildete im 30. Jahr ihres Bestehens die kurzzeitige Rückkehr auf dänisch-lutherischen Boden. Vom 9. bis 12. Juni 2017 konnten die Brüder gemeinsam mit dänischen Pfarrerinnen und Pfarrern einen Festkonvent in den eindrucksvollen Räumlichkeiten in Kloster Løgum gestalten und genießen. Prof. Dr. Eberhard Harbsmeier – vormaliger, langjähriger Direktor des Predigerseminars, das in diesem ehemaligen Zisterzienserinnenkloster untergebracht ist – sorgte gemeinsam mit dem Ordensspiritual und dem Kopenhagener Propst Mikkel Wold maßgeblich für ein überaus geist- und erlebnisreiches Wochenende. Das Vokalensemble des Løgumklosters führte während des klangvollen Konzerts am 10. Juni in der Klosterkirche (darunter auch das »Ave Maria«) »Three sacred peaces« des amerikanischen und 2013 in Bayern verstorbenen Komponisten Gordon Sherwood auf, zu dem Ordensmarschall Heiner Sylvester (… von Saalfeld) bereits 1996 eine eindrucksvolle Filmdokumentation unter dem Titel *Der Bettler von Paris* gedreht hatte. Die Tage in Dänemark standen unter der Überschrift: *… und üben gute Ritterschaft. Bernhard von Clairvaux und Martin Luther – ein theologischer Dialog und seine aktuellen Konsequenzen.*

Das Jahr 2018 brachte mit dem plötzlichen Tod des Ordensgründers und Großkomturs große Trauer und Leid über die Brüder und den Freundeskreis des Ordens. Am 16. September ist Ulrich Schacht, friedlich lächelnd im Sessel sitzend, in seinem traumhaften roten Schwedenhaus oberhalb von Förslöv in Skåne, mit dem weiten Blick aufs Meer, dorthin gegangen, von wo wir alle kommen. Am 10. Oktober 2018 fand in der Hamburger St.-Gertrud-Kirche die Trauerfeier statt, an die sich ein schmerzvolles und (gewiss im Sinne des Verstorbenen) mitunter auch recht heiteres Zusammensein mit Familie, Freunden und Weggefährten im Hamburger Literaturhaus am Schwanenwik anschloss. Er wurde in seiner schwedischen Wahlheimat, unweit von Förslöv, auf dem Friedhof der Marienkirche von Båstad beigesetzt.

Der lange (noch mit Ulrich Schacht) geplante LIV. Konvent fand mit freundlicher Unterstützung durch die EKM vom 26. bis 28. Oktober 2018 unter dem Generalthema *Coram Deo versus homo Deus. Christliche Humanität statt Selbstvergottung* im Augustinerkloster statt. In diesen Konvent eingebunden war ein feierlicher Gedenkgottesdienst für den verstorbenen Großkomtur am 27. Oktober in der von ihm geliebten Klosterkirche. Die Erträge aus dieser Tagung erscheinen unter diesem Titel als GEORGIANA-Band 6 im Herbst 2021. Zu den Autoren gehören u. a. Hanna-Barbara Gerl-Falkovitz, Wolfgang Huber, Jobst Landgrebe, Klaus Raschzok, Klaus Scholtissek und Friedhelm Wachs. Thomas A. Seidel konnte in Abstimmung mit der Ordensleitung den renommierten Publizisten, Schriftsteller und langjährigen Freund der Bruderschaft, Dr. Sebastian Kleinschmidt, als künftigen Mitherausgeber gewinnen.

Im (internen) Frühjahrskonvent vom 26. bis 28. April 2019 wählte die Bruderschaft in geheimer Wahl ihren bisherigen Spiritual Thomas A. Seidel (der bereits im Frühjahrskonvent am 16. April 2016 unter Mitwirkung des Leiters der Michaelsbruderschaft Frank Lilie als *Landkomtur Br. Thomas von Neukirchen* in die Bruderschaft aufgenommen worden war) zum neuen Großkomtur. Am 27. April 2019 erfolgte im Konventsgottesdienst der Bruderschaft in der Augustinerkirche seine Investitur und Einsegnung. Bei der feierlichen Einführung in sein Amt wurde ihm von der Ordensleitung das Ordenskreuz seines Vorgängers Bruder Ulrich, selig, um den Hals gelegt und – neben der Ordensregel und der Ordensverfassung – auch das Ordensschwert überreicht. Damit obliegt ihm nun die Leitung der Evangelischen Bruderschaft St. Georgs-Orden, die unter dem Segen des dreieinigen Gottes stehen möge, getreu dem Leit-Wort aus der heiligen Schrift: *Dienet einander; ein jeder mit der Gabe, die er empfangen hat, als die guten Haushalter der mancherlei Gnade Gottes. (1. Petrusbrief 4, 10)*

Während des Klausurkonvents vom 1. bis 3. November 2019, der unter Überschrift *Feuerzeichen* die Viten und (zeichenhaften) Selbstverbrennungen von Oskar Brüsewitz (1929–1976), Roland Weißelberg (1933–2006) und Jan Palach (1948–1969) untersuchte und diskutierte, wurde Pfarrer Christian Dietrich (… von Jena) zum *Spiritual* der Bruderschaft gewählt. Im Anschluss an einen intensiven Austausch zur Aufgabe und zum Wirken des Ordens in der EKM mit Landesbischof Friedrich Kramer (am 30. Januar 2020) wurde Christian Dietrich am 20. März 2020 durch Beschluss des Landeskirchenrats der EKM in seinem Amt bestätigt. Seine festliche Einführung mit der Überreichung des Spiritualkreuzes und dem Anlegen der Ordensstola erfolgte im Gottesdienst des Offenen Konventes am 10. Oktober 2020.

Dieser, unter »Corona-Bedingungen«, d. h. mit einer begrenzten Teilnehmerzahl organisierte Offene (LIX.) Konvent fand vom 6. bis 11. Oktober 2020 unter der Überschrift *Im Anfang war das Wort. Sprachgewalt in Kirche, Kultur und Politik* wiederum im Augustinerkloster statt. Die Beiträge der Tagung u. a. von Philipp Gessler, Jobst Landgrebe, Klaus-Rüdiger Mai, Christoph Meyns, Michael Daishiro Nakajima, Senturan Varatharajah, Annette Weidhas und Harald Seubert werden 2022 als GEORGIANA-Band 7 veröffentlicht.

Als besonderes »Geburtstagsgeschenk« erscheint anlässlich des 70. Geburtstages von Ulrich Schacht (am 9. März 2021) der Band 5 der GEORGIANA unter dem Titel *Wegmarken und Widerworte.* Der somit vorliegende literarische Gruß hätte unseren Bruder Ulrich von Wismar, selig, ganz gewiss erfreut. Er kann nun von den Georgsbrüdern und von der interessierten Öffentlichkeit in Kirche und Gesellschaft mit Neugier und, so hoffen wir, auch mit Gewinn gelesen werden.

Kontakt und weitere Informationen:
Dr. Thomas A. Seidel, Großkomtur (Leiter)
der Evangelischen Bruderschaft St. Georgs-Orden (StGO) &
Vorstandsvorsitzender des Bonhoeffer-Haus e. V.
im Evangelischen Augustinerkloster Erfurt
Augustinerstraße 10
99084 Erfurt

www.georgsbruderschaft.de